Gustav Höcker

Kaufmännische Carrieren

1. Band

Gustav Höcker

Kaufmännische Carrieren
1. Band

ISBN/EAN: 9783741193972

Hergestellt in Europa, USA, Kanada, Australien, Japan

Cover: Foto ©Suzi / pixelio.de

Manufactured and distributed by brebook publishing software
(www.brebook.com)

Gustav Höcker

Kaufmännische Carrieren

Kaufmännische Carrieren.

Wahrheit und Dichtung
aus dem Geschäftsleben.

Von

Gustav Hecker.

I. Band:

Der Procurist.

Dresden.
Rudolf Kuntze's Verlagsbuchhandlung.
1862.

I.

Der Procurist.

Eine Stadt= und Dorfgeschichte.

Capitel 1.

Von Glocken- und anderen Klängen.

Locke und Sohn heißt die Firma der reichsten und angesehensten Weberwaarenfabrik im Gebirge. Sie ist über hundert Jahre alt, hat von Geschlecht zu Geschlecht, vom Vater auf den Sohn übergeerbt und befindet sich jetzt im Besitz von Johann Daniel Locke.

Nach einer langen, kinderlosen Ehe mit einer liebenswürdigen, aus armer Familie stammenden Gemahlin, ist Herr Locke jetzt endlich, in seinem achtundvierzigsten Lebensjahre, Vater eines hoffnungsvollen Knaben geworden, auf den die ehrwürdige mit allen Welttheilen verkehrende Firma einst übergehen soll. Dieser Erbfolger wurde von Johann Daniel Locke eben so schmerzlich vermißt, als seine Gattin ihn mit heißen Thränen herbeisehnte. Ein

1*

Weib, das einen wahrhaft braven Gemahl hat, darf solche Thränen niemals weinen müssen!

Zu den drei Personen der Familie, die uns bis jetzt bekannt sind und von denen die eine noch nicht das Wort Mama oder Papa stammeln kann, gesellt sich noch eine vierte. Es ist die angenommene Nichte der Madame Locke — Clara — ein liebes, blond= lockiges Mädchen von etwa acht Jahren.

Die Familie Locke bewohnt in dem langen zweistöckigen Gebäude die erste Etage — eine Reihe prunkvoller Gemächer. Von dem Hause durch einen geräumigen Hof getrennt, breitet sich ein reizender Kunstgarten aus mit Schaukel, Pavillon und Ge= wächshaus. Im Stalle im Hofe schnaufen und scharren zwei feurige Füchse und in der Remise steht eine ganze Auswahl von Equipagen. Eine derselben — die eleganteste der Stadt — führt die Familie jeden Nachmittag aufs Land hinaus, wo der Kaffee eingenommen wird. Unter den Wagen in der Re= mise lagert eine Schaar Cochinchin= und Perlhühner friedlich nebeneinander. Hoch oben auf einem Kutscher= sitze thront ein Haushahn, dessen Gefieder fast eine Patentverletzung der Natur gegen den Paradiesvogel ist, und auf einer der Wagendeichseln schaukelt sich ein weißer Pfau. Der ganze Hof ist von allerlei Geflügel angefüllt — Clärchens größte Freude und nicht minder die ihrer Tante, welche schon als armes Mädchen keinen heißern Wunsch kannte, als einmal einen Hühnerhof zu besitzen.

Im zweiten Stockwerk des Hauses befinden sich die Lagerräume für Garne, die an einer Winde, nach dem Hofe heraus, emporgezogen werden.

Das Parterre enthält den Raum für fertige Waaren, die Einkaufsexpedition, wo die liefernden Weber abgefertigt werden, und das geräumige Comptoir.

Einen behaglichen Anblick gewährt es, wenn man an Winterabenden an den Fenstern des Comptoirs vorübergeht und die Herren darin bei ihren eleganten Lampen, die ein magisches Licht auf die grünen Pulte werfen, arbeiten sieht. Man kann sich da nur schwer mit dem Gedanken befreunden, daß sie sich aus dem glänzend erleuchteten Raume heraussehnen auf die Straße, in die staubige Wirthsstube oder gar in das enge Familienzimmer, wo Kindergeschrei ertönt und die Stühle von Kinderwäsche, Puppen und anderm Spielzeug eingenommen sind. — Und dennoch sehnen sich Alle heraus, und die Sehnsucht wächst, wenn vom Thurme die Abendstunde schlägt, die den Bureaux

und Werkstätten der Stadt den süßen Feierabend
verkündet. Um diese Zeit erst gönnt sich Herr Locke
die Muße, die Zeitungen zu lesen. Tief in seine Lectüre
versenkt, sitzt er mäuschenstill und unbeweglich an
seinem Pulte. Die Höflichkeitsform, daß man Leuten
von Distinction stets den Vortritt läßt, wird hier
bis auf das Nachhausegehen ausgedehnt. Niemand
wagt, vor Herrn Locke das Comptoir zu verlassen.

Vom Thurme schlägt es Sieben, durch die herr=
schende Stille hört man auch den gedämpften Schlag
mehrerer Uhren der Nachbarschaft, zuletzt hebt der Ham=
mer der Comptoiruhr aus; klingt das lange, präludirende
Schnarren schon wie Ironie, so ist es, wenn nun alle
sieben Schläge wirklich ertönen, Hohn und Spott, und
schon Manchem ist es vorgekommen, als setze sich das
Zifferblatt der Uhr mit Zeigern und Ziffern zu
einem grinsenden Gesicht zusammen.

Minute auf Minute verrinnt, schon hat es vom
Thurme wieder „geviertelt.“ Herr Locke sitzt, in seine
Lectüre vertieft, noch mäuschenstill und unbeweglich
an seinem Pulte. Und nun fängt man an, ihn
leise an die flüchtige Zeit zu erinnern: Senftenberg,
ein junger Commis des Hauses, der vom Morgen
bis zum Abend in der Einkaufsexpedition beschäftigt

ist, eröffnet den Reigen dadurch, daß er sich im Comp=
toir zeigt und zum Zeichen, daß seine Expedition ge=
schlossen sei, mit möglichst viel Gerassel die Schlüssel
aufhängt. Einige Andere ziehen unaufhörlich die
Uhren aus den Taschen und sehen nach der Zeit,
Andere ziehen ihre Uhren auf, und Einer, der so
glücklich ist, eine Repetiruhr zu besitzen, läßt diese
schlagen und giebt sie einem Zweiten, der dasselbe
Manöver wiederholt, und dieser giebt sie einem Dritten,
so daß Herr Locke der Meinung ist, ein Jeder von
seinen Leuten erfreue sich des Besitzes einer Repetiruhr.
Trotzdem sitzt er, in seine Lectüre vertieft, noch immer
mäuschenstill und unbeweglich am Pulte. Jetzt endlich
empört sich auch das friedlichere Gemüth des älteren
Buchhalters, Mühlbach, dessen Familie daheim mit
dem Abendessen wartet. Er klappt laut die Straßen
zusammen und zuletzt auch, mit einem schußähnlichen
Krache, das riesige Hauptbuch. Um eine letzte De=
monstration zu versuchen, verfügt sich Carl — der
Lehrling — auf die Straße und schließt die Comptoir=
läden, die der Chef, wie man behaupten will, gern
bis zum letzten Augenblick offen weiß, damit jeder
Vorübergehende sich von der späten Thätigkeit bei
Locke und Sohn überzeugen kann. — Es hat schon

zu wiederholten Malen vom Thurme „geviertelt,“ ehe
sich Herr Locke hinauf in seine Familienwohnung
zurückzieht. Nichts gleicht dem Jubel des Comptoir-
personals, wenn es in der Stadt ein Concert, einen
Ball oder sonst eine festliche Veranstaltung giebt, die
Herr Locke besucht und in deren Berücksichtigung er
voraussichtlich pünktlich die Feierabendsstunde ein=
halten muß. Man spricht schon eine Woche vorher
davon und nimmt sich für diesen Abend allerhand vor.

Einige Zeit, nachdem die letzte Lampe im Comptoir
ausgelöscht und vor die eiserne Thüre der schwere
Riegel geschoben ist, wird es in einem Fenster des
gegenüberliegenden Hauses Licht. Dann hört man
hinter demselben Fenster die Accorde eines Piano's.
Jetzt ein Walzer von Schulhoff, jetzt eine Tarantella,
dann Rosellens Reverie und dann endlich ein von einer
hübschen Tenorstimme gesungenes Lied, wie: „Wenn
die Schwalben heimwärts ziehen“ oder: „Ob ich Dich
liebe, frage die Sterne.“ — Der Musiker, der da
drüben wohnt, ist Niemand anders als Senftenberg.

Liebespaare, die durch die Gassen promeniren,
bleiben stehen und lauschen und lieben sich noch einmal
so innig, und mitten in der Hausflur stellen die Dienst=
mädchen ihre Wasserkannen bei Seite, um zu tanzen.

Wohl ist sich Senftenberg bewußt, daß er gehört wird; aber er fragt nicht nach dem Entzücken der Straßenwanderer und des Tanzclubbs in der Haus= flur, sein Spiel und sein Gesang gelten jemand Anderm; aus tiefstem Herzen singt er seine Liebes= lieder mit lauter und voller Stimme, daß sie nach einem Fenster hinüberklingen, nach einem gewissen Fenster in Locke's Hause, wo sich ein Frauenkopf zeigt, zuweilen von einem Strahle des Mondes be= leuchtet, die weiße Stirn hart an die Scheibe gedrückt und die Augen nach dem Sänger drüben gerichtet, den sie durch den dünnen, leichten Fenstervorhang hindurch — am Clavier sitzend — sehr wohl unter= scheiden können.

Es gab eine Zeit, wo Senftenberg, der es im Clavierspiel zu einer gewissen Virtuosität bringen wollte, ganze Abende hindurch nichts als Finger= übungen und Etuden spielte und sich um keinen Zuhörer kümmerte.

„Es ist sonderbar," sagte sich Senftenberg, als er eines Sommerabends, den er auch am Clavier zugebracht hatte, das Instrument wieder verschloß, „sobald ich eine ansprechende Composition spiele oder singe, zeigt sie sich auch am offnen Fenster; spiele

ich meine Fingerübungen — gleich schlägt sie es zu
und ist verschwunden. Ich glaube, sie hörte mir
gern zu; ich glaube, wenn sie sich am Fenster zeigt,
so gilt dieß meinem Spiele."

Senftenberg ging ein Weilchen im Zimmer auf
und ab, blieb zuletzt am Fenster stehen und sah hinüber
nach den, in Folge der herrschenden Dunkelheit, wie
schwarzgemalte Fenster erscheinenden Scheiben, wo
sie herausgeblickt hatte.

„Es ist ein trocknes, einsames Dasein," fuhr
Senftenberg fort, „ein Tag vergeht wie der andre;
wenn ich aber wüßte, daß der Schwarzkopf mit dem
kleinen Munde und den großen, schönen, feurigen
Augen mir wirklich zuhörte, so sollten diese kurzen
Abendstunden hinreichen, mich für den langweiligsten
Tag zu entschädigen."

Als Senftenberg schon im Bette lag, hörten die
vier Wände seines gemüthlichen Zimmers ein langes,
langes: „Ach!" das seiner Brust entströmte und dem
die Worte folgten: „Was ist doch der Mensch für
ein eingebildetes Wesen! — Und besonders ich!"

Am nächsten Abende aber spielte er keine Etude.
Alle unter seinen Noten befindlichen Salonsachen, die
er schon längst abgelegt hatte, suchte er zusammen, und

nun rauschte ein langes Programm der beliebtesten
Melodien in die Abendluft hinaus, denn er hatte
heute das Fenster geöffnet.

Wenn Senftenberg — von den Noten aufblickend
— den Kopf ein wenig seitwärts dreht, kann er die
beiden Fenster des Zimmers, welches sie bewohnt,
sehen. Leer sind die langen Fensterfronten des stolzen
Hauses, überall Glas und rothe Gluth von dem Abend=
rothe der sinkenden Sonne, aber richtig — dort an
dem einen Fenster — wie malerisch, wie lebensfrisch
hebt sich da der Schwarzkopf ab! — Sie hat das
Kinn auf die weiße, längliche Hand gestützt. Ach!
Sie träumt vielleicht, nach dem purpurrothen Himmel
blickend, von irgend einem Herzen in der Ferne, und
die Melodien und Klänge, die Senftenbergs Finger
hervorzaubern, dienen ihren Träumen vielleicht nur
als Wiegenlieder!

Senftenberg wagt es, einen flüchtigen Blick nach
den träumenden Augen hinüber zu werfen. Er kehrte
schnell zurück, roth im Gesicht, wie ein verschämtes
Mädchen: denn die dunklen Augen der Lauscherin
drüben blickten nicht träumerisch nach dem glühenden
Himmel, nicht nach den hinter Senftenbergs Wohnung
hoch emporragenden Pappeln, um vielleicht neidisch

ein Böglein zu betrachten, das sich, seiner Schwingen bewußt, fröhlich auf den Zweigen wiegte, — die dunklen
Augen waren auf Senftenberg gerichtet und schlugen
sich, als sie den seinigen begegneten, auf die mit
einem rothen Sammetkissen bedeckte Fensterbrüstung
herab.

Einige Tage später fand Senftenberg in seinem
Zimmer ein Billet. Es enthielt die zierlich geschriebenen
Worte:

„Eine innige Verehrerin der Musik sagt Ihnen
für so manche schöne Stunde, die Sie ihr unbewußt
bereitet haben, ihren freundlichsten Dank."

Senftenberg wäre am liebsten gleich hinüber
gelaufen zu ihr, deren Hand unzweifelhaft diese Zeilen
geschrieben hatte, um ihr den Ring, den er an seinem
Zeigefinger trug, anzustecken und ihr ewige Liebe
zu schwören. Aber das ging nicht; er mußte sich
mäßigen und erwartete mit Ungeduld den nächsten
Morgen. In aller Frühe ging er zu einem Handelsgärtner und kaufte drei Feuernelkenstöcke, die er an
sein Fenster stellte.

Als er im Laufe des Tages in seine Wohnung
hinüberschlüpfte, um nach i h r e n Fenstern zu sehen,
stand vor jedem derselben ein Stock mit einer voll-

aufgeblühten Rose. Sie hatte ihn verstanden und
noch an demselben Abend schrieb er ihr einen langen
Brief, der die glühendste Liebeserklärung enthielt.

Er wurde mit maßvoller Zurückhaltung be=
antwortet, aber zwischen den Zeilen war zu lesen,
daß Senftenbergs geheimster Herzenswunsch Erhörung
gefunden hatte; ja zwischen den Zeilen war es zu
lesen, selbst wenn das Postscriptum nicht gewesen wäre,
durch welches Herrn Senftenberg für die Vermittlung
des Briefwechsels Lisette (eins der Dienstmädchen in
Locke's Hause) anempfohlen wurde, als eine Person,
der er unbedingt Vertrauen schenken könne.

Und seit jener Zeit hat Senftenberg Studen,
Fingerübungen und Solfeggien bei Seite geworfen,
und spielt und singt nur für die kleinen, weißen
Ohren da drüben.

Zuerst hat er sein Glück dem Buchhalter mit=
getheilt; er erinnerte sich gleich darauf, daß er der
Geliebten unverbrüchliches Stillschweigen hatte geloben
müssen, aber es war zu spät und es hat ja nichts auf sich.
Zuletzt wußte fast ein Jeder auf dem Comptoir um
das zärtliche Verhältniß und bald wird es auch noch
Einer erfahren, der diese Stadt noch nie gesehen,

Senftenbergs Namen noch nie gehört hat, Einer,
der dem Schauplatz unserer Erzählung eben erst
entgegenreist.

Capitel 2.

Der Schlüssel zum Glück.

Es ist eine eigne Sache, wenn man einen alten,
gewohnten Wirkungskreis verläßt, um in einer fernen
Gegend, die man noch nie gesehen hat, einen neuen
aufzusuchen. Die Existenz eines solchen Menschen
gleicht einem mit der Wurzel ausgegrabenen Baume,
der ebenfalls versetzt werden soll. Der Mensch ist
dann bei Weitem nicht Das, was er eigentlich ist.
Des Furchtlosesten sogar bemächtigt sich ein Gefühl
der Unsicherheit.

Diese Erfahrung macht soeben Herr Meyerhoff,
der, um eine Stellung bei Locke und Sohn anzutreten,
vor mehreren Tagen seine Vaterstadt, eine nord-
deutsche Metropole, verließ, und jetzt, dem Orte seiner
neuen Bestimmung bis auf wenige Poststunden nahe
gerückt, neugierig den Kopf zum Wagenfenster heraus-
steckt. Alle Erscheinungen in der nächsten Umgebung

eines neuen Wirkungskreises müssen mit dem letzteren
selbst, so denkt man, im engsten Zusammenhange
stehen. Hier in dem Dorfe — der Zeugweber, der,
in Hemdärmeln hinter seinem Stuhle am Fenster
sitzend, den Kopf nach dem vorüberfahrenden Post=
wagen dreht, webt gewiß eben ein Stück für Locke
und Sohn. — In dem Wirthshause, in welchem
sämmtliche Fenster des oberen Stockwerkes geöffnet
sind, damit der Staub, den zum Sonntage die Tänzer
verursacht haben, herauszieht, haben sich gewiß gestern
die Commis von Locke und Sohn amüsirt. — Hier
ein behäbiges Bauerngut, mitten unter den niederen
Häusern der Weber. Oben auf der Mauer steht ein
stattlicher Hahn, den man unwillkürlich in Verdacht
hat, er verstehe auch etwas von Industrie. Aus dem
Thorweg lenkt eben ein Mädchen mit ihrem Milch=
wagen heraus und schlägt die Richtung nach der
Stadt ein, — es kann nicht fehlen, daß ein Theil
dieser Milch für Herrn Locke's Hauswirthschaft be=
stimmt ist.

Endlich, da unten im Thalkessel liegt das Städt=
chen. Dort unten, wo der Kirchthurm emporragt,
mitten unter der kleinen Häusermasse und den zahl=
reichen Schloten, denen dicker, schwarzer Dampf ent=

steigt, ist Meyerhoffs neuer Wirkungskreis; da unten
wird er nun schlafen und arbeiten und sein Geld
verdienen, und neue Bekanntschaften anknüpfen, die
er sich jetzt noch gar nicht vorstellen kann.

Während trotz des vom Postillon angewendeten
Schleifzeugs die vier Gäule den Wagen in scharfem
Trabe und unter einem heillosen von sich sträubenden
Kummeten, Ortscheiden und Wagenketten verursachten
Geklapper den Berg hinunterbalanciren, beschäftigt
sich Meyerhoffs Phantasie damit, die Portraits und
Charaktere der künftigen Collegen, sowie ein Bild von
dem Hause und den Localitäten des Geschäfts zu ent=
werfen. Auch den Chef selbst, Herrn Locke, sucht er
sich wiederholt vorzustellen. Es kann kein unfreund=
licher Mann sein, seine Briefe waren stets sehr höflich.

Meyerhoff zieht einige derselben aus der Tasche.
Bald wird er an der Wiege dieser Briefe stehen.
Der bescheidene Poststempel auf der Adresse gewinnt
jetzt, da er wieder in seine Heimath einfährt, plötzlich
ein recht keckes Aussehen! Meyerhoff entfaltet die
Briefe und liest einzelne der artigsten Sätze noch ein=
mal durch: „Suchen Sie Ihren Antritt so viel als
möglich zu beschleunigen, wir werden Sie zu jeder
Stunde willkommen heißen.“ — „Wir sind im

angenehmen Besitz Ihrer geehrten Zuschrift." —
„Vorher erwarten wir noch einen Brief von Ihnen
und indem wir Ihnen glückliche Reise wünschen,
sind wir, auf das Vergnügen hin, bald Ihre werthe
persönliche Bekanntschaft zu machen, hochachtungs-
voll Ihre ergebenen Locke und Sohn." Alle diese
Briefe versprechen eine zuvorkommende Behandlung,
denkt Meyerhoff, während der Wagen schon über das
holprichte Pflaster der bergigen Gassen rumpelt und
sich in den Parterrefenstern der Häuser mit Pferden,
Postillon und den herausschauenden Köpfen der
Passagiere abspiegelt, daß es den Letzteren fast dünkt,
als führe ein Doppelgänger des Postwagens immer
nebenher durch die niedrigen Stuben und, die Wände
durchbrechend, aus einer in die andere.

Auf dem Marktplatz hält die Post. Für die
von dem Blättergrün der Promenaden lieblich sich
abhebenden Monumente seiner Vaterstadt scheint der
verwöhnte Großstädter hier auf keinen andern Ersatz
rechnen zu dürfen, als auf den des Brunnens auf
dem Markte — da steht allerdings Gott Neptun,
aus Stein gemeißelt, aus einer Art Cigarrenpfeifchen
den Wasserstrahl speiend, in der einen Hand den

Dreizack, die andre Hand abgebrochen, zu seinen Füßen, auf dem steinernen Rande des Brunnens, wächst Gras.

Meyerhoffs Vorstellung von dem Grundstücke seines Chefs ist jetzt von der Wirklichkeit zerstört; denn er steht eben vor dem stattlichen Hause selbst. Er tritt in die Hausflur. Eine junge Dame von etwa zwanzig Jahren, mit höchst einnehmenden und interessanten Gesichtszügen, ein liebliches achtjähriges Mädchen an der Hand, Beide in Hüten und Schleiern, tritt ihm entgegen. Sie unterhalten sich mit einander in französischer Sprache und gehen an ihm vorüber. In demselben Augenblick hört er Etwas klingen. Die Damen bemerken es nicht; sie treten eben auf die Straße. Auf der steinernen Flur zu Meyerhoffs Füßen blinkt etwas im lichten Sonnenschein, wie ein Stück Glas. Meyerhoff bückt sich und hebt einen zierlichen, kunstreich gearbeiteten Schlüssel auf.

„Meine selige Mutter," sagt er für sich, den Schlüssel betrachtend, „würde diesem Zufalle sofort eine Deutung untergegelegt haben; sie war abergläubisch, die alte Frau. Das ist der Schlüssel zu Deinem Glücke, mein Sohn! würde sie gesagt haben."

Eine von diesen Damen indessen hat den Schlüssel verloren, Meyerhoff geht nach der Thür zurück. Schon sind Beide zu weit entfernt. Er will ihnen nicht nachgehen und behält den Schlüssel einstweilen an sich.

Meyerhoff betritt das Comptoir. Herr Locke ist nicht da, wird aber jeden Augenblick erwartet.

Man giebt ihm einen Stuhl. Er setzt sich und hat Muße, die sechs bis acht Collegen zu betrachten. Es befindet sich darunter keine einzige Physiognomie, die nur im Entferntesten einer der Vorstellungen, die er sich gemacht hat, entspräche.

Endlich tritt ein Herr ein, elegant gekleidet, eher klein als groß, mit kleinen, stechenden grauen Augen, einzelnen grauen Haaren, mit einem fahlen Teint und mit vielen Falten im Gesicht, die sich halb zu grießmäßigen, halb zu stolzen Zügen vereinigen. Die ganze Art und Weise, wie der Herr eintrat und die ersten Schritte im Comptoir that, ließ Meyerhoff darauf schließen, daß es Der sei, dem dieß Alles gehöre.

Er erhob sich von seinem Stuhle und machte eine tiefe Verbeugung.

Die ganze Art und Weise, wie der im Comptoir sitzende junge Mann sich erhob und eine Verbeugung machte, ließ Herrn Locke darauf schließen, daß es der Commis sei, den er heute erwartete.

Der Chef der Herrn Meyerhoff in Hochachtung ergebenen Firma Locke und Sohn schoß an diesem mit einem flüchtigen Kopfnicken vorbei, in die anstoßende Garderobe, in der er seinen Hut aufhing.

Das Vergnügen, Herrn Meyernhoffs werthe persönliche Bekanntschaft zu machen, bestand Seitens Herrn Locke's in einem mit abgewandtem Gesicht zwischen den Zähnen gemurmelten: „Wie geht es Ihnen?" auf das er jedoch die Antwort nicht abwartete.

Meyerhoff wurde an das ihm bestimmte Pult gewiesen und, nachdem er aus Mühlbachs Händen einen Federhalter, einen Bleistift und ein Schächtelchen Stahlfedern in Empfang genommen hatte, war der Baum mit der Wurzel wieder eingegraben, war Meyerhoff, der einige Tage lang frei und ungebunden, als keines Menschen Diener, einen kleinen Theil der Welt durchreist hatte, wiederum der einfache Commis eines Handlungshauses.

Gegen Abend trat ein junger Bursche ins Comptoir; er hatte ein rußiges Gesicht und geschwärzte Hände und trug einen Bund Ditriche und Brecheisen in der Hand.

Meyerhoff sah einen blondhaarigen, blauäugigen Herrn, der einen blonden Schnurrbart trug und

Senftenberg genannt wurde, auf den Schlosserlehrling
zuspringen und hörte ihn sagen:

„Gehen Sie oben hinauf, eine Treppe hoch die
vorletzte Thür links."

Zum Buchhalter, der hinzugetreten war, sagte
Senftenberg:

„Fräulein Marie hat heute den Schlüssel zu
ihrem Schreibsecretaire verloren."

Meyerhoff entsann sich jetzt erst wieder des kleinen
Fundes, den er gethan hatte; schon griff er in die
Tasche, um den Schlüssel herauszunehmen, und ihn
Herrn Senftenberg zu übergeben, als dieser den
Buchhalter fragte:

„Meinen Sie nicht, daß man am besten thäte,
das ganze Schloß umändern zu lassen?"

„Warum?"

„Es könnte ihn Jemand gefunden haben, der
schlechten Gebrauch davon machte."

Mühlbach schüttelte lächelnd den Kopf und
Senftenberg gab sich zufrieden.

Meyerhoff aber ließ den Schlüssel wieder in seine
Tasche gleiten. Er fühlte sich nicht verletzt, aber er
schämte sich, in den Augen Senftenbergs auch nur

einen Augenblick lang die Maske jenes Jemands getragen zuhaben, der von einem gefundenen Schlüssel schlechten Gebrauch machen könnte.

Geduldg wartete Meyerhoff den Augenblick ab, wo Herr Locke am Abend nach beendeter Zeitungs= lectüre sich in seine Wohnung zurückzog.

Kaum hatte der Chef die Thüre ins Schloß ge= worfen, als die Herren wild durcheinander schossen, um sich so schnell als möglich anzukleiden und das Freie zu gewinnen. Nur Einer blieb zurück, um sich des Fremden anzunehmen, und das war Senftenberg.

„Ich pflege eigentlich des Abends nicht auszu= gehen," sagte er zu Meyerhoff; „allein heute gereicht mir eine Ausnahme, um Ihnen Gesellschaft zu leisten, zu besonderem Vergnügen. Ich führe Sie an einen Ort, wo Sie schnell Bekanntschaften anknüpfen werden."

Senftenberg geleitete den neuen Collegen in einen Bierkeller. Eine zahlreiche, heitere Gesellschaft war dort bereits versammelt. An den Wänden waren allerhand drollige Wirthshausgeschichten abgemalt.

Beide setzten sich an einen kleinen Tisch apart. Einen großen Theil des Abends unterhielt Meyerhoff seinen Begleiter durch Mittheilungen aus seiner Heimath. Senftenberg, sehr erheitert von manchem

Abenteuer, das Meyerhoff ihm berichtete, sprach fleißig dem Glase zu. „Ich kann eigentlich nicht viel vertragen," äußerte er zu Meyerhoff, sobald er einen neuen Schoppen bestellte. Er machte sehr gefährliche Bewegungen mit seinem Stuhle, indem er diesen bald auf zwei, bald auf nur einem Beine stehen ließ. Zu jeder Bemerkung lachte er und schlug mit der Hand auf den Tisch.

Meyerhoff benutzte eine im Gespräch eingetretene Pause zu der Frage:

„Wer ist Fräulein Marie?"

„Par—bleu," rief Senftenberg begeistert, „woher kennen Sie schon Fräulein Marie?"

„Ich begegnete in der Hausflur einer jungen Dame. Im Laufe des Tages hörte ich von Fräulein Marie sprechen, woraus ich mir den voreiligen Schluß bildete, daß jene Dame und dieses Fräulein Marie synonym seien."

„Sie haben das Rechte getroffen. Haben Sie Fräulein Marie richtig angesehen? Gefällt sie Ihnen?"

„Eine sehr interessante Erscheinung."

„Ob sie es ist," rief Senftenberg, den neuen Collegen mit kleinen verschmitzten Augen ansehend.

„Ist es eine Tochter des Herrn Locke?"

„Nein, die Gouvernante der Nichte des Herrn
Locke. Und — soll ich ihnen noch etwas sagen —“
Senftenberg erhob sich, daß sein Stuhl hinter ihm
mit großem Lärmen zu Boden fiel, lehnte sich über
den Tisch zu Meyerhoff hinüber und flüsterte diesem
ins Ohr: „meine Geliebte.“

„Ich gratulire,“ entgegnete Meyerhoff, und nun
erzählte Senftenberg genau ausführlich die ganze
Geschichte seiner Liebe.

„Sie ist höchst geistreich,“ versicherte er seinem
Begleiter, „Sie sollten nur die Briefe lesen, die sie
mir geschrieben hat; denn auf Briefe ist unser Haupt=
verkehr nun eben beschränkt, obwohl wir einander
gegenüber wohnen. Nur mitunter des Sonntags,
wenn Herr Locke mit seiner Familie ausgefahren
und Marie durch Vorschützen von Unwohlsein u. s. w.
der lästigen Pflicht, die Herrschaften begleiten zu
müssen, glücklich entbunden ist — da husche ich
hinüber und die Treppe hinauf, und in dem soge=
nannten „blauen Salon“ erwartet mich schon meine
Marie zu süßem Geplauder, während ein Dienst=
mädchen draußen Schildwache steht. So unan=
genehm meine Stellung ist, diese Sonntagsnachmittage
lassen mich alles verschmerzen.“

„Stammt sie aus guter Familie?"

„Sie ist die Tochter eines unbemittelten Beamten."

„Hat sie reiche Verwandte, die sie einst beerben
wird?"

„Nein."

„Also nur ein Abenteuer," äußerte Meyerhoff
lachend.

Senftenberg überhörte diese Bemerkung.

„Marie hat eine kleine Eigenthümlichkeit an
sich," fuhr er fort, „die mich mitunter unangenehm
stört. Sie fürchtet nämlich nichts so sehr, als daß
unser Verhältniß Herrn Locke entdeckt werden könnte.
Als eines Sonntag Nachmittags, während wir gerade
auch im blauen Salon saßen, unten ein Wagen vor=
fuhr, überrfiel sie eine solche Angst, daß sie auf die
Knie niedersank und laut betete. Ihre Befürchtung,
Herr Locke könne mit seiner Familie unvermuthet
zurückgekehrt sein, war unbegründet; denn es war
eine Kindtaufskutsche, in welcher ein Dienstmädchen
abgeholt wurde. Demungeachtet konnte sie ihre
einmal rege gewordene Angst nicht bemeistern, sie
drang so inständig und so lange in mich, bis ich
sie verließ und wieder nach meiner Wohnung hinüber=
ging. Ich ließ mich nicht am Fenster sehen, wie sie

es gewünscht hatte, ich war ärgerlich und suchte in sehr trüber Stimmung das Freie. Am nächsten Abend setzte ich mein Schmollen fort, indem ich mein Clavier öffnete und statt ihrer Lieblingsstücke unausgesetzt Tonleitern spielte. Auch sah ich nicht nach ihrem Fenster hinüber. Die Folge davon war, daß ich von Marie einen langen Brief erhielt, worin sie mich in warmen, rührenden Worten um Verzeihung und Nachsicht bat. Und so waren wir wieder vereinigt. Doch Mariens Furcht, die sie selbst ihrer Nervenschwäche zuschreibt, wird aufhören, sobald mir meine Verhältnisse gestatten, das ganze Geheimniß dem Manne, vor dem es jetzt noch am sorgfältigsten gehütet sein muß, gerade zu enthüllen, und —"

„Was?" rief Meyerhoff erstaunt —

„Und" fuhr Senftenberg unbekümmert fort, „Marie vor aller Welt für meine Braut zu erklären."

„Sie wollen sie wirklich heirathen?" frug Meyerhoff mit ungläubigem Lächeln.

„Warum nicht?" war Senftenbergs erstaunte Gegenfrage.

„Dann setze ich voraus, daß Ihre Vermögensverhältnisse Ihnen gestatten, bei der Wahl einer Gattin Ihr Herz sprechen zu lassen."

„Ich selbst besitze keine Mittel."

„Mit einer solchen Heirath wird für Sie Vieles, Vieles zu sein aufhören, woran Sie sich sonst freuen konnten," sagte Meyerhoff zu Senftenberg. „Es ist eine Mißheirath. Mit einer Heirath, wie sie sein soll, darf weiter nichts aufhören, als die freie Wahl. Im Uebrigen muß sie die Freuden des Lebens vermehren, statt sie zu vermindern."

„Ich verstehe Sie nicht."

„Das heißt, meine künftige Gattin müßte mir zu dem Wenigen, was ich habe, noch hinzubringen, was mir gefehlt hat."

Senftenberg schüttelte fremd den Kopf.

„Ich werde mir die Fesseln des Ehestandes nur dann anlegen," ergänzte Meyerhoff unter einem feinen, fast verächtlichen Lächeln, „wenn sie von Gold sind."

Diese Worte hörte Mühlbach, der, Beide grüßend, eben an dem Tische, wo dieß Gespräch geführt wurde, vorüberging. Er schüttelte lächelnd den Kopf. „Fesseln anlegen — Ehestand —," dachte er bei sich, „ich lasse mich hängen, wenn Senftenberg dem Fremden nicht schon seine Liebesgeschichte anvertraut hat."

Senftenberg aber schilderte seinem Nachbar mit flammender Begeisterung das eheliche Glück, das

seiner in Mariens Armen wartetete. Jenes Glück,
das alle Schätze der Erde entbehrlich mache, jenes
Glück der Zufriedenheit, das nie im Palast des
Reichen, sondern nur in der Hütte der Armuth gefunden wird, jenes Glück, das im Besitze eines geliebten Wesens wurzelt. „Geld und Reichthum sind
tausendfach auf der Erde vorhanden," schloß Senftenberg, „aber meine Marie ist nur einmal da, und
wenn sie mit ihrer herrlichen Seele, mit ihren strahlenden Augen, mit ihrem lieben Angesicht, mit ihrer
Nymphengestalt und mit ihrem von Liebe und Hingebung für mich erfüllten Herzen einst ganz mein
gehört, um immer bei mir zu sein, niemals von mir
zu gehen, so habe ich das Höchste gefunden, was
ein Mensch finden kann, so habe ich — es klingt
klein, aber es bedeutet viel — den Geist meines
Lebes ergründet und den wahren Ausdruck dafür
gefunden. O die Erschaffung des Weibes war die
herrlichste Idee des Schöpfers, Gold und Edel-
steine sind nur ihr äußerer, entbehrlicher Schmuck."

Meyerhoff hatte den Sprecher starr angeblickt.
Ein feinerer Beobachter als Senftenberg würde ge-
grübelt haben, ob in diesem starren Blicke festgebannte
Aufmerksamkeit oder Abwesenheit läge.

Meyerhoff zerdrückte, als Senftenberg geendet
hatte, in seinem Auge eine Thräne. Ein feinerer
Beobachter, als Senftenberg, würde sich gefragt haben,
ob diese Thräne eine Thräne der Rührung oder nur
eine Folge der physischen Anstrengung des Auges sei.

Senftenberg aber ergriff Meyerhoffs Hand
drückte sie fest und sagte:

„Wir sind einverstanden!"

Meyerhoff nickte. Dann gingen Beide.

Als Senftenberg, der den neugewonnenen Freund
bis an die Thür seines Gasthofs begleitet hatte,
allein nach Hause ging, murmelte er für sich: „Er
ist ein guter Kerl, aber ein Bischen weich!"

Meyerhoff dachte, als er längst im Bette lag,
über die verschiedenen neuen Eindrücke nach, die sich
ihm am heutigen Tage, einem Wendepunkte seines
Lebens, aufgedrängt hatten. Jede einzelne Stunde
dieses Tages, von der Reise im Postwagen bis zu
dem letzten Schoppen, den er im Bierkeller geleert
hatte, zog noch einmal an seinem Geiste vorüber.
Deutlich sah er alle neuen Gesichter vor sich, die er
heute kennen gelernt hatte, das Gesicht seines Chefs,
das Gesicht eines Jeden seiner Collegen und auch
das Gesicht der Gouvernante. Bei dem letzteren Ge=

sicht verweilte seine Phantasie, er sah den Angstschweiß
auf diesem Gesicht treten, er sah die bebenden Lippen
jenes Gebet stammeln, von dem ihm Senftenberg
erzählt hatte. Er wurde die Erinnerung nicht wieder
los, daß sie vor dem Gedanken, Locke könne sie in
ihrem Verkehr mit Senftenberg überraschen, in die
Knie gesunken war und laut gebetet hatte.

Capitel 3.

Ein Doppelposten.

Meyerhoff findet sich allgemach in seiner neuen
Stellung zurecht. Es ist einer der unbedeutendsten
Posten im Comptoir, den er über sich hat, aber er
steht ihm tüchtig vor und läßt sich nie eine Nach=
lässigkeit zu Schulden kommen.

Man glaubt seinem ganzen Wesen anzumerken,
daß er bisher unter sehr gedrückten Verhältnissen
gelebt habe. So schwierig allen Uebrigen die Exi=
stenz in dem Hause des launischen, unter den ar=
beitenden Classen der Stadt als Tyrann ver=
schrienen Chefs erscheint, so geduldig trägt Meyerhoff

fein Loos, das vielleicht gegen fein früheres ein
goldenes ift. Er wagt nie in die Klagen feiner
Collegen einzuftimmen, er fchweigt zu allen Vor=
würfen, die fie auf Lockes Haupt häufen, wie ein Grab.

„Ich habe den fchlimmften Poften,“ äußerte einft
Senftenberg gegen Meyerhoff, „ich unterftütze Herrn
Locke bei Durchficht der Waaren, die von den Webern
abgeliefert werden. Ich bin ftreng angewiefen, den
geringften Fehler, den ich in einem einzelnen Stück
entdecke, durch einen hohen Abzug am Lohne zu rügen.
Auf der einen Seite, wenn ich der mir innewohnenden
Humanität folge, droht mir der Verluft meiner
Stelle; auf der andern Seite helfe ich das Elend
der Weber vermehren. Wenn Marie nicht wäre —
ich hätte längft fchon mein trauriges Amt nieder=
gelegt. — Ich thue zu Gunften der Arbeiter, was
ich thun kann; an dem Namen, den man ins Geheim
diefem Haufe beilegt, habe ich keinen Antheil!
Die Unzufriedenheit meines Chefs mit meinen Lei=
ftungen ift mein Troft.“

„Welchen Namen legt man denn diefem Haufe
bei?“ frug Meyerhoff.

„Man nennt es“ — Senftenberg blickte vor=
fichtig umher, um ficher zu fein, daß Niemand das

Gespräch belauschte; — dann flüsterte er Meyerhoff ins Ohr: „man nennt es das Blutschlößchen."

Meyerhoff verzog keine Miene. Sein Schweigen drückte deutlich aus, daß er mit der Sache nichts zu schaffen haben wollte.

Niemand trug die Launen des Chefs mit der Geduld, wie Meyerhoff, und da er sich außerdem willig jeder Arbeit unterzog, so benutzte dieß Herr Locke, das Gebiet seiner Pflichten zu erweitern, so daß Meyerhoff endlich für Zwei arbeitete und seinem Chef die Besoldung eines Commis ersparte. Meyerhoff blieb nicht nur halbe Nächte arbeitend allein im Comptoir zurück, sondern er nahm auch noch Arbeiten mit nach Hause.

Alles dieß war Grund genug für Meyerhoffs Collegen, sich von ihm zurückzuziehen. Auch hielt sich Meyerhoff selbst in gemessener Entfernung. Dabei blieb es jedoch nicht, Meyerhoff begann jetzt eine neue Seite seines Wesens zu entfalten, wodurch er sich geradezu den Haß der Uebrigen zuzog. Er begnügte sich nicht mehr mit der Neutralität, die er bis jetzt dem gefürchteten Chef gegenüber beobachtet hatte, er suchte diesem sogar auf Un=

koſten der von dem übrigen Perſonal nur mühſam behaupteten Rechte zu gefallen.

Der Winter ſchien in dieſem Jahre mit un= gewöhnlicher Strenge auftreten zu wollen. Es war Anfangs November und ſchon lag Berg und Thal in tiefen Schnee gehüllt; an den Dächern hingen ſtarrende Zapfen, Eisblumen machten die Fenſter undurchſichtig und auf der feſtgefrornen Oberfläche des Fluſſes vergnügten ſich bereits die Schlittſchuh= läufer. Wurde die ſchöne Sommerzeit dem Comptoir= perſonal Locke's vielfach dadurch verkümmert, daß es den größten Theil der lockenden Abende im dumpfen Comptoir hinbringen mußte, ſo brachte der Winter ein noch größeres Leiden. Herr Locke, dem es auf einige hundert Thaler nicht ankam, wenn es galt, ein ſchönes Pferd einzutauſchen, der zur Verſchönerung ſeines Gartens oder ſeiner Familienwohnung Tauſende nicht ſcheute, war geizig, wenn es ſich um Kleinig= keiten handelte, die dem Wohle ſeiner Familie ferner lagen. Nichts brachte ihn mehr außer Faſſung, als im Winter eine behagliche Wärme im Comptoir.

An einem eiſig kalten Novembermorgen ſtand das ganze Comptoirperſonal um den Ofen, der nur eine ſehr mäßige Wärme verbreitete. Nur Meyer=

hoff saß hinter seinem Pulte am Fenster und schrieb
mit roth gefrornen Fingern in seiner Strazze. Mühl=
bach, der von Allen gegen die Kälte am empfind=
lichsten war und mit emporgehobenen Rockflügeln dem
Ofen am nächsten stand, äußerte zähneklappernd:

„Meine Herren, wenn Sie Lust haben, Ihre Ge=
sundheit zu opfern, so thun Sie es; ich für meinen
Theil scheue mich nicht, auf die Gefahr hin, Herrn
Locke's Zorn auf mich zu laden, den Ofen mit reich=
licherem Material zu versehen."

Mühlbach rief den Markthelfer und befahl ihm,
einen Korb Holz zu bringen.

Die Anderen waren über den Muth des Buch=
halters erstaunt. Seiner Stellung wegen, von welcher
die Ernährung seiner zahlreichen Familie abhing,
suchte er mit seinem Chef so viel als möglich in
Frieden zu leben. Wie einen Andern aber gewöhn=
lich nur die Hitze zu verleiten pflegt, einen Schritt zu
thun, der über die Schranken seiner normalen Seelen=
stärke hinaus geht, so machte den Buchhalter die
Kälte zum Helden. Mühlbach legte von dem frisch
ankommenden Holze sogleich einige Stücke eigen=
händig in den Ofen.

„Ich finde es so sehr kalt gerade nicht," ließ
sich Meyerhoff vernehmen.

„Von Ihnen glaube ich sogar, daß Sie schwitzer,"
rief ihm Mühlbach, dessen Gesicht eine leichte Zorn=
röthe überflog, zu. „Ich weiß auch, wem zu Liebe
Sie schwitzen. — Ich für meinen Theil friere und
dabei bleibts — oder auch nicht," schloß Mühlbach
in gereiztem Tone und legte auf der Stelle noch
einige Scheite nach, während die um den Ofen ver=
sammelten Herren in lautes Gelächter ausbrachen. —
Nach einiger Zeit kam Herr Locke. Es herrschte
keine auffallend warme Temperatur im Comptoir.
Aber von einer gewissen Gegend her leuchtete Anfangs
klein, dann immer größer werdend ein rother Schein.
Herr Locke blickte hin: der Ofen glühte. Und nun
begann auch Herrn Locke's Gesicht zu glühen und
auf der Stirne zuckte die aufgeschwollene Zornader
wie ein blauer Blitz.

Mit Donnerstimme fragte er nach dem leicht=
sinnigen Verschwender, nach dem Urheber dieser Höllen=
gluth. Alles schwieg, während Herr Locke, der jetzt
plötzlich die Hitze unerträglich fand, sich den zugeknöpften
Rock aufriß. Ein Gleiches that er mit der Weste,
und da ihm nun nichts mehr aufzuknöpfen übrig

blieb, so zog er sein weißes Taschentuch heraus und
wischte sich damit den Schweiß von der trockenen
Stirn.   Meyerhoff aber kletterte auf ein Fensterbrett
und öffnete die oberen Fensterflügel, daß der eisige
Winterhauch im sichtbaren Kampfe mit der hinaus=
ziehenden Ofenwärme hereindrang und dem Buchhalter
sämmtliche Scripturen durcheinander wehte.

„Niemand anders als ein Lehrbursche ist solcher
dummen Streiche fähig,“ grollte Herr Locke, „deshalb
bitte ich Sie,“ wandte er sich bedeutsam an Mühlbach,
„als den Aeltesten im Comptoir, Carl'n strenger zu
beaufsichtigen.“

Noch immer nicht zufrieden mit der jetzt mehr
als zu sehr gemäßigten Temperatur im Comptoir,
ging Herr Locke nach diesen Worten hinaus, um im
Hofe auf und ab zu promeniren.

„Auf den Sack schlägt man,“ brummte der un=
schuldig gekränkte Carl, „und den Esel meint man.“

Dem Buchhalter jedoch entging diese anzügliche
Aeußerung, denn er stand bereits auf dem Fenster=
brett und war angelegentlich beschäftigt, die obern
Fensterflügel wieder zu schließen.

An diesem Tage nahm Herr Locke eine Gelegenheit
wahr, mit Meyerhoff unter vier Augen zu sprechen.

„Wie sind Sie mit Ihrer Stellung zufrieden?"
fragte er in einem Tone, der, aus dem Munde des
Chefs, jeden Andern als Meyerhoff überrascht haben
würde.

„Ich danke Ihnen," entgegnete Meyerhoff, den
forschenden Blick auf Herrn Locke gerichtet, „sie läßt
mir nichts zu wünschen übrig."

„Ich werde Ihnen von künftigem Monat an
Gehaltszulage geben."

Meyerhoff verbeugte sich.

„Wie vertragen sich Ihre Collegen mit Ihnen?"

„Ich kann nicht klagen."

„Sie wollen nicht klagen. Sagen Sie mir
in Allem die Wahrheit. Sie bilden, der Anmaßung
und Unbescheidenheit der heutigen Jugend gegenüber,
von der leider auch ältere Leute sich anstecken lassen,
eine so rühmliche Ausnahme, daß es Ihnen an An=
fechtung von Seiten Ihrer Collegen unmöglich fehlen
kann."

„Erlassen Sie mir, Sie mit kleinen Händeln,
welche abzuwehren mir ein Leichtes ist, zu behelligen.
Sie haben ohnedieß Aerger und Sorge genug."

„Gerade soviel, um mich auch Ihrer noch anneh=
men zu können. Stößt Ihnen Etwas zu, so wenden

Sie sich an mich. Es darf Ihnen von Niemandem Unrecht geschehen; hierüber zu wachen ist für mich Ehrensache. Verstanden?"

Meyerhoff verneigte sich und wollte gehen.

„Noch Eins!" rief Herr Locke ihm zu und Meyerhoff trat näher, während jener ein Stück Papier zur Hand genommen hatte, das er in alle möglichen Formen brach.

„Ist Ihnen noch nichts aufgefallen?" fragte Herr Locke mit einer leisen, tiefen Stimme. „Ich meine, ein Verhältniß zwischen zwei Personen, die Beide diesem Hause, wenn auch in ganz verschiedenen Stellungen, angehören."

Locke bemerkte in Meyerhoffs Augen ein eigenthümliches Blitzen. Er schien sich zu besinnen. Nach einem Weilchen sagte er:

„Ich weiß nicht, wodurch ich mich so ehrendem Vertrauen dankbar bezeigen kann."

Herr Locke winkte ablehnend mit der Hand.

„Nicht wahr," fuhr er fort und Meyerhoff, der keinen Blick von dem Gesichte seines Chefs abwandte, bemerkte, wie dieses von einer leichten Blässe überflogen ward, „nicht wahr, es ist Ihnen schon auf=

gefallen, daß sich zwei Personen in diesem Hause lieben?"

„Wie könnte mir das auch entgangen sein?" äußerte Meyerhoff in verbindlichem Tone, fest sein Auge auf Locke's Gesicht gerichtet, das immer blässer und blässer wurde.

„Und glauben Sie, daß diese Liebe eine gegenseitige ist? Glauben Sie, daß sie ihn wieder liebt?"

„Oft haben Fremde dafür ein schärferes Auge, als die Betheiligten selbst," gab Meyerhoff zur Antwort, und Locke begegnete, als er gespannt zum Sprecher aufsah, einem so durchbohrenden Blicke, daß er sein Auge schnell wieder abwandte. „Soll ich sagen, was ich als Fremder beobachtet habe, so liebt sie ihn wieder." —

Herrn Locke's Hände zitterten, das Stück Papier, mit dem er gespielt hatte, fiel zu Boden.

„Mit der ganzen Gewalt ihres Herzens — liebt ihn wieder," fuhr Meyerhoff begeistert fort, während er auf dem kreideweißen Gesicht Locke's die blauen Adern zu Tage treten sah, „wie nur eine Gemahlin ihren Gatten lieben kann."

Außer sich sprang Locke von seinem Stuhle auf und rief mit kreischender Stimme dem Sprecher zu:

„Wen liebt sie?"

„Wen anders als Sie?" antwortete Meyerhoff
mit erkünsteltem Erstaunen. „Mein Gott, ich hoffe
nicht zu Mißverständnissen Veranlassung gegeben zu
haben; wen anders liebt Ihre Frau Gemahlin so
hingebend, so heiß — als Sie?"

„Sie sind ein —" Locke sprach das Wort, das
er auf der Zunge hatte, nicht aus. Sein Blick be=
gegnete jenem eigenthümlichen Blitze in Meyerhoffs
Augen noch früh genug, um hinter der Maske der
Dummheit das ausgesprochenste Raffinement zu er=
kennen. Mit einem gewaltsam erzwungenen launigen
Lächeln ergänzte er: — „sonderbarer Mensch," und
entließ ihn freundlich. —

Meyerhoff ging. Er kniff die Lippen zusammen
und dachte an jenen Sonntag=Nachmittag, wo die
Gouvernante vor dem Gedanken, Herr Locke könne
unvermuthet zurückgekehrt sein, auf ihre Knie gesunken
war und laut gebetet hatte.

Capitel 4.

Der Erbfolger.

Seit mehreren Tagen schon ist es in Locke's Hause sehr still zugegangen. Die Treppen sind überall mit Teppichen belegt; an jeder Thür ist eine Einrichtung getroffen, daß sie sich, selbst von unvorsichtiger Hand regiert, leise und unhörbar schließt. Herr Locke geht mit bekümmerter Miene umher und Jeder sucht ihm auszuweichen. Halbe Tage ist er im Comptoir gar nicht sichtbar. Er hält sich oben in seiner Familienwohnung auf, wo es noch viel stiller hergeht, als unten. Zwei Aerzte kommen täglich mehrere Male, mitunter wird auch in der Nacht zu ihnen geschickt. Wenn auf dem Corridor ein Dienstmädchen dem andern begegnet, flüstert stets die Eine, die eben aus einem gewissen Zimmer tritt: „Er wird wahrscheinlich sterben!" Vor wenig Monden erst hallten derselben Person wegen, die im ganzen Hause Alles jetzt so still macht — diese Räume wieder, von dem, Jubel zahlreich geladener Gäste, und die Treppen, die, jetzt mit Teppichen belegt sind, waren an einem ge-

wissen Tage mit Guirlanden und Kränzen behangen.
Das war am Tauftage des kleinen Locke. Seine
Geburt wurde festlicher begangen, als die glänzendste
Hochzeit, und in den Räumen eines Fürstenpalastes,
wo ein erwachsener Thronerbe mit dem Tode ringt,
kann keine drückendere Schwüle herrschen, als jetzt in
dem Fabrikanten-Hause, seit der Säugling hoffnungslos an einer jener Krankheiten darniederliegt, die
so vielen zarten Kindern die Leiden und Freuden
menschlichen Daseins abschneiden. Die Todtenstille
im ganzen Haus war nur ein Mal unterbrochen
worden: Madame Locke hatte zu ihrem Gemahl
unter wehmüthigen Thränen geäußert: „Ich bin gefaßt, daß Gott ihn wieder zu sich nimmt." Diese
Resignation war Herrn Locke fremd und unheimlich.
Er warf seiner Gemahlin einen wilden Blick zu,
stampfte heftig mit dem Fuße und ließ sie allein.

Eines Tages war Alles noch viel stiller im
Hause. Man sprach nicht in gedämpftem Tone mehr,
sondern man flüsterte; man traute der die Schritte
dämpfenden Eigenschaft der Teppiche nicht mehr,
sondern schlich auf den Zehen über diese hinweg.
Nur ein Schritt wandelte fest und unbefangen über
die Teppiche und schallte laut in einem stillen

Zimmer wieder, in demselben Zimmer, in dem der Erbfolger lag — der Schritt der Leichenfrau. — —

Locke's Haus gegenüber stehen eine Menge Frauen und Kinder, die neugierig nach der geöffneten Hausthür und nach den Fenstern des ersten Stockwerks schauen. Ganz denselben Anblick gewährte diese Gegend vor wenig Monden, wo eine gaffende Volksmenge die glänzenden Equipagen zählte, die donnernd hier vorfuhren. — Ganz dieselben Equipagen stehen heute still und düster die Gasse entlang, — still, bis auf den ungeduldigen Hufschlag der Rosse, welche die Bewandtniß des Weges, den sie jetzt vor sich haben, nur in dem kurzgehaltenen Zügel empfinden werden.

Endlich schwankt er heraus, der kleine Sarg, reich mit Silber und mit Blumen geschmückt, und während er langsam vorauszieht, fährt Wagen auf Wagen an der Hausthüre vor und von den Einsteigenden sieht man nur die Füße. — Wie dunkle Schatten, gleiten die Equipagen an den Fenstern des Comptoirs vorüber — wie dunke Schatten, denn die im Solde des gebeugten Vaters stehenden Herren besitzen den Tact, ihre Augen auf ihre Arbeit zu richten, anstatt, jener neugierigen, unbetheiligten

Menge gleich, die Gesichter nach dem Leichenzuge zu wenden. Der Zug ist vorüber, die Volksmenge gegenüber ist verschwunden, um ihn nach dem Fried= hofe zu begleiten.

Im Comptoir herrscht tiefe Stille, — nicht die Stille einer erschütterten Theilnahme, sondern die Stille der Ceremonie. Im Geheimen denkt wohl fast Jeder bei sich: „Es sind schon viele Kinder gestorben, Kinder, deren Väter bemitleidenswerther waren, als gerade dieser. Welche Ostentation um den Tod eines Säuglings! Wer weiß, wie viele Menschen er, gleich seinem Vater, einst geknechtet haben würde, wenn er am Leben blieb." Die herrschende Stille wurde durch den naiven Lehrling, Carl, unterbrochen.

„Es ist ein eigenthümliches Gefühl," sagte er, „wenn man einen Mann, der Einem sonst selbst Thränen verursacht hat, weinen sieht."

„Wen meinen Sie?" fragte Mühlbach.

„Herrn Locke," war die Antwort.

Alle schwiegen. Viele lächelten verstohlen.

Carl, der das Stillschweigen, womit seine Be= merkung übergangen ward, kaum empfand, noch weniger verstand, fuhr nach einer Weile fort:

„Am meisten aber weinte Jemand, der am wenigsten Ursache hat, über den Tod eines künftigen Erben zu weinen."

Tiefes Schweigen.

„Der Jemand, den ich meine," sprach Carl nach einer Pause weiter, „saß im zweiten Wagen."

Wieder schwiegen Alle, aber Jeder suchte sich ins Gedächtniß zurückzurufen, wer in dem zweiten der Schattenwagen gesessen haben konnte.

„Ich meine Clärchen, die Nichte Herrn Locke's," fügte Carl nach einer neuen Pause hinzu.

Meyerhoff schien den eben geschilderten Vorgängen im Comptoir keine Aufmerksamkeit geschenkt zu haben, trotzdem fragte er jetzt den Lehrling:

„Was berechtigt Sie zu dieser Annahme?"

„Nun," entgegnete Carl, „weil sie doch jeden= falls die Universalerbin ihres Oheims wird, wenn dieser kinderlos bleibt."

„Davon verstehen Sie nichts," rief Meyerhoff scheinbar verächtlich. Mit einem Seitenblicke auf den Buchhalter fügte er hinzu: „Herr Locke hat noch hundert andre Verwandte mit gleichen Ansprüchen an seine Hinterlassenschaft."

Im Geiste hing Meyerhoff an Mühlbachs Lippen, in dessen dichtester Nähe er sich jetzt zu schaffen machte. Er wußte, daß er jetzt in das Gehirn des Buchhalters eine Brandrakete geworfen hatte, er wußte, daß die eben aufs Gerathewohl ausgesprochene Behauptung von diesem, dem Geschäfte schon seit mehr als einem Decennium dienenden, mit allen Verhältnissen des Hauses und der Familie vertrauten Veteran bei= stimmend oder widersprechend beantwortet werden würde.

„Herrn Locke's Verwandtschaft," begann endlich Mühlbach, indem er sich von seinem Platze erhob und nach dem Ofen ging, um das Feuer anzuschüren, — „Carl," rief er dem Lehrling zu, „sagen Sie doch dem Markthelfer, er solle Holz hereinbringen, aber schnell, ehe Herr Locke vom Kirchhofe zurückkehrt."

Mühlbach suchte die letzten Holzstückchen und Splitter aus dem Holzkorbe zusammen und bemühte sich ängstlich, dieselben unter die nur noch glimmende Masse im Ofen zu vertheilen, daß die vorhandene Gluth sich von diesen Fragmenten wenigstens so lange nähren konnte, bis der neue Holzvorrath ankam.

„So thun Sie doch, Carl, wie Ihnen Herr Mühlbach geheißen hat," donnerte Meyerhoff den

Lehrling an, der ruhig sitzen geblieben war und mit einem Blicke der Verwunderung auf Meyerhoff sich jetzt schnell auf den Weg machte. Damit war jedoch bei Mühlbach das alte Gleichgewicht, das zur Wiederaufnahme des vorhin abgebrochenen Gesprächs nöthig war, noch nicht hergestellt, denn der Buchhalter war besorgt, daß der Bringer des neuen Holzvorraths in der Hausflur mit Herrn Locke zusammentreffen möchte und blickte in ängstlicher Erwartung nach dem Fenster.

„Also was wollten Sie sagen, Herr Mühlbach?" fragte Meyerhoff.

Mühlbach antwortete nicht, sein abwesender Blick schweifte nach dem Fenster.

„Herr Mühlbach!" raunte Meyerhoff dem Buchhalter zu, „vergessen Sie Ihre Rede nicht, ich hatte Sie, glaube ich, unterbrochen."

Mühlbach wandte sich um und sah den Sprecher mit abwesendem Blicke an. Als hätte er Etwas versäumt, drehte er den Kopf schnell wieder nach dem Fenster und fragte Meyerhoff:

„Fuhr da nicht eben ein Wagen vorbei?"

Inzwischen trat jedoch der Markthelfer, den Korb bis über den Rand mit Holz gefüllt, durch die Thür und, nachdem er im Ofen unter Mühlbachs Leitung gehörig aufgeschüttet hatte, verließ der Buchhalter seinen Posten am Ofen und kehrte unter vergnügtem Händereiben, wie eine Mutter, die ihr Kind nach langem Mühen in festen Schlaf gewiegt hat, beruhigt an seine Arbeit zurück.

„Was wollten Sie vorhin sagen?" wiederholte Meyerhoff leise seine Frage.

„Wovon sprachen wir denn?"

„Ich habe es selbst vergessen, ich erinnere mich nur, daß Sie sagten, — Herrn Locke's Verwandtschaft."

„Herrn Locke's Verwandtschaft," recitirte der Buchhalter mit nachdenkend zur Decke emporgerichteten Augen; „ja richtig, Herrn Locke's ganze Verwandtschaft beschränkt sich nur auf diese einzige Nichte. Sie ist Schwesterkind von Madame Locke und auch deren einzige Verwandte."

„Nun — und —?"

„Nun, und dieser fällt einst das ganze Vermögen zu."

„Das glaube ich doch kaum," warf Meyerhoff mit der ganzen Gleichgültigkeit hin, mit welcher man Dinge, die Einen wenig interessiren, bespricht.

„Auf Ehre!" rief Mühlbach fast gereizt.

„Meinen Sie wirklich?"

„Es verhält sich schlechterdings nicht anders."

„Aber wie dann, wenn Herrn Locke's Ehe wieder mit einem Kinde gesegnet wird?"

„Dann erhält die Nichte einen gleichen Antheil mit diesem Kinde, so steht es in Herrn Locke's Testament. Das weiß ich, weil Herr Locke selbst kein Geheimniß hieraus gemacht hat, um, seiner Nichte in den Augen der Welt die Stellung einzuräumen, die sie einnimmt."

„Ein sehr edler Zug von Herrn Locke," bemerkte Meyerhoff.

„Ah!" rief Mühlbach, „Leute, die es mit dem Wohle Fremder weniger genau zu nehmen scheinen, sind oft in ihrem eigenen Familienkreise die zärtlichsten Menschen."

„Und diese Nichte," rief Carl laut über das ganze Comptoir und schlug mit der Faust auf sein Pult, „muß meine Frau werden! Punctum!"

Das ganze Personal schlug ein schallendes Gelächter auf. Meyerhoff aber wandte sein Gesicht nach dem Fenster und das Gesicht war roth geworden, wie das rothe Löschblatt, das er zwischen den Fingern zu einer Kugel zusammendrückte. Die Aeu=

ßerung des Lehrlings klang in seinem Innern wieder
— wie der Schuß aus einer Flinte, die er heimlich
geladen hatte und, von der Hand eines unvorsichtigen
Knaben abgefeuert, plötzlich krachen hört. So stand
er noch am Fenster, als eine Equipage langsam vor=
fuhr. Herr Locke stieg aus mit seiner Nichte. Starren
Auges verfolgte Meyerhoff das Kind, bis er es nicht
mehr sehen konnte.

Capitel 5.

Eine Gedankenkette.

Wie schon oft, seit Meyerhoffs Eintritt in das
Geschäft, sah man auch heute, zur späten Abendzeit,
durch die Ritzen der Comptoirläden Licht schimmern.
Meyerhoff war wieder allein zurückgeblieben. Aber
er arbeitete nicht — er saß an seinem Pulte, in
tiefes Sinnen versunken. — So saß er schon seit
Stunden. Er beschäftigte sich mit dem Glücke Des=
jenigen, der einst Clärchens Hand erhalten wird.
Irgend ein junger, reicher, angesehener Mann wird
sie erhalten. Wo mag er jetzt weilen, dem sie im

Geheimbuche der Geschicke bestimmt ist? Noch kennen
Beide sich nicht. Noch schläft in ihren Herzen der
Funke der Liebe. — Liebe? hier liegt eine Wendung!
Der wird Clärchens Hand erhalten, den sie liebt!
Sie wird ihn auf einem Balle, auf einer Badereise
kennen lernen. Dann ist ja die Liebe das Werk
eines Augenblicks. Clärchen wächst gewiß einst zu
einem schönen Mädchen heran. Wenn das kleine,
allerliebste Gesicht, das wie gemalt aussieht, einst
die verständigen, eigenwilligen, stolzen Züge jung=
fräulicher Reife erhalten haben wird — wenn aus
dem dunkelblauen großen Auge einst der gebildete
Geist und die Anmuth des Herzens hervorleuchten
wird — und dazu, gerade wie schon jetzt — über
der Stirn und um die Schläfe sich die braunen
Löckchen ringeln bis in den Nacken hinab, — wer
sollte nicht auf der Stelle von ihr bezaubert werden?
Aber nicht Jeder, dem dieser Zauber das Herz ver=
sengt, kann ihr Gemahl werden. Nur Einer, —
den sie wiederliebt. Und dieser muß sich durch Etwas
auszeichnen, das die spröde Schöne fesselt — durch
Liebenswürdigkeit, Männlichkeit — durch eine statt=
liche Figur, wie zum Beispiel Meyerhoff sie hat, der
jetzt an den Comptoirspiegel tritt und darin ein regel=

4*

mäßig gebildetes Gesicht sieht. Ueber die rothen
Wangen bis zum Kinn hinab zieht sich eine ganze
Milchstraße winziger schwarzer Pünktchen hin: der
Ansatz zu einem starken Barte, der so rabenschwarz
wird, wie das üppige Haar über der etwas niedern
Stirn. Welchen Zauber übt solch ein Bart auf das
schöne Geschlecht aus! Welchen Zauber aber erst das
Lächeln mit halbgeöffnetem Munde, aus welchem zwei
Reihen blendend weißer Zähne wie Perlen hervorblitzen!
Und die zarte, weiße Hand, mit den schmächtigen
Fingern, und der Accent und Wohllaut der reinen nord=
deutschen Aussprache, den man hier allgemein be=
wundert! Ein solcher Mann könnte schon unwider=
stehlich sein; daß er es Andern bereits gewesen ist,
kann mehr als Eine bezeugen. — Wer freilich bürgt
für Clärchens einstige Geschmacksrichtung? Man sagt,
daß Gewohnheit zur Anhänglichkeit und Anhänglich=
keit zu Liebe werden kann. Meyerhoff erinnert sich
eines armen Clavierlehrers in seiner Vaterstadt, der
eine seiner reichsten Schülerinnen geheirathet hat.
Sie war ein Kind, wie Clärchen, als der junge
Musiker seinen Unterricht begann. Das Kind ge=
wöhnte sich während der Reihe von Jahren, wo es
seine Schülerin war, so an ihn, daß die Jungfrau

sich nicht wieder von ihm trennen konnte. Die Eltern
wollten die Heirath nicht zugeben, das Mädchen ver=
fiel in Trübsinn; in der ganzen Stadt sprach man
damals von dieser Geschichte, die mit dem Tode des
Mädchens geendet haben würde, wenn die Eltern sich
nicht noch entschlossen hätten, in die Verbindung
einzuwilligen. Herr Locke würde auch nicht jeden
Bewerber um seine Nichte aufnehmen, auch wird
nicht jedes Mädchen aus Liebe wahnsinnig. Sie
tröstet sich wohl mit der Zeit und nimmt einen
Andern. Einen reichen und angesehenen jungen
Mann, ganz nach dem Geschmack ihres Oheims. —
Meyerhoff ist nicht reich und angesehen, — er ist
arm. Aber bis zu der Zeit, wo Clara's Hand ver=
geben wird, könnte er ihren Oheim um Das bereichern,
was ein reicher Freier sein Vermögen nennt. In
der That, das könnte er, er könnte ein angesehenes,
unentbehrliches Glied der Firma Locke werden, wenn
er — eine entsprechende Stellung im Hause einnähme,
eine Stellung — in der er sich hervorthun, in der
er dem Geschäfte große Vortheile schaffen könnte. —
Den wichtigsten Posten bekleidet Herr Locke selbst:
die Abzüge, die er den Webern bei der Ablieferung
am Lohne macht, betragen jährlich Tausende. —

Senftenberg unterstützt Herrn Locke und fühlt deshalb Gewissensscrupel — der weichmüthige, schwärmerische, verliebte Senftenberg! Meyerhoff sprang plötzlich auf. „Das ist die Stellung, in der sich Jemand hervorthun kann!" rief er halblaut und wies mit dem Finger nach der Seite der Gasse hinüber, wo Senftenberg wohnte.

In starres Hinbrüten verloren, blieb er eine Weile so stehen. Dann setzte er sich wieder an sein Pult, breitete beide Arme aus und legte den Kopf darauf, um über Etwas nachzudenken. Vor Meyerhoff stand die Lampe. Er hatte, als er die Arme auf das Pult legte, ein Federmesser bei Seite geschoben, das Messer war dadurch in eine Lage gekommen, in welcher die geöffnete Stahlklinge die Strahlen der Lampe auffing und blitzend wieder ausstrahlte.

Als Meyerhoff nach einiger Zeit den Kopf wieder emporrichtete, wurde sein Auge von dem Blitzen geblendet. Gerade so hatte ihm hier in diesem Hause schon einmal Etwas entgegengeblitzt und sein Auge geblendet. Aber es war kein Messer gewesen, auch kein Glas, wie er Anfangs geglaubt hatte, sondern — ein Schlüssel. Diese kleine Gedankenkette scheint

elektrisirt zu sein: als Meyerhoff das letzte Glied
derselben berührte, fuhr er zusammen. Hier in dieser
alten Brieftasche liegt noch der Schlüssel — der
Schlüssel zum Schreibsecretär der schönen Gouvernante.

Es ist bitterkalt im Comptoir geworden. Meyer=
hoff zieht seinen andern Rock an, löscht die Lampe
aus und geht nach Hause.

Schlaflos wälzte Meyerhoff sich die ganze Nacht
hindurch auf seinem Lager.

Um die Zeit, wo die Kräfte Anderer von einem
gesunden Nachtschlummer erfrischt und neu gestärkt
sind, ging er am andern Morgen müde durch die
engen Gassen nach dem Comptoir.

Vor der Hausthür stand ein Handschlitten mit
einer rothgesäumten Rehdecke. Eine kleine verschleierte
Dame saß darin, mit Muff und Pelz versehen. Es
war Clärchen, die ein Markthelfer eben nach der
Schule fahren wollte.

Der Anblick verlieh dem rasch heranschreitenden
Meyerhoff neue Lebenskraft. Er vergaß in diesem
Augenblicke die durchwachte Nacht. — Zum ersten Male
in seinem Leben machte er sich mit einem Kinde zu
schaffen. „Wie geht es, Clärchen?" fragte er in herz=
lichem Tone.

„Ach!" seufzte Clärchen, ich bin sehr, sehr traurig um meinen kleinen, lieben Cousin."

Sie schüttelte wehmüthig das kleine Haupt und Meyerhoff sah durch den weißen Schleier hindurch, wie ein Thränenstrom aus den dunkelblauen Augen hervorbrach.

„Tröste Dich, liebes Clärchen," hörte sie ihn sagen, „er ist bei den Engeln oben und dort findest Du ihn wieder." Clärchen blickte zu ihm auf. In seinem Auge blitzte eine Thräne, die er eben zerdrückte.

Der Schlitten setzte sich in Bewegung. Der gute, liebe Herr nickte Clärchen freundlich zu, sie nickte wieder. An der Straßenecke blickte sie sich noch einmal um. Da stand er noch und sah ihr nach und nickte ihr noch einmal zu. Und sie nickte wieder, während die Thränen von Neuem aus ihren Augen brachen. Aber sie waren süß diese Thränen, das Mitleid des guten Herrn hatte der Kleinen so wohl gethan!

Capitel 6.

Ein Nebelbild.

Es ist Sonntags früh. In Senftenbergs Zim=
mer brennt Licht. Er trifft die Vorbereitungen zu
einer kleinen Geschäftstour. Die Andern, an ihre
Scholle gebannt, beneiden ihn um die kurze zwei=
tägige Abwesenheit. Aber Senftenberg ist mürrisch.
Ehedem — ja ehedem — kannte er nichts Herrlicheres
als das Reisen, je weiter, desto besser. Wie oft hat er
sich herausgesehnt aus dieser kleinen, engen, trübseligen
Fabrikstadt. Jetzt wird ihm der Abschied so schwer, so
unendlich schwer! Schon bei einem Ausfluge auf das
nächste Dorf überfällt ihn eine Sehnsucht, eine Art
Heimweh, und jetzt muß er sich auf zwei ganze lange
Tage von der Scholle trennen, auf der auch Mariens
Fuß weilt. Und noch dazu heute, zum Sonntage,
wo seiner süße Stunden im blauen Salon gewartet
hätten! Deshalb ist er mürrisch, so mürrisch, daß
er sich nicht einmal die Mühe nimmt, das Licht zu

putzen, dessen hoher Docht wie ein schwarzer Schatten
die Klarheit der Flamme durchbricht. Das Licht
flackert unruhig, und die verschiedenen Gegenstände,
welche als Schatten oben auf der Decke und an den
Wänden erscheinen, werden mit gleicher Unruhe hin-
und hergezerrt. Die Reisetasche wogt als eine riesige,
unförmliche Figur von dem Mittelpunkt der Decke
bis an die Kammerthürklinke herab und hinauf.
Das Barbiermesser, einer Säge in einer Schneide-
mühle gleichend, säbelt über den ganzen Stuben-
horizont hinweg. Die Pomadenbüchse, groß wie ein
Sturmfaß, walzt bald oben, bald unten — auf und ab.

Mit diesem Schattenspiele unterhielt sich Senftenberg, der reisefertig auf dem Sopha saß. Die
Schatten wurden schwächer und schwächer, das Licht
glich einer glimmenden Kohle, zum Fenster blickte
die Morgendämmerung herein. Die Grabesstille auf
der Straße wurde durch ein leises, fernes Glöckeln
unterbrochen. Es nimmt zu und kommt näher. Es
ist das Schellengeläute zweier Pferde, und bald hält
unten vor Senftenbergs Hausthür der Postschlitten
und der Postillon guckt nach Senftenbergs Fenster
hinauf und knallt mit der Peitsche. — In den Häusern
liegt Alles im tiefen Schlafe, kein neugieriges Gesicht

wird von dem Peitschenknalle und dem Schellengeläute
ans Fenster gelockt.

Senftenberg tritt aus der Hausthür. Sein erster
Blick richtet sich sehnsuchtsvoll nach einem Fenster in
Locke's Hause. Leise bewegt sich dort oben die weiße
Gardine. Wie ein Nebelbild entsteht dahinter ein
weißes Gesicht und ein weißes Blondenhäubchen und
zwischen Beiden ein schwarzer glänzender Streifen.
Ein kleiner Theil von einer durch einen aufs Fenster=
bret aufgestützten Arm emporgedrängten Achsel, die
in ein weißes Negligée gehüllt ist, wird noch sichtbar.
Das Nebelbild nickt herunter, Senftenbergs Auge
gleitet blitzschnell über alle Fenster der Straße, dann
wirft er ein Kußhändchen zu ihr hinauf. Die Pferde
ziehen an und das Nebelbild ist vergangen, zerronnen.
Am blauen Winterhimmel färben kleine Wölkchen
sich rosenroth, Fenster und Eiszapfen blitzen und auf
Senftenbergs Gesicht zuckt, wie ein Sonnenaufgang,
ein Freudenstrahl. Er warf noch einen Blick nach
den weißen, stillen Gardinen. Dann dachte
er bei sich: „Ja, warte nur, es kommt die Zeit,
wo Dich kein Vorhang mehr verhüllt."

„Nun, Schwager, fahrt zu!" rief er lustig dem
Postillon zu. „Es setzt ein gutes Trinkgeld. Jetzt

blaſt aber gleich ein luſtiges Lied. Dann gebe ich
Euch eine feine Cigarre.“

Der Poſtillon ſetzte das Horn an und blies ein
Lied, daß es von den beiden Häuſerfronten der Gaſſe
wieder zurückſchallte. Gewiß — ſie hört es noch und
weiß auch, daß es ihretwegen geſchieht. Und wie
das Horn in luſtigem Rhythmus ſchmetterte und das
Schellengeläute, nach dem Trab der Pferde, begleitend
dazu rauſchte und klang — da ſang immer und
immer in Senftenbergs frohem Herzen eine Stimme
dazu:

> „Ja, warte nur, es kommt die Zeit,
> Wo dich kein Vorhang mehr verhüllt,“

bis das Horn ſchwieg und der Schwager ſich von
ſeinem Bock zu Senftenberg neigte, um die Cigarre,
die ihm dieſer gegeben hatte, an Senftenbergs Cigarre
anzuzünden.

Capitel 7.

Ein Schattenbild.

Die Stimmungen des Menschen, und besonders
des Liebenden, wechseln wie Aprilwetter. Weihevolle
Augenblicke, die mit einer Macht das Herz umspannen
und rings umher die Welt vergolden, als solle es
nun auf ewig so bleiben, vergehen, verschwinden, wie
der einzige Sonnenstrahl, der aus grauem Himmel
hervorbrach und über eine ganze trübe Landschaft
den lichten, sonnigen Tag verbreitete — auf wenige
Augenblicke. — So könnte man annehmen, daß die
glückliche Stimmung, in der Senftenberg unter den
Klängen des Posthorns gestern früh das Städtchen
verließ, hundert Eindrücken, Gedanken oder Launen
gewichen sei, daß die Beschwerden der Winterreise,
der Verkehr mit den prosaischen Menschen sein Herz
ernüchtert haben, daß seine Rückkehr jetzt, spät am
Abend, in bittrer Kälte, in einer Entfernung von
jenen schönen Morgenaugenblicken von weit mehr
als hunderttausend Secunden — daß seine Rückkehr
jetzt in das Städtchen von einem mehr reflectiven

Zuſtande begleitet ſei.‘ Waren doch der ſternen=
loſe, ſchwarze Himmel, die eiſigen Schneeflocken,
die dem im offenen Schlitten Sitzenden ins Geſicht
wirbelten, daß er oft die Augen ſchließen mußte, die
finſtern Fenſter, an denen er vorüberfuhr, und die
mattbeleuchteten kleinen Scheiben, hinter denen noch
der Webſtuhl klapperte, Aufforderung genug, darüber
zu grübeln, wie nicht Alles ſo bleibt, wie es iſt;
wie ſchöne Morgen von trüben Nächten verwiſcht
werden können, wie ein freundliches Nebelbild hinterm
Fenſtervorhange bei Sonnenaufgang — zur Nacht=
zeit ein ſchwarzer ſcharf abgegränzter Schatten iſt.

Aber Senftenberg beſaß keines jener Herzen, in
denen die Stimmungen wie Aprilwetter wechſeln.
Als der Schlitten in die Straße einlenkte, wo ſeine
Wohnung war, lebte jener glückliche Morgen trotz
Nacht und Schneegeſtöber in ſeiner Seele friſch wie=
der auf.

Der Poſtillon mußte das Lied wieder blaſen,
das Schellengeläute rauſchte gerade ſo luſtig wieder
drein, und dazu ſang in Senftenbergs frohem Herzen
die alte Stimme wieder:

> „Ja, warte nur, es kommt die Zeit,
> Wo dich kein Vorhang mehr verhüllt.“

Marie's Fenster waren finster. Senftenberg stieg
aus, und während er in seinem Zimmer Licht anzündete, hörte er das Glöckeln des sich entfernenden
Gespanns allmählig verklingen. Marie wußte, daß
er um diese Stunde zurückkehren würde. Daß sie
so spät kein Licht in ihrem Zimmer brennt, gebietet
ihr die Vorsicht. Aber sie wird sich am finstern
Fenster zeigen. Und der Himmel ist dem Liebenden
günstig, denn eben stiehlt sich das Mondenlicht durch
das Schneegewölk und wirft seinen Glanz flimmernd
auf die Glasscheiben, hinter denen bald ihr liebes
Gesicht als Nachtgruß erscheinen wird.

Senftenberg sieht im Mondenlicht Alles ganz
deutlich: die geschlossenen Comptoirläden unten; sogar,
von der Hausthüre auslaufend, viele Fußtapfen im
Schnee, welche seine Collegen beim Nachhausegehen
dort zurückgelassen haben. — Er sieht Alles ganz
deutlich, aber das Mondenlicht kann auch täuschen.
— Wo ist denn die Bronceampel mit den immer-
grünen Schlinggewächsen, die man sonst an Mariens
Fenster hängen sieht? Der trügerische Mondenschein
lügt sie hinweg. — Auch das Lichtbild, Faust und
Gretchen, das sonst immer so blendend weiß herüber-
leuchtet, sieht man jetzt nicht. Die Fenstervorsetzer,

die sie mit eigner Hand gehäkelt hat, sind auch nicht da. Die hat sie wohl weggenommen, wer weiß weshalb.

Senftenberg blickt hinüber und immer will sich Niemand zeigen. Er muß sie heute noch einmal sehen, sie hat es ihm heilig versprochen. Er stellt sein Licht so, daß sie, wenn sie herüberblickt, seinen Schatten am Fenster sehen muß und auch den Schatten des Zeigefingers, den er scherzhaft drohend erheben will. Es bleibt Alles still hinter dem Fenster. Sieh'! ein dunkler Kopf zeigt sich. Senftenberg will drohend den Finger erheben, da glaubt er zu hören, daß drüben hastig die Fensterwirbel zurückgeschnellt werden und, ehe er sich von der kleinen Ueberraschung erholt, wird auch schon das Fenster ausgestoßen. Warum Das? Senftenberg läßt die Hand wieder sinken. Es legt sich drüben ein Kopf weit zum Fenster heraus und durch die Todtenstille der Winternacht ruft eine tiefe Stimme herüber: „Herr Senftenberg!"

Der Gerufene schauerte zusammen. Die Stimme klang hohl, wie ein Ton aus einem Grabe.

„Herr Senftenberg!" rief es wiederholt, „warum gehen Sie nicht zu Bett?"

Das war Locke's Stimme! Das war Locke, der ihm aus Mariens Fenster zugerufen hatte!

Senftenberg antwortete nicht, er taumelte mehrere Schritte zurück in sein Zimmer. Er hörte nicht mehr, wie das Fenster drüben wieder zugeschlagen wurde, er war in das Sopha gesunken und sah stieren, gedankenlosen Blicks nach der Decke und nach der Wand, wo sich im Scheine des herabgebrannten, unruhig flackernden Lichts wieder die Schatten des Barbiermessers und der Pomadenbüchse, welche beiden Gegenstände auf demselben Flecke stehen geblieben waren, mit dem Schatten der Reisetasche, die er gerade wieder auf denselben Fleck gesetzt hatte, wild umherjagten.

Capitel 8.

Eine Thräne.

In einer verzehrenden Spannung öffnete am nächsten Morgen Senftenberg die innere Glasthüre, welche zum leichteren Verschluß des Comptoirs diente.

Seine Collegen begrüßten ihn wie immer; auf
ihren Gesichtern, in ihren Reden lag Nichts an=
gedeutet, das auf irgend einen besonderen Vorgang
hätte schließen lassen. Auch Herr Locke war wie immer
und hörte ruhig Senftenbergs Bericht über die Re=
sultate seiner Geschäftsreise an.

Im Laufe des Vormittags erfuhr Senftenberg
von Carl, der im Hause wohnte, daß Herr Locke seit
gestern die bisherige Wohnung der Gouvernante zu
seinem Arbeitszimmer gemacht und dieser ein Gemach
nach dem Garten heraus dafür eingeräumt habe.

Senftenberg sollte bald mehr erfahren. Ehe die
Mittagsstunde schlug, rief ihn der Chef zu einer
Privataudienz.

„Ich glaube," begann Herr Locke, „es bedarf zu
Dem, was ich mit Ihnen jetzt zu sprechen habe, nach
dem gestrigen Vorgange keiner weitern Einleitung.
Liebesverhältnisse unter Leuten, die mir dienen, dulde
ich nicht. Lassen Sie daher Ihre Tändeleien mit
der Gouvernante meiner Nichte von jetzt ab fallen."

„Da Sie von Allem unterrichtet zu sein scheinen,"
entgegnete Senftenberg mit großer Festigkeit, „so
scheue ich mich nicht, Ihnen zu sagen, daß Tändeleien
zwischen Fräulein Marie und mir nicht stattgefunden

haben. Ich hatte die ernſteſte Abſicht, ſie zu hei=
rathen und habe ſie noch.“

„Ich hätte Ihnen mehr Vernunft zugetraut,“
rief Herr Locke erbittert; „die Gouvernante meiner
Nichte wenigſtens,“ ſagte er in ſchneidendem Tone
hinzu und machte mit dem Kopfe eine zickzackartige
Bewegung, „ſcheint Ihnen an Einſicht überlegen
zu ſein.“

„Es dürfte für Sie ſchwer halten, mich davon
zu überzeugen.“

„Das kommt mir auch gar nicht zu, denn ich
bin — hi, hi, nicht Ihre Gel—, nicht die Gouver=
nante. Nur Eins habe ich in dieſer Sache zu thun,
— Ihnen die Briefe abzufordern, die Fräulein Marie
Ihnen geſchrieben hat.“

„Die kommen niemals und niemals in Ihre
Hände,“ rief Senftenberg unter bitterm Lachen.

„Noch Einmal,“ ſagte Herr Locke in ſeiner
ganzen ruhigen Principalswürde, „geben Sie mir
die Briefe.“

„Das wäre ein Treubruch gegen Marie und
zugleich eine Beſchimpfung meines beſſern Selbſt.“

„Treubruch!“ ſprach Herr Locke verächtlich nach,
„berückſichtigen Sie, wir ſpielen hier nicht Theater
5*

und sagen Sie nicht Marie," fügte er, mit dem Fuße stampfend, hinzu, „das ziemt sich nicht, wenn Sie mit mir über diese Person sprechen. Für Sie ist sie Fräulein Helmenreich!"

In Senftenberg kochte es. Er bebte am ganzen Körper und wußte nicht, wo er die zitternden Hände hinthun sollte, um seinem Gegner die heftige Aufregung seines Innern zu verbergen. Es fehlte ihm in solchen und ähnlichen Fällen an Worten. Er wußte auch jetzt nichts zu entgegnen, als:

„Die Briefe erhalten Sie nicht, selbst wenn meine Existenz davon abhinge!"

„Ich bin weit entfernt," erwiderte Herr Locke stolz, „Ihnen Etwas abzuzwingen. Sie verletzen mich aufs Tiefste, wenn Sie glauben, ich wäre gemein genug, Ihnen dieser Bagatelle wegen Amt und Brod zu entziehen. Ohne Zweifel würde ich von dem Grundsatze, Liebesverhältnissen unter Leuten, die zu meinem Hause gehören, entgegenzutreten, eine Ausnahme gemacht haben — denn ich trage gern zum Glücke Anderer bei — wenn die Person, der Sie Ihre Zuneigung widmeten, Ihrer würdig wäre."

Senftenberg richtete sich empor. Er wollte Herrn Locke ins Wort fallen, aber dieser fuhr fort:

„Sie wollen mir Fräulein Helmenreichs Briefe
nicht geben, gut — hier sind die Briefe, die Ihre
Hand an diese Dame schrieb."

Herr Locke griff in die Tasche und überreichte
dem in sich zusammensinkenden Senftenberg ein Packet
zusammengebundener Briefe, die er als die seinigen
wiedererkannte.

„Sie hat sie mir freiwillig übergeben," fuhr
Herr Locke fort, „als Beweis, daß sie keine jener
Romanheldinnen ist, die ihrer Liebe wegen den Feuer=
tod erleiden, — denn sie bebte schon vor einer kleinen
momentanen Verlegenheit."

Senftenberg war seiner nicht mehr mächtig.
Der bärtige junge Mann stützte den Kopf auf die
Hand und weinte bitterlich. Mit der andern Hand
hielt er seine Briefe fest.

Herr Locke ging auf ihn zu, klopfte ihm sanft
auf die Schulter und sagte in mildem Tone:

„Nehmen Sie meine Worte nicht so hart, wie
sie vielleicht klingen. Sie sind noch jung. Sie
kennen die Welt und die Menschen noch wenig.
Lassen Sie sich diese erste, bittre Enttäuschung für
Ihr ganzes Leben als Warnung dienen. Ich meine
es väterlich mit Ihnen. Gehen Sie hin und sagen

Sie es den Andern, die mich eben so verkennen, wie Sie mich verkannt haben."

Senftenberg reichte wehmüthig seinem Chef die Hand und ging hinaus. Als er sich beim Schließen der Thür wieder umdrehen mußte, sah er, wie Herr Locke ihm noch einmal mit der Hand freundlich grüßend zuwinkte.

In diesem Augenblicke hatte Senftenberg sich vorgenommen, Herrn Locke Mariens Briefe zu über-bringen; als er aber in seinem Zimmer stand und sein Piano anblickte, und die drei Feuernelkenstöcke, und gegenüber die Fenster, hinter denen sie oft her-übergesehen und gelauscht hatte; als er jede einzelne Stunde seiner Liebe, jedes Wort, das Beide mit ein-ander getauscht hatten, sich in die Erinnerung zurück-rief und Mariens Briefe wiederholt las und salzige Thränen darauf weinte, da rief es in ihm: „Es kann nicht sein!"

Er machte sich die bittersten Vorwürfe, daß er sich von Herrn Locke so weit hatte überreden lassen und verfluchte den Augenblick, wo er ihm die Hand gereicht hatte. Eine Unterredung mit Marie mußte Alles wieder ausgleichen. Er lauerte ihr auf, aber sie ließ sich nirgends sehen. — Er schrieb ihr, Lisette

sollte, wie sonst, den Brief befördern; da erfuhr er,
daß diese während seiner Abwesenheit aus dem Dienst
gejagt worden sei! In seiner Verzweiflung zog er
den Lehrling ins Vertrauen. Dieser wohnte im
Hause. Ihm mußte es leicht werden, den Brief der
Gouvernante heimlich zuzustecken. Carl trug ihn
tagelang mit sich herum und gab ihn endlich dem
unglücklichen Senftenberg zurück. Das Zimmer der
Gouvernante sei stets verschlossen, auch hielte sie sich
fortwährend in den Gemächern der Madame Locke
auf. Ob man ihr ansähe, daß sie leide, daß sie viel
geweint habe? Carl hatte sie nur ein einziges Mal
auf dem Corridore erblickt, ohne ihr Gesicht sehen
zu können.

Wer der Verräther gewesen war, wußte Niemand.
Senftenbergs Collegen deuteten auf Meyerhoff.
Senftenberg fing an, es zu glauben.

Der junge Mann wurde schwermüthig, sein
Aussehen erregte die allgemeinste Theilnahme.

Herr Locke schenkte ihm die größte Aufmerksamkeit.
Er war nachsichtig und liebevoll.

Senftenberg hätte es lieber gesehen, wenn Herr
Locke ihm feindselig gegenüber gestanden hätte. Dann
konnte Senftenberg ihm doch grollen und ihm alle

Schuld aufbürden, die sich nun immer schwerer und
schwerer auf Marie's Seite neigte. Senftenberg
hatte endlich den Entschluß gefaßt, Herrn Locke selbst
um Erlaubniß zu einer Unterredung mit Marien zu
bitten. Es wurde ihm schwer, einem Manne gegen=
über, der ihm so väterliche Theilnahme bezeigte, un=
dankbar zu erscheinen. Er wußte, daß sein Princi=
pal es ihm für Schwäche auslegen würde. Indessen,
er faßte sich ein Herz. Es war Nachmittags. Die
Sonne schien freundlich auf die Schneedächer herab.
Im Comptoir hörte man das Jubeln und Schreien
munterer Kinder, die in Locke's Hofe spielten. Madame
Locke that Alles, was zur Erheiterung und Zerstreu=
ung ihrer Nichte, die sich über den Tod des kleinen
Cousins nicht zu trösten vermochte, beitragen konnte.
Täglich mußten alle ihre Gespielen — Mädchen und
Knaben — sie besuchen. Im Hofe war ein künst=
licher Eisberg errichtet worden, von welchem die
Kinder auf kleinen Schlitten herabfuhren. Dieser
Eisberg wurde heute eingeweiht.

Herr Locke stand in der Garderobe, deren Fenster
auf den Hof hinausgingen, und schien dem lustigen
Treiben der Kinder zuzusehen, als Senftenberg zu
ihm trat.

Ein flüchtiger Blick durchs Fenster — und Senftenberg war wie gelähmt. Die Sprache versagte ihm.
Denn mitten unter den Kindern ragte Jemand im
blauen Kleide empor; — er kannte das blaue Kleid —
er kannte die anmuthige Gestalt. Es war Marie.
Er vergaß, daß er neben seinem Chef stand und
starrte unbeweglich nach Marie. Jetzt hob sie lächelnd
ein Kind empor und küßte es; dann wich sie mit
einem Sprunge einem Schlitten aus, der auf sie zu-
kam; jetzt bückte sie sich, klatschte mit den Händen
einem kleinen Knaben zu, der sich mit Mühe auf
dem glatten Eise aufrecht erhielt und fing ihn mit
ihren Händen auf. Neben der Gouvernante stand
Clärchen — still und niedergeschlagen, kaum vermochte irgend ein drolliger Unfall ihr ein Lächeln
abzulocken.

Herr Locke duldete leutselig die sonderbare Freiheit, die sich, ohne es zu wissen, Senftenberg heraus-
nahm. Endlich sagte er zu ihm:

„Haben Sie Fräulein Helmenreich beobachtet?
Sehen Sie, mit welcher Heiterkeit sie sich den Kindern
hingiebt? Sind das Aeußerungen eines gebrochenen
Herzens? Verdient sie, das Sie sich wegen ihr ab-
härmen? — Und nun werfen Sie einen Blick auf

meine kleine Nichte. Sie ist nur ein Kind und
trauert nur um ein Kind. Aber welchen Antheil
nimmt sie an der allgemeinen Freude da draußen,
die doch sie unmittelbarer angeht, als die beaufsich-
tigende Gouvernante?!"

Senftenberg ließ sein Vorhaben fallen. Zum
Tode betrübt, wandte er sich von dem Anblicke ab
und wollte wieder gehen.

„Wenn Sie es nicht über sich gewinnen können,"
sagte Herr Locke und Senftenberg blieb stehen,
„Fräulein Helmenreich zu vergessen, so rathe ich
Ihnen — Veränderung. Verlassen Sie dieses Haus,
diese Stadt. Ich werde meinen Einfluß verwenden,
Ihnen in der Ferne eine Stellung zu verschaffen.
Denn nur die Entfernung von dem Gegenstande
Ihres Schmerzes kann Sie schnell und sicher heilen."

Senftenberg antwortete nicht. Er ging an seine
Arbeit zurück. — Sein Herz klopfte stürmisch, seit er
sie hatte lächeln sehn. O! sie hatte ihn nie geliebt!
Sie selbst hatte ihm seit jener unglücklichen Wendung
der Zugang abgeschnitten und nun zeigte sie sich
wieder, da sie glaubt, daß in Senftenbergs Herzen
alle Liebe, alle Sehnsucht verrauscht sein müsse, wie
in dem ihrigen. Sie lächelte und scherzte mit den

Kindern! Ob das Lächeln auch von Herzen kam?
Ob das Herz vielleicht blutete, wo der Mund lächelte?
Als sie sich mit den Kindern beschäftigte, war sie in
ihrem Amte. Muß nicht auch Senftenberg seines
Amtes warten, während sein Herz brechen will?
Aber sie vermochte doch zu lächeln! — Das sociale
Leben macht manchem traurigen Gesicht ein Lächeln
nothwendig. — Senftenberg entsinnt sich noch genau
des Augenblicks, wo er als Kind mit seiner Mutter
am frischen Grabhügel seines Vaters stand. Beide
hatten sich von Herzen recht ausgeweint. Der Todten=
gräber kam und sprach lange Zeit mit der Mutter.
Und siehe da, über ein drolliges Wort, was er im
Laufe des Gesprächs unter hüstelndem Lachen aus=
sprach, vereinten sich in der Mutter Antlitz die Züge
des Grams, in deren Furchen vorhin Thränen dahin=
geronnen waren, zu einem Lächeln. Und wenn der
Geist seines Vaters in diesem Augenblicke auf die
Gattin herabgeblickt hätte, würde er ihr dies als
Lieblosigkeit ausgelegt, würde er, wie jetzt sein Sohn,
gedacht haben: sie hat mich nie geliebt? — Marie!
Marie! Dein Lächeln ist Dir vergeben. Er weiß es,
Du bist ihm treu, Du härmst Dich um ihn, Du
bist seines Schmerzes würdig. Wenn nur ein ein=

ziger Mensch, und wäre es ein Bettelkind, ihm sagen möchte, daß es eine Thräne, eine einzige Thräne in Deinen Augen gesehen hat. Man räth ihm Ver= änderung, Trennung. Oh! Der es ihm räth, hat nie die Liebe in ihrer ganzen Größe gekannt. Er hat ein kleines, enges Herz. Es wird eine Verstän= digung stattfinden, es wird sich Alles aufklären, nur Zeit und Geduld!

Senftenberg hat wieder neuen Muth, auch er lernt wieder lächeln. Er bringt zwei ruhige, friedliche Tage hin. Am dritten Tage — er ist gerade mit Meyerhoff allein im Comptoir — erhält er durch die Stadtpost einen Brief. In der Aufschrift erkannte er Mariens Hand. Er reißt ihn auf und liest:

„Das leichtsinnige Spiel, daß ich mit Ihrem Herzen trieb, ist so ernst geworden, daß ich Ihnen die Wahrheit nicht länger verhehlen darf. Ich habe Sie nie geliebt. Verlassen Sie diesen Ort, verzeihen Sie mir, und — wenn Ihnen dies nicht möglich ist, vergessen Sie

Marie Helmenreich.“

Senftenberg sank von seinem Sessel. Als er wieder zu sich kam, lag er in Meyerhoffs Armen.

Meyerhoff führte ihn hinüber in seine Wohnung. Er blieb bei ihm.

„Wo ist der Brief?" fragte Senftenberg matt.

„Ich habe ihn an mich genommen," antwortete Meyerhoff.

„Haben Sie ihn gelesen?"

Meyerhoff nickte.

„Geben Sie ihn mir."

„Jetzt nicht — wenn Sie ruhiger sein werden."

„Ich bin ruhig," sagte Senftenberg lächelnd, „ich will ihn noch einmal lesen."

Meyerhoff gab ihm den Brief. Senftenberg las ihn wiederholt durch.

„Für was halten Sie Das?" fragte Senftenberg, nachdem er eine geraume Weile auf einen Punkt im Briefe hingestarrt hatte.

Meyerhoff trat näher und sah in den Brief.

Senftenberg wies mit dem Finger auf einen runden Fleck, der nur um ein Weniges dunkler als das weiße Papier war und einen kleinen Rand hatte.

Meyerhoff schüttelte fremd den Kopf.

„Für keine —" hier versagte Senftenberg die Stimme; endlich brachte er das Wort „Thräne?" hervor.

„Nichts von Thränen, lieber Senftenberg," ent=
gegnete Meyerhoff und legte seine Hand zitternd auf
dessen Achsel, „seien Sie ein Mann! die Welt ist
groß, es giebt noch viele Mädchen, Ihr Herz wird
wieder ruhig werden. Vor der Hand ist das ein
schlechter Trost, das weiß ich, aber Sie werden andere
Bekanntschaften anknüpfen. Sie werden einst ein
Wesen finden, das Sie wahrhaft liebt, ein Wesen,
das Ihnen eine Stütze sein wird und keine Last, wie
es diese — diese Marie, diese Gouvernante geworden
wäre. — Sie werden Das, was ich Ihnen einst in
jenem Keller sagte, besser würdigen lernen und Ihre
Wahl darnach treffen und einst, am Arm einer
Gattin, die ist, wie sie sein soll, an mich denken und
ausrufen: der Meyerhoff hat doch Recht gehabt!" — —

Senftenberg geht zurück in seine Heimath. Er
will nicht mehr dienen. Unterstützt von seinen nicht
unvermögenden Verwandten, gedenkt er ein kleines
Geschäft zu etabliren. — Morgen früh, wenn noch
Alles schläft, reist er ab. Eben geht er von Pult zu
Pult und reicht Jedem die Hand zum Abschiede.
Sie werden ihn nicht wiedersehen; auch zu einem
kleinen Abschiedsfeste für heute Abend war er nicht

zu bewegen. Er will zeitig schlafen gehen, damit
er morgen früh die Zeit nicht versäumt. Er hat
nun Allen die Hand gereicht und geht nach der
Thür. Noch ein Lebewohl und sie fällt hinter ihm
ins Schloß.

Mühlbach, der Buchhalter, der alte Veteran,
der so Manchen schon hatte kommen und gehen sehen,
beugte den Kopf tief in sein Hauptbuch hinein und
vergoß ein paar Thränen.

Am nächsten Tage schafften zwei stämmige
Markthelfer einen großen Kasten aus dem Hause, in
welchem Senftenberg gewohnt hatte. Er war schwer,
dieser Kasten, und mußte behutsam angefaßt werden;
denn mit großen schwarzen Buchstaben stand obenauf
geschrieben: „Piano!"

Die Collegen sehen durch das Fenster zu, wie
das Instrument, dessen Klängen sie Abends im Vor=
übergehen so oft gelauscht hatten, auf den Wagen ge=
laden wurde. Sie dachten an Senftenberg. Sie
hatten ihn manchmal belächelt, wenn er ihnen unter
dem Siegel der Verschwiegenheit anvertraut hatte,
wem sein Spielen und Singen gälte. — Niemand
lächelte jetzt über den offenherzigen Menschen, —
als sein Clavier dahingefahren wurde, die Gasse

entlang. Er kann ihnen nun keine Geheimnisse mehr anvertrauen!

Capitel 9.

Marmornächte.

Daß der leergewordene Posten durch Niemand andern als Meyerhoff besetzt werden würde, wußte ein Jeder im Comptoir, auch wenn Senftenberg nicht die Weisung erhalten hätte, die letzten Tage vor seinem Abgange zu benutzen, um Meyerhoff in die Geheimnisse der Einkaufsexpedition einzuweihen. Diesem Auftrag unterzog sich Senftenberg herzlich gern; denn das Mißtrauen, das er gegen Meyerhoff gehegt hatte, war seit jener Scene, die Mariens Brief herbeigeführt hatte, einer innigen Zuneigung gewichen. Von keinem seiner Collegen war dem harmlosen Senftenberg der Abschied so schwer geworden, als von Meyerhoff.

Es giebt Naturen, über die ein Wort aus dem Munde eines Fernstehenden mehr vermag, als ein ganzer Kreis alter, gewohnter Freunde.

Meyerhoff unterstützte Herrn Locke in der Ein=
kaufserpedition. Da steht er am Fenster, neben Herrn
Locke, innerhalb der breiten Tafeln, vor denen sich
das liefernde Personal, meistens aus Frauen und
Mädchen bestehend, bunt durcheinander drängt. Vor
jedem der beiden Herren liegt, aufgeschlagen wie ein
Buch, ein Stück Waare. Vom Anfang bis zu Ende
wird es durchgeblättert, wie von einem Censor. Wo
zur Untersuchung verdächtiger Stellen das scharfe
Auge nicht ausreicht, wird der „Fadenzähler" aufge=
setzt, eine Art Loupe, unter welcher das feinste Ge=
webe wie ein Strohgeflecht erscheint. Aus dem
Munde der Censoren erschallen allerhand technische
Namen von Webefehlern, wie ein „Nest," ein „Fäden=
bruch," ein „falsches Muster eingeschossen." Für je=
den Fehler wird ein Abzug am Lohne dictirt.

„Wo ist der Blonde hin?" fragen sich die Frauen
und Mädchen heimlich, „wo ist er hin," fragt sich
eine alte hinfällige Frau, „der mich immer zuerst ab=
fertigte, damit ich nicht so lange warten mußte?"
„wo ist er hin," fragt sich ein junges Mädchen, „den
ich nur bittend anzublicken brauchte, um meinen
Vater vor einer schweren Geldstrafe zu schützen?" „wo

Höcker, Kaufmännische Carrièren.   6

ist er hin," fragen sich Alle, „der es nicht so streng, so genau mit uns nahm?"

Meyerhoff zeigt bald, daß er sich nicht begnügt, Herrn Locke's Substitut zu sein. Er tritt mit einer Selbstständigkeit auf, die ihn dem Chef gleichstellt. Er übertrifft sogar den scharfen Censorblick Locke's, denn er entdeckt nicht nur mit Leichtigkeit die verborgensten Fehler, er findet dabei auch noch Zeit, die hinter ihm mit dem Nachmessen der Stücke beschäftigten Bursche ins Auge zu fassen. Die nahmen's auch immer nicht so genau, wenn einmal ein Stück um eine halbe Elle zu kurz war, sie gehörten ja früher selbst zu den Webern. Jetzt ist keiner von ihnen sicher, daß in dem Augenblicke, wo der Eine oder der Andere die letzte Elle an das Stück setzt, Meyerhoff sich plötzlich herum= dreht. An den Augen sieht er ihnen ab, wenn das Stück zu kurz ist, und wenn er mit seinem durch= dringenden Blicke sie anschaut und dazu in einem eigenthümlichen, fast gereizten Tone fragt: „Wie viel?" da kann keiner eine Lüge sagen, und wenn nur eine Achtel=Elle am richtigen Maße gefehlt hat, es muß eingestanden werden.

Wenn Senftenberg mitunter allein in der Ex= pedition war, nun, da erlaubte man sich wohl, sich

gegenseitig über Das und Jenes etwas lauter zu
unterhalten. Bei Meyerhoff hat man's Einmal ver=
sucht und nicht wieder. „Was ist das für ein heil=
loses Geschnatter?" rief er wild, „ich verlange Ruhe!"
da wurden sie still, wie Kinder in der Schule.

Senftenberg war von allen geliebt, — vor Meyer=
hoff haben Alle Respect. Senftenberg nahm den
Hut ab, wenn er den Webersleuten auf der Straße
begegnete, Meyerhoff läßt die Hände tief in den Ta=
schen seines weiten Ueberrockes ruhen und grüßt nur
mit dem Munde. Wenn Senftenberg des Morgens
in die Hausflur trat, da hatte er für jedes der dort
harrenden Webermädchen irgend ein scherzhaftes Wort.
Meyerhoff hatte nichts als einen kurzen Gegengruß für
das im Chor gesprochene „Guten Morgen."

Clärchen grüßt immer sehr freundlich, wenn sie
auf dem Wege zur Schule in Muff und Pelzmantel
zwischen den beiden Reihen der in der Hausflur war=
tenden Webersleute hindurchgeht. Weshalb Meyer=
hoff, wenn er der kleinen Dame zuweilen begegnet
ist, seinen gewöhnlichen kurzen Gruß in ein freund=
liches: „Guten Morgen, ihr lieben Leute" abgeän=
dert hat, konnte Niemand begreifen; denn die Voraus=

ſetzung, daß er heute vielleicht bei recht guter Laune
ſei, beſtätigte ſich ſpäter keineswegs.

Herr Locke hatte ſich's zwar gedacht, daß Meyer=
hoff in die neue Stellung „einſchlagen" würde, die
Art und Weiſe aber, wie ſich Meyerhoff in der That
entfaltete, überſtieg ſeine kühnſten Erwartungen. Er
nannte ihn im Stillen den Mann der ſtrengſten
Pflichterfüllung und war über die Acquiſition Meyer=
hoffs glücklicher, als über den größten Gewinn, den
irgend eine gewagte Speculation ihm hätte bringen
können. Meyerhoff iſt oft des Sonntags bei Herrn Locke
zu Tiſch geladen, und da er frühzeitig zu arbeiten
anfängt und Abends ſpät aufhört, ſo hat ihm zur
größern Bequemlichkeit Herr Locke in ſeinem eignen
Hauſe eine Wohnung eingeräumt.

Man hätte Clärchen ſehen ſollen, als der On=
kel ihr dieſe Neuigkeit mittheilte! Sie war außer
ſich vor Freude und eilte gleich in das für Meyer=
hoff beſtimmte Zimmer, um dort ihre kindiſchen An=
ordnungen zu treffen, daß Alles recht ordentlich, recht
ſchmuck ausſah. Ein ſchöner Klapptiſch, der im Zim=
mer des Onkels ſtand und von dieſem nicht benutzt
wurde, mußte auf Clärchens inſtändiges Bitten gleich
in Meyerhoffs Zimmer geſchafft werden. — Es be=

stand aber auch wirklich zwischen Clärchen und Meyer=
hoff, der ein wahrer Kindernarr war, ein rührendes
Freundschaftsverhältniß. Man mußte die Beiden sehen,
wenn sie Sonntags, nach aufgehobener Tafel, mit
einander Domino spielten, oder wenn Meyerhoff, der
sehr geschickt in allerlei Papparbeiten war, Clärchens
Puppenstube, die er ihr heimlich davon getragen hatte,
neutapezirt zurückbrachte. Wer zählt alle die nied=
lichen Wandkörbchen, Puppenspiegel, Puppenstuben=
ofenschirme und alle die andern Sachen, auf die der
raffinirteste Spielwarenfabrikant nicht gekommen wäre
— welche Meyerhoff seiner kleinen Freundin anfer=
tigte! Als er aber gar nun im Hause wohnte, be=
gannen für Clärchen Freuden über Freuden, Ueber=
raschungen über Ueberraschungen! Wenn Clärchen
Abends bei einer kleinen Freundin zu Besuch ist und
es schlägt die Stunde, wo sie nach Hause zurückkeh=
ren muß und es kommt Jemand herein und sagt:
„Clärchen, Herr Meyerhoff ist mit dem Schlitten un=
ten" — da hält sie keine Macht, kein Spiel länger
zurück. Sie läßt Muff und Mantel im Stich und
eilt hinunter, und da steht der kleine Schlitten mit der
rothumsäumten Rehdecke. Hinten an der Lehne steht
Meyerhoff, und Clärchen schlägt ein lautes, helles

Gelächter auf über die Pelzmütze, die sich Meyerhoff tief
in's Gesicht hineingedrückt hat. Sie besteigt den Schlitten,
und mit rasender Schnelligkeit schiebt ihn Meyerhoff
über den Schnee dahin, einmal um die ganze Stadt
herum und dann nach Hause.

Der Winter tritt mit fürchterlicher Strenge auf.
Ueber Berg und Thal breitet sich jener feste, einge-
fleischte Schnee, auf dem die Schritte knirschen, die
Räder knarren, der untergelegte Hemmschuh heult.
Zu wiederholten Malen ist eine blutrothe, doppelte
Morgensonne aufgegangen, siegreich die gegen sie
ankämpfenden schwärzlichen Nebelmassen zu Boden
drückend und kalt und strahlenlos ihre einsame Him-
melsbahn wandelnd. — Scharf und klar funkeln
des Nachts die Sterne herab. Es sind wunderbar
schöne Nächte, — man könnte sie Marmornächte nennen! Man braucht auf dem knarrenden Schnee nicht
weit zu gehen, um mit dem Fuß an einen erfrornen
Sperling zu stoßen; auf den Feldern liegen todte
Raben umher. Die Blätter berichten täglich von
Menschen, die erfroren sind, Holzdiebstähle finden in
Menge statt, man kann ihnen kaum noch wehren;
die Diebe bilden eine förmliche Macht, die Hefe des
Proletariats hat sich zu einer Art Landsturm zusam-

men gerottet. Man hört von schauerlichen Mord=
thaten, die an Forstbeamten verübt worden sind.

Die blutrothe Doppelsonne bedeutet Unglück,
sagt des Volk. Gewöhnlich aber steht das Zeichen
am Himmel, wenn das Unglück schon da ist. So
auch hier. Nicht nur der harte Winter hält sein
grausames Gericht, mit ihm ist noch ein anderer
Feind gekommen: eine Geschäftskrisis, eine brod=
und arbeitslose Zeit. Die Fabrikanten geben nur
wenig oder gar keine Arbeit aus. Um nicht Hungers
zu sterben, entäußern sich die Armen ihrer Kleider
und Betten, auf den Dörfern schlafen ganze Fami=
lien unter einer einzigen Decke, theilen ganze Fami=
lien zuletzt nur einen einzigen zerlumpten Anzug, in
dem sie abwechselnd das Haus verlassen. Man sagt,
es seien Menschen in ihren Wohnungen erfroren.
Zu spät trugen die Zeitungen damals die Schilde=
rungen des entsetzlichen Elends in die Welt, das die
armen Gebirgsbewohner traf.

Riesenhaft groß stand damals die Firma: „Locke
und Sohn" da. Sie kümmerte sich nicht um den
Stillstand aller Geschäfte, sie verwandte ihre unge=
heuren Geldmittel und ließ für das Lager arbeiten.
Alles strömte zu Locke und Sohn, um Arbeit zu er=

halten, und nur Die wurden abgewiesen, die sich in
guten Geschäftszeiten hatten verleiten lassen, von Locke
und Sohn abzuspringen, und für eine andere Firma
zu arbeiten, die höhere Löhne zahlte, und geringere
Abzüge machte. In einem Umkreise von mehreren
Meilen klapperten damals die Webstühle für Locke
und Sohn, man arbeitete gern für ein Geringes
und ließ sich Abzüge am Lohne willig gefallen.
Die Fabrikanten, welche nicht die Mittel besaßen,
ihre Lager zu füllen, sagten in ihrer Eifersucht und
Mißgunst, die Firma Locke und Sohn fische im Trüben, eine Behauptung, zu der sich sogar sonst ehren-
werthe Leute hinreißen ließen.

So war der Tag des Weihnachtsabends erschienen und auch über ihm war eine blutigrothe Doppelsonne aufgegangen. Es war ein trauriger Christ-
markt. Man sah fast nichts als Wolken: Wolken
auf den Stirnen der Feilbietenden, Wolken vom
Dampfe der Kohlenbecken unter den Füßen der Ver-
käuferinnen, die wie auf Wolken ruhende Engel
mit rothgefrornen Nasen erschienen. Viele, viele arme
Menschen werden heute gern auf den Glanz des
Christbäumchens verzichten, wohl Jedem, dessen Weih-

nachtsisch der Ofen ist, und die brennenden Scheite darin die Weihnachtskerzen!

Wie glücklich muß Der sein, der heute ein Packet öffnen kann, das einen so kostbaren Shawl ent= hält, wie der, den Herr Locke oben in seinem Zimmer soeben einem aus einer großen Stadt angelangten Postpackete entnimmt. Wie glücklich Der, welcher in dieser schrecklichen Zeit durch ein solches Weihnachts= geschenk Andern eine Freude bereiten kann!

„Ist der Shawl für Marie endlich gekommen?" fragte Madame Locke, die eben hereintrat.

„Hier ist er," entgegnete ihr Gemahl, den schwe= ren Stoff emporhebend.

„Unmöglich!"

„Warum?"

„Das ist ein Shawl für eine Gräfin, aber nicht für unsre Gouvernante, die sich selbst scheuen wird, ihn öffentlich zu tragen."

„Er entspricht aber ganz meinem Geschmacke."

„Wirklich? — Ich glaubte, es läge hier nur ein Mißverständniß von Seiten der Handlung zu Grunde, bei der Du ihn bestellt hast. — Was kostet der Shawl?"

„Sei unbesorgt, ich bezahle ihn."

„Du haft fonderbare Grillen. Ich wiederhole
es, das ift kein Shawl für eine Gouvernante. Ich
felbft würde ihn kaum tragen mögen.“

„Ich glaube es,“ fagte Herr Locke mit fcheinba-
rer Ruhe; „indeffen wir wollen einmal fehen, wie er
dich kleiden würde.“ Mit diefen Worten gab er feiner Gemahlin den Shawl um, der ihre ziemlich kleine
Figur ganz verhüllte. Es mag dahin geftellt bleiben,
ob Madame Locke die ironifche Abficht ihres Gemahls
durchfchaute. Sie warf einen funkelnden Blick in
den großen Wandfpiegel und einen auf ihren Gemahl,
welcher die Hand an das Kinn gelegt hatte und unverwandt nach dem auf der Erde fchleifenden Shawl-
ende blickte.

„In der That,“ fagte Madame Locke, nach Athem
ringend, „er kleidet mich vortrefflich. Du wollteft nicht
die Gouvernante, fondern mich damit überrafchen, und
machteft, als ich Dich beim Auspacken ftörte, eine
Nothlüge. Es thut mir leid, daß ich Dir die Freude
fo zerftört habe, aber mein Himmel, wir find ja keine
Kinder mehr,“ führ Madame Locke fort und befreite
fich ohne die Hülfe ihres Gemahls von dem Shawl;
„wir wiffen die Gaben, mit denen wir uns gegenfeitig
überrafchen, auch bei Morgenlicht zu würdigen, und fo

nimm meinen Dank." Hastig hatte Madame Locke
inzwischen den Shawl wieder in die alten Falten
zusammengebrochen. „Aber er ist mir zu auffallend,"
sagte sie, ihn auf den Tisch werfend, „und Du wirst
ihn daher gegen einen bescheidneren vertauschen."
Mit diesen Worten ging sie schnell aus dem Zimmer.

Herr Locke nahm den Shawl, warf ihn in die
Flammen des Kamins, warf dann auch Emballage
und Bindfaden hinterdrein, und ergriff ein schwarzes
Hauskäppchen, um es aufzusetzen und herab in's Comp=
toir zu gehen.

Das Personal unten erschrack über das tief nach
dem Nacken herabgerückte, vorn die ganze Stirn und
einen Theil des Haupthaares freilassende Käppchen.
Das war der Fehdehandschuh, den der Chef,
wenn er übler Laune war, aller Welt hinwarf. In
weniger Zeit als einer halben Stunde, hatte heute
Mühlbach, der Herrn Locke nicht schnell genug ein
Conto aufschlagen konnte, eine Nase, — ein Anderer,
der um Urlaub zu einer Feiertagsreise bat, einen Korb,
— Carl eine Ohrfeige. Alle athmeten frei auf, als
Herr Locke das Comptoir verließ, um in die Einkaufs=
expedition zu gehen, wo er heute den ganzen Tag
beschäftigt war.

Es war heute der Lieferungstag für einen Factor vom Dorfe, der im weiten Umkreise seine eigenen
Weber beschäftigte und an einem einzigen Tage hun-
derte von Stücken, zu denen er von Locke und Sohn
vorher das Garnmaterial in Empfang genommen
hatte, abzuliefern pflegte.

Vor der Hausthür hält ein Schlitten mit weißer
Plane und mit einem Pferde bespannt. Langsam
und vorsichtig klettert ein dicker Mann heraus, von
den Ohren bis an die Knöchel in einen schönen
warmen Pelz gehüllt. Das ist der Factor Rex aus
Dorschau. Er hat lange Jahre auch hinter dem Webstuhle gesessen, ehe er es durch Glücksumstände und
Klugheit bis zum Factor brachte. Jetzt ist er ein
angesehener Mann im Dorfe und noch weit über das
Dorf hinaus, trägt einen goldnen Ring am Finger,
den er schon seit Jahren nicht mehr herunterbringt,
hat eignes Geschirr, ein rundes, rothes Gesicht und
einen wohlgenährten Bauch. Er macht einen recht
angenehmen Eindruck mit seinen braunen, klugblicken-
den Augen und dem schwarzen, krausen Haar, in dem
nur hie und da ein flüchtiger Silberschein spielt. Herr
Meyerhoff ist hinaus geeilt und hilft dem Meister
Rex beim Auspacken der vielen Stücke, während Herr

Locke, mit der Elle auf seine Hand schlagend, durch's
Fenster zusieht.

„Haben Sie in Ihrem Pelze nicht geschwitzt,
Meister Rex?" fragt Meyerhoff.

„Hat sich was zu schwitzen," antwortete der Fac=
tor, „sehen Sie nur meine rothe Nase an."

„Das macht wohl mehr die Bulle, die dort aus
der Tasche herausguckt. Haben unterwegs gewiß
schon wacker gefrühstückt?"

„In solchen harten Zeiten frühstückt man nicht,
da ist man froh, wenn man zu Mittag essen kann."

„Immer wieder die alte Leier; daß doch die
reichen Leute immer für arm gelten wollen. Haben
Sie auch mein Weihnachtsgeschenk nicht vergessen,
Meister Rex."

„Du lieber Himmel! Wer denkt bei so harten
Zeiten an Weihnachtsgeschenke. Da ist man froh,
wenn man für sich eine warmgeheizte Stube haben
kann."

„Ei, ei! so darf man nicht sprechen, wenn man
ein Häuschen daheim hat, das —"

„Noch nicht bezahlt ist. — Sie vergessen die Schul=
den, die darauf lasten."

„Schulden hin, Schulden her; warum bezahlen Sie die Schulden nicht von den —" Meyerhoff neigte seinen Mund an das Ohr des Factors und fuhr fort: „von den dreitausend Thalern, die Sie bei uns stehen haben?"

Rex kraute sich verlegen in dem Barte, lächelte und gab sich stillschweigend gefangen.

„Wie wäre es denn," fuhr Meyerhoff fort, „wenn Sie mir von den Dreitausenden die Zinsen für das letzte Vierteljahr gutschreiben ließen? Mit diesem Weihnachtsgeschenke wollte ich zufrieden sein."

„Ha! ha!" lachte Rex, „die Zeiten sind wahrlich nicht darnach — und was würde Herr Locke bei sich denken, und gestehen Sie nur, Sie würden ein Weihnachtsgeschenk von mir gar nicht annehmen."

„Sie können Recht haben," erwiderte Meyerhoff einlenkend.

„Aber nächsten Monat schlachte ich meine beiden Schweine," tröstete Rex, „da besuchen Sie mich zu Wurst und Wellfleich."

„Topp, es gilt," rief Meyerhoff versöhnt.

Die Waaren waren abgeladen und in das Expeditionszimmer geschafft.

Ein Markthelfer geleitete das Fuhrwerk des Fac=
tors nach dem Gasthof, während der Besitzer die beiden
Herren bei der Durchsicht der Stücke durch leichte
Handreichungen unterstützte. Dabei waren seine Augen
überall; bald ruhten sie auf dem Stücke, das Herr
Locke, bald auf dem, das Herr Meyerhoff musterte,
dann rollten sie zu den beiden Gehülfen hinüber,
welche mit behender Hand die Elle führten. So
leichtfertige, lüderliche Arbeit, wie heute, haben die
Weber noch nicht geliefert! Noch ist Herrn Locke nicht
ein fehlerfreies Stück in die Hände gekommen. Er
schüttelt, während er jedes Stück durchblättert, fort=
während unwillig den Kopf; so oft er den Faden=
zähler aufsetzt, läßt er ein gereiztes Räuspern ver=
nehmen. Dabei geht Alles sehr schnell; Herr Locke
wirft die Stücke schallend vor sich auf die Tafel hin
und wirft sie eben so wieder auf den Tisch, wohin
sie nach erfolgter Durchsicht gehören.

Meyerhoff befindet sich in einer beängstigenden
Verlegenheit; noch hat er heute nicht ein einziges Stück
gefunden, an welchem etwas auszusetzen gewesen wäre;
so tadellose Arbeit wie heute, zum Weihnachtsheiligen=
abend, haben die Weber noch nie geliefert!

Herr Locke hat schon mehrere stechende Seiten=
blicke auf Meyerhoff geworfen. Er denkt am Ende
gar bei sich, daß sich heute auf Meyerhoff nicht zu
verlassen sei, oder — mißtrauisch wie er ist, daß
Meyerhoff sich von Rex habe bestechen lassen.

Meyerhoff hat bereits einen ganzen Stoß Waare
durchgesehen; jetzt kommt das Stück daran, das zu
unterst lag. Er nimmt es und legt es vor sich auf
die Tafel hin. Rex folgt ihm dabei sehr lebhaft mit
den Augen. Meyerhoff schlägt das Stück auseinander.
Auf den ersten Blick, den er hinein thut, wirft er wie
elektrisirt den Kopf in die Höh'. Rex zieht ein Gesicht
wie ein Schüler, in dessen Schreibebuch der Lehrer
eine Seite aufgeschlagen hat, die durch einen großen
Tintenklex entstellt ist. Er tritt zu Meyerhoff und
flüstert ihm ins Ohr:

„Ich wollte Sie soeben selbst darauf aufmerksam
machen; ziehen Sie dem Weber immerhin am Lohne
ab, aber lassen Sie Herrn Locke nichts merken.

„Hilft Alles nichts, Meister Rex,“ giebt Meyer=
hoff dem vor Schreck zusammenfahrenden Factor laut
zur Antwort, „es muß —“

„Was giebts?“ fragt Herr Locke, hastig herbei=
springend.

„Ein falsches Muster eingeschossen," sagt Meyerhoff und schnalzt mit der Zunge.

Mit einem wilden Lächeln um Mund und Augen
betrachtet Locke den schmalen Streifen, der über die
Breite des Stückes läuft und von dem Dessin des
übrigen Gewebes etwas abweicht.

„Der Weber —", beginnt Rex in sanftem Tone.

„Ist der Weber verrückt gewesen?" unterbricht
ihn Herr Locke, mit der Hand das Gewebe unbarm-
herzig zusammenknitternd.

„Der Weber —" beginnt Rex von Neuem.

„Ich glaube nicht," unterbricht ihn Meyerhoff,
zu Herrn Locke gewendet und die fünf Finger seiner
Hand weit auseinanderspreizend, „ich glaube nicht,
daß wir das Stück absenden dürfen. Es gehört zu
der kleinen Bestellung von Ziegel u. Comp."

„Der Weber ist —".

„Ziegel und Comp.!" ruft Herr Locke in die Hände
schlagend, „diesem reellsten unsrer Kunden einen solchen Lappen schicken! Gott bewahre!"

„Der Weber ist nicht —."

„Leider läßt es sich auch durch kein Anderes er-
setzen," sagt Meyerhoff, der es in seinem Interesse

hält, den entdeckten Fehler so gewichtig wie möglich zu machen.

„Und diese Leute brauchen gerade dieses Muster," ergänzt Herr Locke wehklagend, „wir werden Schaden=ersatz zahlen müssen," fügt er in plötzlicher Aufwal=lung hinzu, „und," schließt er, das Stück ergreifend und auf der Tafel umher schleudernd, „und die Kund=schaft einbüßen!"

„Der Weber ist nicht ganz zurechnungsfähig," er=greift endlich wieder Rex das Wort, „er hat eine todt=kranke Frau zu Hause."

„Zwanzig Groschen Abzug!" dictirt Herr Locke dem Schreiber am Pulte.

„Seine fünf Kinder hungern," fährt Rex fort.

„Zwanzig Groschen Abzug!" wiederholt Herr Locke mit Nachdruck.

„Er weiß nicht, wo ihm der Kopf steht," been=dete Rex.

„Ich habe vor Kurzem mein einziges Kind ver=loren," donnert Herr Locke den Factor an, daß die Leute vor dem Fenster stehen bleiben, „und mußte trotzdem meine Geschäfte versorgen und den Kopf auf dem rechten Fleck behalten. Bleiben Sie mir mit solchen Geschichten zu Hause."

„Herr Locke trat wieder an seinen Platz zurück. Meyerhoff aber sieht das Stück, wie eine verdächtige Gegend, vollends Falte für Falte genau durch, setzt überall den Fadenzähler an und findet in der That noch verschiedene kleinere Fehler hinzu, die unter günstigeren Verhältnissen bequem durchgeschlüpft wären. Er dictirt einen weiteren Abzug von fünf Groschen hinzu. Das Stück wird gemessen. „Wie viel?" fragt Meyerhoff den Burschen, als er die letzte Elle ansetzt.

„Es fehlt eine halbe Elle, aber ich glaube," stammelte der Gefragte, „ich habe zu reichlich gemessen. Ich will es noch einmal messen.

„Daraus wird nichts!" ruft Herr Locke, heftig dazwischen tretend; wenn Er nicht richtig messen kann, so scheer' Er sich zum Teufel; wir haben keine Zeit, jede Sache zwei Mal zu machen. — Eine halbe Elle fehlt," wandte er sich wieder an den Schreiber am Pult, „fünf Groschen Abzug."

Der Abzug hatte sich im Ganzen nun auf einen Thaler — auf zwei Drittheile des ganzen Arbeitslohns — herausgestellt.

Herr Locke und Meyerhoff fuhren in der Musterung der übrigen Waaren fort.

Rex ging in den Gasthof zu Tische, spielte nach dem Essen eine Partie Scat, sprach dem Glase fleißig zu und fand sich mit etwas gerötetem Gesicht zur rechten Zeit wieder im Expeditionslocale ein.

Gegen Abend holte er sein Fuhrwerk aus dem Gast= hofe und belud es mit den bunten Garnen, die er in großen Quantitäten zur Ausführung neuer Auf= träge von Locke und Sohn in Empfang nahm. Im Comptoire wurde bei hellem Lampenschimmer abge= rechnet, wozu Rex eine Brille mit großen runden Gläsern aufsetzte, und nachdem er eine bedeutende Summe Geld in Empfang genommen und den Herren „Vergnügte Feiertage" gewünscht hatte, bestieg er seinen Schlitten und fuhr nach dem Gasthofe. Von da eilte er zu Fuße nach einem Materialwaarenladen und kaufte eine Flasche feinen Rum und eine Citrone. Als er, die Flasche mit weißem Papier umwunden in der Hand, aus dem Laden trat, rannte er mit dem Lehrling Carl zusammen, daß die Flüssigkeit vernehmlich rauschte.

„Aha!" rief Carl, gewiß Material zu einem Weihnachtspunsche für heute Abend, und da ist ja auch die Citrone."

„Nein, nein!" rief Rex, „da sind die Zeiten doch zu hart, der Herr Pfarrer von unserm Dorfe —"

„Der Herr Factor von Locke und Sohn —"

„Es ist für den Herrn Pfarrer und damit Basta!"

„Wünsche wohl zu bekommen," rief Carl dem Enteilenden nach.

Dieser trug Rum und Citrone nach dem Schlitten und packte Beides sorgfältig in die darin angebrachte Tasche. Dann unternahm er einen zweiten Ausflug, der einem hell erleuchteten Modewaarenladen galt. Dort erhandelte er einen kostbaren Seidenstoff, der zu einem Kleide für eine wohlbeleibte Frau reichlich auslangte. Als er mit dem Packet unter dem Arme aus dem Laden trat, stieß er mit Mühlbach zusammen, der eben eintreten wollte.

„Aha! gewiß noch einige Weihnachtseinkäufe gemacht," rief der Buchhalter.

„Nein, nur eine Besorgung für den Gutsbesitzer von Berg; unsereiner ist immer der Packesel."

Damit eilte Rex aufs Neue dem Gasthofe zu, und während bald darauf sein Gaul durch das Thor trabte, schleuderte Rex dem Neste, in dessen anderthalber Straße sich zwei Menschen in der Stunde zehn Mal begegneten, einige kräftige Flüche nach. —

Die Sterne funkeln mit kalter Klarheit auf das Ge=
birge herab, auf Tannenwaldungen und Dörfer,
auf Schluchten und Fahrwege. Der Hemmschuh
kreischt, die Räder singen und die Schritte knirschen
auf dem festen, eingefleischten Schnee. Eine dürftige,
hagere Mannsgestalt in Lumpen und eine grobe Decke
um Hals und Schultern gehangen, eilt auf der
einsamen Fahrstraße hin. Er wagt nicht zu den
Sternen emporzuschauen, er wagt nicht, den Kopf
zur Seite zu drehen, — er hält jede Veränderung in
der Haltung seines Körpers für eine Herausforderung
der eisigen Nachtluft. Er fürchtet sich, den Mund
zum Athemholen zu öffnen, denn für den warmen
Athem, den er in die Luft stößt, giebt ihm diese
einen eisigen Hauch zurück. Eisig schneidet die Luft
die Knie und hier hilft kein Ausschreiten und kein
Schnelllaufen.

Auf der andern Seite der Straße kommt ihm ein
andrer Mann entgegen, ein mächtiges Reisigbündel
auf dem Rücken. Beide wollen an einander vorüber=
gehen; aber einige Schritte weiter bleibt der mit
dem Reisigbündel, sich umschauend, stehen und ruft:

„Bist Du es, Winkler?"

„Ja. Wo willst Du hin, Dittrich?"

„Wohin anders, als nach Hause?"

„Wollte Gott, ich wäre auch schon wieder auf dem Wege nach Liebenau, ich muß noch nach Dorschau."

„Ah! wohl zum Rex? Willst Dir gewiß deinen Lohn holen?

Winkler nickte.

„Grüße ihn von mir," sagte Dittrich, „und sage ihm, er wäre ein Schurke, ein Bluthund, das wäre meine Meinung!"

„Der arme Rex kann nichts dafür, wenn wir Noth leiden müssen, er wird von den Fabrikanten in der Stadt selbst gedrückt."

„Und drückt uns wieder," höhnte Dittrich, „giebt uns den Druck aus der Stadt doppelt zurück. Glaubt Ihr blöden Schafe denn wirklich, daß die Abzüge und Strafen alle frisch aus der Stadt kommen? Selbst gebacken hat er sie meistens. Ich bin dahinter gekommen, ich weiß, wovon dieser Rex fett wird. Daß er sich auch aus meiner Tasche den Bauch gemästet hat, soll ihm übel bekommen!"

Winkler hörte nur halb die Worte des Andern, er stand zusammengehockt vor ihm und klapperte vor Frost, ohne den Muth zu haben, das Gespräch abzubrechen, um seinen Weg nach Dorschau fortzusetzen.

„Mach's, wie ich," fuhr Dittrich fort, von deſſen
Worten ein jedes in einen ſtarken Branntweinduft
gehüllt war, „mach' Dich los von dem Factor."

„Wie ſoll ich das anfangen?"

„Geh' in die Stadt zu dem Fabrikanten ſelbſt."

„Was bin ich dann gebeſſert?"

„Sie verſtehen die Sache nicht ſo genau, wie
der Rex, der ſelbſt hinterm Webſtuhle geſeſſen hat.
Es läuft Manches durch, was beim Rex nicht durch=
laufen würde."

„Dittrich, Du webſt die Waare dünner, Du ſtiehlſt
Garn, — das iſt unrecht!"

„Unrecht! — Stehlen! Ich ſtehle nicht, ich be=
halte nur Garn übrig. Und wenn ſie auch dann
und wann die Waare etwas zu dünn finden und mir
einen Abzug machen, ſo finde ich immer noch meinen
Profit dabei."

„Aber was machſt Du mit dem Garn?"

„Dumme Frage! Ich verwebe es wieder, und
mit den Tüchern und Schürzen, die daraus entſtehen,
hauſirt meine Frau im Gebirge umher. Ich habe
einen Stuhl für den Fabrikanten und auch einen für mich
gehen. Sieh! ſo bin ich ein Handelsweber geworden."

„Dazu passe ich nicht," sagte Winkler kopfschüt=
telnd, und sah dem Andern in die Augen und sagte
sich wohl in seinem Innern, daß man zu solchem
Thun und Treiben gleich von Anfang an zugeschnit=
ten sein müsse, wie Dittrich mit seinem fuchsrothen
Barte und dem herausgetretenen weißen Auge, das
seinem Blicke einen unheimlichen Ausdruck verlieh.

„Ihr paßt nur zum Beten, Hungern und Frie=
ren," antwortete Dittrich grinsend, „Ihr seid Mai=
käfer in der Schachtel und zehrt von den verdorrten
Blättern, die Euch hineingeschoben werden, d'rum
kommt Ihr nie auf einen grünen Zweig, wie ich,
der ich meine Flügel gebrauche und von den Bäumen
fresse. So trolle Deinen Weg nur weiter, armer
Klapperstorch, denn Du hast weder Kraft noch Saft
in Dir und möchtest mir am Ende hier erfrieren.
Aber das sag' ich Dir," rief Dittrich im Fortgehen,
„den Rex ruinire ich!"

Beide verfolgten ihre entgegengesetzten Wege
weiter. Winkler suchte die mit Dittrich verplauderte
Zeit durch verdoppelte Eile einzuholen und kam
athemlos und keuchend in Dorschau an. Er schritt über
den kleinen Hof vor dem Hause des Factors und warf
einen ängstlichen Blick nach dem Schuppen. Der

Schlitten stand nicht darin. Rex ist noch nicht aus
der Stadt zurück. — Dann trat er in die Hausthür.
Es war alles finster; doch hörte er, daß Jemand in
der Küche beschäftigt war. Er wagte einige Male
leise zu klopfen. Niemand öffnete, sein Klopfen schien
von dem Geräusch innerhalb übertäubt zu werden.
Er wartete eine lange Weile, endlich ging die Thüre
auf und eine kurze, dicke Frau trat heraus, in der
einen Hand eine große Schüssel, über die ein Brettchen
gedeckt war, und auf diesem stand ein Licht. Sie
hatte ihre Augen nachdenkend auf das Brett versenkt
und mochte sich im Geiste lebhaft mit dem Härings=
salat beschäftigen, der darunter in der Schüssel ver=
borgen war. Auch die weit hervorgeschobene bauschige
Unterlippe zeugte von Nachdenken; langsam und vor=
sichtig drehte sich die Frau eben herum, um mit dem
Fuße die Thüre hinter sich zuzustoßen, als sie die dunkle
Gestalt in der Hausflur sah und einen lauten
Schreckensschrei ausstieß. Mühsam hielt sie die
Schüssel fest, — der Leuchter wackelte klappernd auf
dem Brette hin und wieder.

„Ich bin's, Frau Rex," sagte Winkler hinzutretend.

Frau Rex aber blieb dieser Aufklärung gegen=
über so gleichgültig, wie ein Paßvisitator gegen eine

verfallene Paßkarte, die ihm als Legitimation vorge=
legt wird. Sie hatte die Schüssel auf die Erde ge=
setzt und hielt sich unter dem stöhnenden Ausrufe:
„Ach Gott! ach Gott!" — mit den Händen beide
Weichen.

„Warum melden Sie sich denn nicht, — wie
andre ehrliche Leute — wenn Sie zu Einem —
Abends ins Haus kommen," rief sie endlich, nachdem
sie ihre Fassung einigermaßen wieder erlangt hatte,
„warum — schleichen Sie denn — so — und ver=
stecken — sich im Hause, — als wollten Sie Einem —
auflauern?"

Winkler war im höchsten Grade betroffen. Er
hätte nie gewagt, der Factorsfrau nur ein unhöfliches
Wort zu sagen, und jetzt hatte er sie fast bis zum
Tode erschreckt, jetzt in einem einzigen Augenblick
hatte er sie schwerer beleidigt und erzürnt, als tausend
grobe Worte es vermocht haben würden! Er stand
da wie ein Kind, das harmlos mit dem Glockenstrang
gespielt hat, und als Wirkung eines einzigen Ruckes
den mächtigen Schlag hört, der Tausende von
Menschen verwirren wird.

„Ich habe," stotterte Winkler, „ich habe mehrere
Male an die Thüre geklopft."

„Das ist erlogen," rief Frau Rex, „gehorcht ha=
ben Sie, gelauscht — ge —"

„Bei Gott nicht, liebe Frau Rex."

„Nun, was wollen Sie hier?"

„Ich habe noch einige Thaler Lohn zu bekommen."

„Mein Mann ist noch nicht aus der Stadt
zurück."

„Ich will warten, bis er kommt."

„Muß denn das noch heute sein? So spät? Der
arme Mann ist allemal todtmüde, wenn er kommt,
gönnt Ihr ihm nicht einmal das bischen Feierabend?
Hat denn die Sache nicht bis morgen Zeit?"

„Ich brauche das Geld heute noch, gute Frau
Rex."

„Nun, dann warten Sie," rief die Frau kurz
und ging mit der Schüssel die Treppe hinauf."

Nach einer Weile kam Frau Rex wieder herab.
Der Weber stand in der Hausthürecke. Sie leuchtete
ihm ins Gesicht. Er sah so demüthig, so zerknirscht
aus. Sie hat ihm ihre Meinung tüchtig gesagt,
das schadet ihm gar nichts, er mag immerhin so
aussehen und seine einfältige Handlungsweise be=
reuen, — aber er mag hineingehen in das untere

warme Zimmer, da liegt nichts herum, da drinnen
mag er warten, bis der Rex kommt.

Sie hieß ihn in das untere Zimmer eintreten,
leuchtete mit dem Lichte überall umher und ließ ihn
dann im Finstern zurück.

Winkler trat an's Fenster und blickte auf die
Straße. Im Mondenlichte glänzten die Fenster des
gegenüberliegenden Häuschens, von denen ein jedes
aus mehreren runden, großen Brillengläsern ähnlichen Scheiben gebildet war; gelbliches Moos hüllte
die Fensterbretter ein; das die weißen Mauern mannichfach durchkreuzende Gebälk nahm im Mondenlichte eine tiefschwarze Farbe an; mitten auf der
Straße hüpften im Schnee mehrere Sperlinge und
Raben umher. Es war spät, sehr spät, und kein
Mensch ging auf der Straße und tiefe Stille herrschte.
Es war Weihnachtsabend, aber alle Fenster in den
niedern Häuschen waren finster, bis auf die, welche
von außen durch das Mondenlicht erhellt wurden;
von innen drang kein Licht heraus, im Innern war
es finster und kalt und die Menschen lagen auf
ihren Lagern.

Winkler stand und sah durch's Fenster, zuweilen
aber wandte er sich nach dem stillen, finstern Zim-

merraume um. Sie lag nicht hier, seine todtkranke
Frau; an der Stelle, wo ihr elendes Nachtlager ist,
steht hier ein Tisch; auch Anna, die neunjährige Tochter,
die treue, unermüdliche Pflegerin der Mutter ist nicht
hier, und die vier andern Geschwister sind auch nicht
da, und Niemand ruft hier: Vater, mich hungert,
Niemand ruft hier: Vater, mich friert! Wie der
Weber so plötzlich aus dem monatelangen Jammer
herausgehoben scheint! Er sieht nach den flimmern-
den Fenstern drüben, und nach dem Moose und dem
schwarzen Gebälk an dem weißen Häuschen, und
nach den Raben und Sperlingen im Schnee, und
dann dreht er sich um und sieht in das dunkle, stille,
aufgeräumte Zimmer und denkt bei sich, wie das
wäre, wenn er hierher gehörte, und wenn es so, wie
es jetzt ist, immer gewesen wäre und immer so bliebe.
Auf einen Augenblick zerschneidet seine Einbildungs-
kraft wirklich alle Fäden, die ihn mit seinem Hei-
mathsdorfe und mit den tausend Verhältnissen seines
Lebens verbinden, und er stand da und blickte hinaus und hinein und es gab nichts, gar nichts für
ihn, als die stille Straße und das dunkle, aufgeräumte Zimmer.

Da plötzlich schrien die Raben draußen: „Grab! Grab!" und flogen auf und davon.

Winkler schauerte, aus seinen Träumen erwachend, zusammen. Und als er hinaussah, da schien das Mondenlicht auf das Moos an den Fenstern gerade wie auf ein Grab, und die schwarzen Balken zwischen dem weißen Gemäuer fügten sich zu den Umrissen eines Sarges zusammen. Er sah sich um, und das Zimmer kam ihm plötzlich fürchterlich fremd vor, und er hatte nun doch fünf Kinder daheim, und Anna weinte doch, und die Andern sagten doch: Vater, mich hungert, und Vater, mich friert, und daheim lag auf elendem Stroh sein todtkrankes Weib und fror jetzt und wartete auf ihn, der Holz mitbringen und ein warmes Zimmer machen wollte. Ha! wie sollen die Flammen da emporschlagen, wie soll es knistern und knattern, und sie soll auflauschen und es hören und bald eine süßschauernde Wärme ihren erstarrten Körper durchströmen fühlen. Für Brod wird Gott sorgen, wenn er sieht, daß der Hausfrau wieder das Leben gerettet ist, und so spät die Stunde ist, er wird noch Holz bekommen, irgendwo, er will es ja kaufen, er kommt ja mit dem Geld in der Hand, und im Nothfalle wird er die Thür zer=

sprengen, hinter welcher der Holzverkäufer wohnt, und das Holz selbst nehmen und dem Manne das Geld in's Gesicht werfen. — Knallt nicht in der Ferne eine Peitsche? Könnte das nicht Rex sein? Nein, er sitzt wohl zu tief im Schlitten drin, die weiße Plane versperrt den Raum, der zum Schwingen der Peitsche nöthig wäre, er knallt nicht. Rex ist das nicht! — Geld! Welches Geld? Das Geld, das Rex zurück= behalten hat vom Lohne, eines Fehlers wegen, den das Stück an sich hatte. Warum er gerade so viel und nicht weniger zurückbehalten hat! Sollte er es für möglich gehalten haben, daß man in der Stadt den Fehler so hoch veranschlagen könnte? Er geht immer sehr sicher, der Meister Rex; aber dießmal hat er's zu genau genommen, gerade dießmal. „Den Rex ruinire ich," rief der ruchlose Dittrich; wenn Rex ihm das Geld geben wird, will er die Gelegen= heit benützen, ihn vor Dittrich zu warnen, will er ihm Das ganz im Vertrauen mittheilen. Klingt da nicht ein Schellengeläute das Dorf entlang? Es klingt stark und voll, das ist das Geläute eines Zweigespannes; Rex hat nur ein Pferd vor dem Schlitten. Die Kirchuhr schlägt. Rex bleibt lange. Wenn er mit dem Schlitten umgeworfen wäre oder im Schnee stecken geblieben, wenn ihm das Pferd durchgegangen wäre, wenn irgend ein Unfall passirt wäre und Rex läge in irgend einem Hause an der Straße unbeweglich und schwer verwundet, jetzt in dem Augenblicke, wo er kommen soll!

Frau Rex trat mit dem Lichte ins Zimmer und holte etwas aus einem Glasschranke.

„Meister Rex bleibt recht lange aus," sagte Winkler zutraulich, „ich sage nicht meinetwegen, gute Frau Rex" fügte er schnell hinzu, „sondern ich denke, es könnte ihm leicht etwas passirt sein."

Frau Rex erschrack und ihr rothes Gesicht wurde leichenblaß.

„Müßt ihr Einen denn auf solche Gedanken bringen?" rief sie weinerlich und die Hand heftig an den kugelrunden Busen pressend, „was soll ihm denn passirt sein? Warum soll ihm denn etwas passirt sein? Ich glaube, Ihr wünscht es, daß ihm etwas passirt wäre, denn sonst würdet ihr nicht so sprechen. Mit Eurem Altweibergeschwätz könnt Ihr Einem vollends —"

Sie vollendete nicht, sondern eilte mit dem Lichte zur Thür hinaus, denn im Hofe tönte ein Schellengeläute und Rex war wirklich wohlbehalten angelangt.

Winkler folgte ihr. Rex war aus dem Schlitten ge-
stiegen. Seine Frau kehrte, als sie den Weber hinterdrein kommen sah, in das Haus zurück. Winkler
grüßte freundlich, sein Herz klopfte heftig, er wagte
kein Wort weiter zu dem Factor zu sagen, sondern
ging an das Pferd heran und versuchte dem Factor
beim Ausschirren behülflich zu sein.

„Laßt das sein," rief ihm Rex zu, „Ihr verstehts
nicht, ich werde allein fertig."

Auch das Pferd sah sich nach dem Weber um,
als wolle es ihm zu verstehen geben, daß er sich
darein gar nicht zu mischen habe.

Rex aber hätte Jedem gern das Ausschirren überlassen, wenn es nur Winkler nicht gewesen wäre!

„Mit Eurem Stück Arbeit bin ich schön angekommen!" sagte Rex, als er das Pferd in den
Stall führte, im Vorbeigehen zu Winkler.

Dieser sah dem Factor in das verdrießliche
Gesicht und lachte. Er hatte sichs ja schon gedacht,
daß die Sache nicht so ganz ohne Folgen ablaufen
würde!

„Die Sache ist gar nicht zum Lachen," sagte
Rex, als er aus dem Stalle kam, wir wollen nachher
darüber sprechen, ich komme gleich wieder."

Der Weber stand unten im Hofe. Inzwischen setzte Meister Rex oben vor seiner Frau die Flasche mit dem Rum auf den Tisch und sagte, die Citrone von dem Papiere befreiend: „Es war doch gut, daß ich dem Winkler anderthalb Thaler von seinem Lohne zurückbehalten habe."

„Sagte ich's nicht?" rief die Ehefrau, „und Du wolltest ihm erst nur einen Thaler abziehen."

„Gerade das beträgt unser Abzug. — Ich malte den Herren das Elend des Mannes in den schwärzesten Farben; vergebens, es blieb beim Thaler!"

„Da können wir uns noch gratuliren, daß es nicht anderthalb Thaler wurden."

Rex sah seine Frau eine Weile an, als ginge er stumm mit ihr zu Rathe und sagte dann, etwas bedenklich mit dem Kopfe nickend:

„Es ist freilich ein bischen viel."

Frau Rex erhob den Kopf und rief, mit einem durchdringenden Blicke in die braunen Augen ihres Mannes:

„Du wirst doch nicht vom Princip abweichen wollen? Dann kommen wir nie auf einen grünen Zweig. Nicht wahr, Du hast die Plage und Ver= drießlichkeiten, fährst in Schnee und Regen, in Hitze

8*

und Kälte den Leuten ihre Arbeit in die Stadt und
die können ruhig zu Hause sitzen. Und das Pferd
will auch gefüttert sein, und die wenigen Groschen,
die wir am Stück verdienen, können's doch allein
nicht machen! Wir sind Geschäftsleute und müssen
doch auf unsern Verdienst sehen, so haben's die Herren
in der Stadt auch gemacht, und nur ein Narr wird
sagen, es sei eine Sünde, daß sie dabei reich ge=
worden sind. Das wäre —"

„Beruhige Dich nur und zanke nicht am heiligen
Weihnachtsabend mit mir," unterbrach Rex seine
aufgebrachte Ehefrau, „ich werde auch dießmal nicht
vom Princip abweichen."

Mit diesen Worten ging er hinunter in den Hof
und sagte dem ängstlich wartenden Webersmann,
daß die Sache allerdings nicht zum Lachen sei, denn
er solle eigentlich gar keine Arbeit wieder erhalten,
aber er käme dießmal mit einem Abzuge von andert=
halb Thalern davon.

„So bekomme ich nichts heraus?" rief der
Weber laut weinend, „nichts, gar nichts?"

„Nein, guter Mann."

„Ich kann, ich darf nicht ohne Geld fortgehen,
ich muß Geld haben —"

„Erinnern Sie sich, Sie stehen schon im Vor=
schuß bei mir," sagte Rex mit einem Seitenblick nach
der Hausthür, wo er aus dem Dunkel hervor die
weiße Schürze seiner Frau schimmern sah, „ich kann
nichts weiter für Sie thun. Gehen Sie nach Hause,
und arbeiten Sie recht fleißig, und recht solid, der,
liebe Gott wird schon helfen. Gute Nacht!"

Rex schritt der Hausthüre zu, wo ihn seine
Frau erwartete.

„Was! er steht schon in Vorschuß bei Dir?"
sagte sie erstaunt, als Beide die Treppe hinaufstiegen,
„davon hast Du mir ja gar nichts gesagt! Du bist
auch ein Geschäftsmann, wie gar keiner!"

Winkler aber blieb noch lange unten im Hofe,
noch viele Thränen, die ihm über die Wange rannen,
wurden hier zu Eis, während das Ehepaar oben
längst nicht mehr an ihn dachte. — Endlich schritt
er langsam hinaus und das Dorf entlang. Die
Sterne funkeln mit kalter Klarheit auf das Gebirge
herab, auf Tannenwaldungen und Dörfer, auf
Schluchten und Fahrwege. Der Hemmschuh kreischt,
die Räder singen und die Schritte knirschen auf dem
festen eingefleischten Schnee. Der Weber starrt in
die Gegend hinaus und vor seinen Blicken werden die

Berge blau und die Wiesen grün, Aehren wogen auf
den Feldern, Lerchen singen in der blauen Luft, aus
dem Walde ruft der Kukuk und die Mittagssonne
strahlt herab und brennt und sengt und verbreitet
eine Hitze, eine Gluth, daß alle Menschen den Schatten
aufsuchen. Aber er, der Weber, will zu seinem Weibe
eilen und es auf den Armen herbeitragen in die
Sonnengluth, die kein Holz und kein Geld kostet, in
die Sonnengluth — ach! nur eines einzigen warmen
Sommertages! Aber der Nordwind weht und die
Winterlandschaft steht wieder vor ihm und er geht
weiter. — — —

Der Weihnachtsengel zieht nach Mitternacht über
das Land und kehrt überall ein, in Palästen und in
Hütten, schwebt flüchtig durch die Räume, wo Menschen
sind und sieht, woran sie sich freuen.

Durch die Purpurvorhänge, die wie Feuer wallen
hinter den strahlend erleuchteten Fenstern eines Hauses
in der Stadt, eines Hauses, genannt „Blutschlößchen“,
durch die Purpurvorhänge ist er hineingeschwebt in
ein großes Zimmer. Dort strahlen Weihnachtsbaum
und Kronleuchter um die Wette und dreifach geben
die Spiegel mit vergoldeten Rahmen, auf Pfeiler=

tiſchchen mit zierlich geſchwungenen Füßen und
Marmorplatten ruhend, dreifach geben ſie den Schim=
mer zurück.

Im neuen Sammetſchlafrock wiegt ſich Herr
Locke in den ſchwellenden Polſtern des Divans, er
iſt guter Laune, der ſchöne Feſtabend und der feurige
Wein haben ihn über die tauſend Geſchäftsſorgen
hinweggehoben und allen häuslichen Kummer ver=
geſſen laſſen. Clärchen hat die zarten, weißen Arme
um den Hals der Tante geſchlungen. Alle Drei blicken
aufmerkſam in die Ecke des Zimmers, denn dort
ſteht Meyerhoff im ſchwarzen Frack hinter einem
Tiſche und bereitet der kleinen Geſellſchaft ein vor=
treffliches kleines Schauſpiel. Er ſteht hinter einem
kleinen theaterartigen Gebäude von Pappe. Auf
der, dem Auditorium zugekehrten Vorderſeite deſſelben
erſcheint ein reizendes Blumenbouquet auf einer
ſchwarzen Papptafel, in die kleine zahlloſe Löcher ein=
geſtochen ſind, welche die Figur bilden. Dahinter
dreht ſich eine Art Trommel von buntem geölten
Papier, und innerhalb dieſer Trommel brennen Lichter,
und das Alles giebt die magiſche Erſcheinung vorn
auf der Tafel. Meyerhoff zieht die Tafel heraus
und ſteckt eine andere ein, und jetzt erſcheint eine

Fontaine, dann ein Tempel, und unter vielem Andern sogar die Krippe mit dem heiligen Christuskindlein, der Mutter Marie, dem Joseph, den Hirten und den heiligen drei Königen.

Manchen langen Winterabend hat Meyerhoff in seinem Zimmer an diesem Farbenspiele gearbeitet, gestochen, geleimt und gehämmert. Doch all' die Mühe war vergessen in dem Augenblicke, als Clärchen in der einsamen Ecke das sinnige Weihnachtsgeschenk gewahrte und jubelnd den Onkel und die Tante herbeirief. Aber Meyerhoff that, als bemerkte er von dem Allen nichts und war erstaunt, wie das Farbenspiel hierher gekommen war und konnte sich selbst nicht erklären, von wem es gekommen sei und wer es gebracht habe — bis denn endlich Herr Locke leutselig und freundlich ihm mit dem Finger drohte und ihm andeutete, er solle sich nur nicht länger verstellen, da gestand es Meyerhoff, daß er der Geber sei. Clärchen fiel ihm um den Hals und gab ihrem Freunde einen Kuß auf die Wange, daß dieser vor Freude und Bestürzung die Rolle Ducaten aus der Hand fallen ließ, die als Weihnachtsgeschenk auf seinem Tischchen gelegen hatte.

Meyerhoff ist glücklich heute, wie noch nie. Schon zu wiederholten Malen hat er das Farben= spiel in Gang setzen müssen. Tante und Nichte können sich nicht satt sehen; Herr Locke hat gesagt, man solle Herrn Meyerhoff doch einmal ausruhen lassen, er sei gewiß müde genug von der angestrengten Tages= arbeit, die Meyerhoff bis zum letzten Augenblicke vor der Bescheerung fortgesetzt hatte, und von der er, trotzdem daß drei Mal nach ihm in's Comptoir herunter= geschickt wurde, nicht eher abließ, als bis Herr Locke selbst kam und ihn unter freundlichem Schelten heraufholte.

Während Meyerhoff aber noch hinter dem Farben= spiele steht und die glitzernden Bilder vorführt, er= hebt sich von der Straße herauf ein vierstimmiger Gesang. Clärchen hebt den Finger, die Tante wendet das schöne, blasse Gesicht, Meyerhoff läßt das Farben= spiel ruhen, und Herr Locke rückt sich mit einem wohl= wollenden: „Aha!" in seinem Divan weiter nach der Lehne zu. Alle lauschen auf das schöne Weih= nachtslied:

„Stille Nacht, heilige Nacht."

Der reiche Fabrikant, dem zu Ehren die Bedeu= tung dieser Nacht durch die vier Sängerkehlen unten

verherrlicht wurde, überflog, während die Harmonien
heraufrauschten, mit einem stolzen Blicke das ganze,
reich decorirte Zimmer, von dem vergoldeten Kron=
leuchter und den Spiegeln bis zu den Purpur=
vorhängen. In der Nähe einer dieser Purpurvorhänge
bleibt er haften. Denn dort in der entferntesten Ecke
saß die vergessene Gouvernante. Sie war wohl müde
von den vielen Mühen des heutigen Tages und
schlief? — Mit offenen Augen träumte sie von den
Fenstern, die sie gegenüber sah, von einem Sommer=
nachtsmärchen, das sich nächsten Sommer nicht wieder=
holen wird und keinen der darauf folgenden Sommer.
Sie hörte nur auf die Tenorstimme, die von unten
herauf klang, und dachte an eine andere Stimme,
die ähnlich geklungen hatte und nun nicht mehr sang.
— Sie war glücklich, daß man sie nicht beachtete;
in der finstern Fensternische sah Niemand ihre quel=
lenden Thränen. — —

Und der Weihnachtsengel zieht weiter über das
Land und schwebt durch dicht verschlossene Fenster=
läden, die keinen Schimmer von Licht auf die Straße
fallen lassen. Und da sitzt im behaglichen Zimmer
der Factor Rey mit seiner Frau am runden Tische.
Die Lichter des Tannenbäumchens sind fast herab=

gebrannt, aber der Punsch dampft noch kräftig aus der
frisch gefüllten Terrine und Frau Rex kann sich nicht
satt sehen an dem herrlichen Seidenstoffe, den ihr
der Weihnachtsmann gebracht hat, während Meister
Rex nicht aufhört, die neue silberne Tabaksdose, mit
welcher er überrascht worden ist, zwischen den Fingern
zu drehen und daraus zu schnupfen. Auch Rex ist
in der heitersten Stimmung, wie sie die schöne Feier
nur mit sich bringen kann, und er hat die Geschäfts=
sorgen von sich geworfen und dafür einen leichten
Punschrausch eingetauscht, und Frau Rex sieht im
Geiste ihren behäbigen Leib von dem neuen seidnen
Kleide umrauscht, das sie nächstes Frühjahr, wenn
die harte Zeit überstanden ist, schmücken wird auf
manchem Gang zu dem Tempel Dessen, der heute
den Heiland in die Welt sandte. —

Und weiter über das Land zieht der Weihnachts=
engel und schwebt durch niedre Fenster in ein trauriges
Zimmer. Dort liegt auf ihrem Strohlager die Todte.
Am Fenster prangen noch die Eisblumen, so dick und
so fest, daß das Mondenlicht draußen bleiben muß,
und daß sie fast wie schwarze Schatten erscheinen —
die Eisblumen, an deren Düften sie gestorben war.
Sie liegt starr und still und friert nicht mehr. Das

Leben bedarf des Sonnenscheins nicht wieder, es wird
nie eine Blüthe wieder tragen, es ist dem Schnee
und Eise des Winters angetraut — und abgehärtet
für den ewigen Nordpol des Todes. Der Weber
schläft neben ihr auf der Diele und die Kleinen schlafen
auch. Sie konnten es heute nicht fassen, sie haben
lange vergebens geweint und die Hände gerungen,
bis sie, ermüdet vom heißen Schmerze, der sie die
Kälte vergessen ließ, einschliefen. Morgen früh werden
sie die unterbrochene Arbeit wieder aufnehmen —
das leere Buch, das die Nacht brachte, damit sie es
mit ihren Thränen vollschreiben sollen, bleibt dort
auf dem Strohe liegen. Sie können sich Zeit nehmen.
Nur Anna wacht und steht am Fenster. Diese zierliche,
schlanke Kindesgestalt mit dem schwarzwallenden Haare,
ist eine Blume, die solchem Elende entsproß? Es ist
ein Räthsel der Natur, wie dieses weiße, liebliche
Gesicht der Beiße der bittersten Armuth widerstand,
wie aus diesen braunen Augen kein harter Winter
den innigen Frühlingsblick zu verdrängen vermocht
hat! Anna steht am Fenster, sie friert nicht, sie steht
in heißen Gedanken. Ist es wahr, daß die Mutter
todt ist? Es ist der erste Sterbefall, den sie in ihrer
Familie erlebt hat. Sie denkt an Nachbars Jettchen,

das längst keine Mutter mehr hat. Ist es möglich,
daß die kleine Freundin einst denselben wühlenden
Schmerz empfand, den Anna jetzt trägt, ohne ihn
fassen zu können; ist es möglich, daß die Freundin,
wenn sie Hand in Hand mit Anna im leichten, gleich=
gültigen Geplauder durch das Dorf und über die
Wiesen streifte — dasselbe schreckliche Bewußtsein in
sich trug, keine Mutter mehr zu haben, immer und
überall? Und ist sie nicht eben so groß und so alt
wie Anna — spricht sie nicht gerade wie Anna —
hat sie nicht Augen wie Anna — und haben sich
die Kinder nicht oft umschlungen gehabt, und haben
nicht ihre Hände ineinander geruht und ihre Herzen
aneinander geschlagen — und da drüben, die nahe
Freundin war von dem Bewußtsein durchströmt, daß
sie keine Mutter mehr habe? Und nun hat Anna
auch keine Mutter mehr! Wer sagt das? Dort
liegt sie ja, die Mutter. Liegt sie nicht da, wie sie
schon lange dagelegen hat? Vor wenig Stunden
schauerte die Mutter zusammen, und mit diesem
Schauer soll ihr Leben abgeschlossen haben? Seit
diesem Schauer hat sich kein Glied mehr geregt, hat
das Herz nicht mehr geschlagen, seitdem starren ihre
Augen unbeweglich zur Decke. Dieses Schauers wegen

wird sie nächster Tage auf die Bahre gelegt und
in ein Grab versenkt und mit Erde überschüttet,
daß ein Hügel entsteht, gerade wie die andern vielen
Hügel des Kirchhofs? Zu diesem Hügel wird Anna
gehen müssen, wenn sie zu ihrer Mutter will? —
Nein, es kann nicht sein, es ist nicht wahr! Anna
kniete neben der Todten nieder und hob der Mutter
Hand empor, legte sie auf der Mutter Herz und
fragte: „Mutter, nicht wahr, Du bist nicht todt?“
Die Mutter blieb stumm und ließ die Hand ruhig
auf ihrem Herzen liegen. Da nahm Anna wieder
die Hand und legte sie an ihre brennende Wange.
„Mutter, ist es wahr, daß Du gestorben bist?“ Die
Mutter blieb stumm, und als Anna die Hand der
Mutter losließ, fiel diese herab auf das Stroh, das
raschelte. Anna blickte der Mutter in die starren
Augen. „O! Mutter, sieh nicht so lange dorthin,
mache die müden Augen zu und schlafe.“ Sie drückte
der Mutter sanft die Augen zu, und diese ließ es
geschehen und öffnete sie nicht wieder. Anna sah
unverwandt eine lange Weile die Mutter an, eine
fürchterliche Ueberzeugung umspann von Augenblick
zu Augenblick immer dichter und fester ihre Seele;
plötzlich preßte sie beide Hände krampfhaft zusammen

und fiel mit dem herzdurchschneidenden Ausrufe: „Und meine Mutter ist doch gestorben!" auf den stillen Körper der Todten nieder.

Der Vater und die Geschwister wußten Nichts davon, sie blieben in ihrem tiefen Schlaf versunken. Anna lag bewegungslos auf der Leiche. Kein Laut war in der Stube zu vernehmen. Sie glich einer Todtengruft. So blieb es lange, lange. Da plötzlich regte sich etwas. Anna war es, die sich langsam emporrichtete. Es war, als stünde Jemand in der Gruft vom Tode auf und besänne sich brütend auf das Leben. Sie trat an das Fenster und starrte die Eisblumen an. Ihr kleines Herz klopfte wild und stürmisch, ihre Hand zitterte heftig. Es war in ihrem Innern ein Wechsel der Empfindungen eingetreten. Der Schmerz war der Bitterkeit gewichen. Sie hatte ihre Gedanken vom Todtenlager zurückgesponnen in die ferne Stadt, zu den reichen, herzlosen Menschen, die darin wohnen. Dort in der Richtung, von der aus der Mond matt durch die Eisblumen schimmert, liegt diese Stadt. Tausend wilde Gedanken über die Stadt und ihre herzlosen Menschen durchkreuzten ihr Hirn, als sie durch die Eisblumen starrte. Da fiel ihr Blick auf ein Stück

Papier, das am Fenster lag. Sie ergriff es hastig.
Es war der Abgabenzettel, aber es war Papier und
das einzige Stück in der Hütte. Sie überlegte und
dann schlich sie sich zur Thüre hinaus und leise über
den knarrenden Schnee draußen. Nachbars Jettchen
hat Dinte und Feder. Die Thüre ist nicht verschlossen;
— solch nackter Armuth gegenüber bleibt dem Diebe
ja nichts Anderes übrig, als ehrlich zu sein. Anna
hat im Finstern Beides gefunden und dort steht die
Oellampe. —

Leise, wie sie gekommen, schleicht sie zurück. Mit
zitternder Hand zündet sie die Lampe an. Sie wirft
einen finstern Blick auf den schlafenden Vater, als
wollte sie ihm — falls er vom Schein der Lampe
erwacht wäre und sie von ihrem Beginnen abhalten
wollte — durch diesen Blick die Zunge lähmen. Er
schläft, und mit glühendem Antlitz und in fieberischer
Hast schreibt Anna auf die Rückseite des Abgaben=
zettels. Sie brach, als sie mit Schreiben fertig war,
den Zettel wie einen Brief zusammen. Ihr maßloser
Schmerz war in einen kindisch=leidenschaftlichen Aus=
druck übergeflossen und jetzt schlug ihr Herz wieder
ruhiger. Sie legte das kleine, müde Haupt auf den Tisch,

vor dem sie saß; aus ihren Augen drang ein wohl=
thuender Thränenstrom, und, die letzten Thränen im
Auge, schlief sie ein.

––––––––

Capitel 10.

Im Finstern.

Die Festtage, von denen man Monate lang
sprach, sind vorüber. Die Commis im Comptoir von
Locke und Sohn haben sie noch nicht ganz verschmerzt.
Mit Vorliebe vergegenwärtigt sich der Eine und der
Andre, wie er um die jetzige Zeit, wo im Comptoir
zur langen Abendarbeit die Lampen angezündet wer=
den, am ersten Feiertage bei Kaffee und Stollen in
einem heitern Familienkreise saß, — oder sich um
eben diese Stunde, am zweiten Feiertage, daheim
vor dem Spiegel sorgfältig für den Ball zurechtstutzte,
— oder wie man zu derselbigen Morgenstunde, wo
eben Herr Locke in das Comptoir tritt und mit
flinkem, scharfem Blicke den Herren auf die Federn
sieht, wie man um dieselbige Stunde am ersten und

zweiten Feiertage mit offnen Augen noch im weichen Bette lag und behaglich über Allerlei nachdachte und Pläne für den schönen, freien Tag entwarf. So lange hat man sich auf das Fest gefreut und vorbereitet, und so schnell ist es vorübergegangen! Und wie unglücklich trifft sich das — Neujahr fällt auf einen Sonntag! Mühlbach verglich das einem Hunde, der mit seinem eignen Schwanze angebunden ist.

„Das nächste Fest ist erst Ostern," sagte Carl, „und das fällt dies Mal sehr spät!"

„Wir müssen noch einen Bußtag dazwischen haben," wandte Mühlbach ein und sah sogleich nach dem Kalender, der seine Behauptung bestätigte.

Dagegen hatte Meyerhoff schon mehrfach geäußert, daß er sich ordentlich wieder wohl fühle, nachdem die Festtage vorüber seien, und wenn es nach ihm ginge, so müßten sämmtliche Feiertage aus dem Kalender gestrichen werden; man versäume dabei nur die kostbare Zeit und die Geschäfte gingen rückwärts statt vorwärts.

Wahrscheinlich um diese Gefahr von der Firma Locke und Sohn abzuwenden, war es geschehen, daß Meyerhoff die beiden Weihnachtsfeiertage — mit Ausnahme eines Nachmittags, den er der Familie des

Principals hatte opfern müssen — unter angestrengter Thätigkeit im Comptoir verbracht hatte. So versicherte wenigstens mit einiger Bitterkeit der Markthelfer, der sich zum Oeffnen und Schließen der Fensterläden hatte einstellen müssen und dadurch verhindert worden war, eine kleine Reise zu seinen Verwandten zu unternehmen.

Mit den Festtagen zugleich hat auch die strenge Kälte ein Ende genommen. Es thaut von den Dächern, Bruchstücke von Eiszapfen und Schneemassen fallen herab und machen die Gassen unsicher. Die blendend weiße Decke, die überall ausgebreitet lag, hat sich in eine schmutziggraue Suppe aufgelöst, durch welche an vielen Stellen schon das Straßenpflaster hervorschaut. Man hört auf den Gassen fortwährend Ueberschuhe klappern und lächelt über die nur vereinzelt vorkommende Erscheinung eines Schlittens, in dem man schon den abgeschiedenen Geist des Winters zu erkennen glaubt, der, keine Ruhe findend, jetzt „umgeht." — Mühlbachs Freude über die überstandene Kälte wäre bald dadurch verbittert worden, daß Meyerhoff in Herrn Locke's Beisein die laute Aeußerung that, man brauche am Ende jetzt im Comptoir gar nicht mehr zu heizen.

9*

Heute stellte sich auch Rex wieder ein. Er hatte sein Fuhrwerk vom Schlitten zum Wagen umgeschaffen und führte bittere Klagen über den schlechten Weg.

Als Rex im Lauf des Tages seine Brieftasche herauszog, erinnerte er sich eines kleinen Auftrages, den er übernommen hatte. Er übergab Herrn Meyerhoff einen in Briefform zusammengebrochenen Zettel. Die Schriftzüge darauf bildeten ein sonderbares Gemisch zwischen einer kindischen Schulhand und der Schrift eines zitternden Greises.

Meyerhoff las:

"Herr Fabrikant!

Ich schreibe dieses am Todtenlager meiner Mutter. Fünf Geschwister werden von nun an um sie weinen. Sie war uns das Liebste auf der Welt — nun muß sie begraben werden. Und S i e haben sie unter die Erde gebracht. So grausam wie Sie mit meinem Vater umgegangen sind, daß der arme Mann keine warme Stube hat machen können, — da hat sie erfrieren müssen! — Es steht in der Bibel, man soll seinen Feinden verzeihen, ich k a n n Ihnen nicht verzeihen, Herr Fabrikant; ich will mir aber Mühe geben, nicht

an Sie zu denken. — Aber es giebt einen
Gott über uns, der Sie nicht vergessen wird.
Wenn es Ihnen auch noch lange gut geht,
es kommt doch ein Tag, wo Er Gericht mit
Ihnen halten wird. Dann denken Sie an
mich und meine arme Mutter, die dann
längst zu Asche geworden ist. Dann denken
Sie daran!   A. W."

Meyerhoff sah, als er gelesen hatte, den Factor
mit einem mitleidigen Lächeln an, als thäte es ihm
um Rex leid, daß er — ein sonst so vernünftiger
Mann — einen solchen Auftrag übernommen habe.

Rex, der die stumme Sprache verstand, zuckte
lächelnd die Achseln und sagte:

„Als mir die Kleine den Brief brachte und mir
auf die Seele band, ihn ja richtig abzugeben, —
habe ich ihr natürlich vorgestellt, daß an dem Tode
ihrer Mutter Niemand schuld sei, als der liebe Gott,
ohne dessen Willen ja kein Sperling vom Dache fällt.
Ich dachte aber, es könne nichts schaden, wenn ich
den Brief abgäbe; die reichen Herren in der Stadt
können sich doch dann ungefähr einen kleinen Begriff
davon machen, wie es den armen Dorfwebern ergeht."

Den Factor mit weiteren Vorwürfen verschonend, begnügte sich Meyerhoff, nach dem Alter des Brief= stellers zu fragen und dem Meister Rex, da er nun doch einmal das Botenamt übernommen habe, ein Compliment an den Schulmeister des Dorfes aufzu= tragen, von dessen Geschicklichkeit — als Lehrer der Dorfjugend — dieser Brief ein glänzendes Zeugniß ablege. Rex lachte und Meyerhoff lachte auch. Dann ging er hinüber ins Comptoir, hielt den Brief em= por und rief: „Ein Curiosum!" Mühlbach eilte von seinem Pulte herbei und machte sich mit dem Inhalt des Curiosums bekannt, und Carl that über des Buchhalters Achsel hinweg ein Gleiches. Mühlbach selbst konnte sich eines Lächelns nicht erwehren: irgend ein armseliges Geschöpf wagt da einen Angriff auf die Firma Locke und Sohn; auf den Mann, der nur ein einziges Wort auszusprechen brauchte, um Mühlbach mit Weib und Kindern und mit der ganzen Haushaltung erbeben zu machen! Man stelle sich diesen Mann vor, in dessen Händen die Drähte von tausend Lebensverhältnissen zusammenlaufen — und dann halte man dieses armselige Blatt Papier da= neben, auf welchem diesem Herrscher kindische Feder= züge die herbsten Vorwürfe machen, die Verdammniß

prophezeien. Und — „Gottes Strafgericht" — in
einem Comptoir! Diese Anklänge an einen Wahn
der Kindheit, der in der Brandung unsres großen
Daseins als Nußschale untersinkt! Welch ein roman=
haftes Kind! Ein Bächlein, das seine Blumen mit
in's Weltmeer bringen will! Wenn man so Etwas
Abends nach gethaner Arbeit beim Lampenscheine in
einem Buche liest, so nimmt man es, der Unterhal=
tung wegen, wohl mit leiblichem Ernste auf, — aber
mit solcher Phantasie in's wache Leben selbst hinein=
greifen wollen — Mühlbach konnte sich wirklich eines
Lächelns nicht erwehren. Er ging wieder an sein
Hauptbuch und nahm sich vor, den sonderbaren Vorfall
heute seiner Frau zu erzählen.

Carl las den Brief mit komischem Pathos vor,
und machte sich den Spaß, ihn auf Herrn Locke's
Pult zu legen.

Niemand war auf irgend eine Wirkung gespannt,
als Herr Locke bald darauf eintrat und die Zeilen
überlas. Aber wie horchten Alle auf, als sich Herr
Locke räusperte und um seinen Mund sich die seltne
Falte eines wohlwollenden, launigen Gedankens legte.
Und als Herr Locke, den Brief sanft in den Papier=

korb gleiten lassend, die Worte sprach: „Was den
reichen Leuten doch Alles in die Schuhe geschoben
wird —" da standen den Herren die Herzen still und
Jedem zuckte ein Lächeln über den Mund. Als Herr
Locke aber mit der überschlagenden Stimme eines
halbunterdrückten Lachens hinzufügte: „Da sollen wir
ja Mord und Todtschlag verübt haben" — da schollen
die ernsten Comptoirräume vom herzlichsten Gelächter
wieder, denn gierig schlürfte ein Jeder die unerhörte
Minute ein, in welcher man in Herrn Locke's An=
wesenheit und mit ihm zugleich sich einem lauten
Lachen überlassen durfte. Der Markthelfer, der draußen
das Gelächter hörte und, um zu sehen, was die
Herren angestellt haben mochten, eben in's Comptoir
trat, blieb an der Thüre wie verdonnert stehen, als
er sah, daß der Chef im Comptoir anwesend war
und auch mitlachte. Herr Locke sah ihm Das an und
mußte deshalb noch mehr lachen, was den Markt=
helfer ganz verdutzt machte und ebenfalls zum Lachen
hinriß. Meyerhoff ärgerte sich ein wenig, daß Herr
Locke nicht den Witz vor ihm allein gemacht hatte,
— aber Mühlbach mußte noch lange lachen und hat,
wenn er später an die glückliche Minute zurückdachte,
immer wieder von Neuem lachen müssen. —

Rex war im Expeditionslocale, in vielerlei Ge=
schäftsgedanken vertieft und von Zeit zu Zeit eine
Prise aus der hölzernen Dose nehmend (mit der sil=
bernen wagt er sich noch nicht vor die Oeffentlichkeit),
mit großen Schritten auf= und abgegangen. Dort
in der Ecke lehnt ein grauer Sack, — den heutigen
Lieferungstag beherrscht der Factor Rex aus Dorschau
doch ganz allein? Der Sack enthält ein Stück Waare,
wie sich Rex überzeugt. „Wer hat dies Stück gebracht?"
fragte er die mit Messen beschäftigten Burschen. Sie
schütteln, laut zählend, die Köpfe. Rex sollte schnell Auf=
klärung haben. Als er sein Auge nach der sich eben
leise öffnenden Thüre wandte, sah er, wie sich der Kopf
eines rothhaarigen Mannes hereinsteckte, — das eine
der beiden Augen war ganz weiß und blutig unter=
unterlaufen. Rex erkannte den Mann auf der Stelle.
Auch dieser erkannte den Factor. Er zog sein Ge=
sicht, das beim Anblick des Letzteren ein hämisches
Grinzen zeigte, schnell wieder zurück und schloß die
Thüre.

Das Gesicht sah im Laufe des Nachmittags noch
öfter zur Thüre herein.

Niemand wurde es gewahr und Niemand nö=
thigte den schüchternen Mann, der mit Locke und

Sohn Geschäfte abzumachen hatte und wahrscheinlich
nicht stören wollte, zum Eintreten. So oft er vor=
sichtig zur Thür hereingeschaut und die Herren immer
mit dem Factor beschäftigt gefunden hatte, verließ
er das Haus wieder und machte, die Hände auf dem
Rücken, einen Gang durch die Gassen.

Es war dunkel geworden, die Sonne hatte ihr
Thauwerk im Stich gelassen und die schneidenden
Abendlüfte fielen gierig darüber her und suchten —
als Missionäre des Winters — das erweichte Herz
der Erde überredend wieder zu erhärten, daß die
Sonne am nächsten Morgen ihre Arbeit wieder von
vorn anfangen muß. Frierend kehrte der Mann mit
dem rothen Haare eben wieder nach dem Hause zurück.
Da stand bereits der Wagen des Factors, und mehre
Arbeiter waren beim Scheine einer kleinen Laterne
beschäftigt, Garne aufzuladen. Sie warfen einander
die bunten Bündel zu und hoch auf thürmte sich zu=
letzt die Ladung im Wagen — bis zur Plane. Der
Rothhaarige sah eine Weile zu, ging dann in's Haus
hinein und öffnete wieder leise die Thüre. Es war
dunkel und still im Zimmer. Er wagte, einzutreten,
und setzte sich auf eine Bank im Winckel. Eben über=
legte er noch, ob es nicht besser gethan sei, das Zim=

mer, in dem er sich ganz allein befand, wieder zu
verlassen, als er von draußen Schritte und ein lautes
Sprechen vernahm. Herr Locke kam mit Rex aus
dem Comptoir und richtete, über die Hausflur schreitend, seine Aufmerksamkeit auf den draußen halten-
den Wagen. Rex trat hinaus und leuchtete mit der
Laterne hinein.

„Habt Ihr denn auch ein Plätzchen für mich
übrig gelassen?" fragte er einen der Arbeiter. „Es
ist eine Freude," wandte er sich an Herrn Locke, der
herangetreten war und die Garne ebenfalls besichtigte,
„solch eine reiche Ladung heimzufahren. Das giebt
Arbeit und Brod. So müßte es bei Allen sein."

Herr Locke hörte nicht darauf. Er starrte, die
Hände in den Hosentaschen, plötzlich vor sich nieder.
Dann eilte er schnell in das Comptoir und kehrte
nach einer Weile wieder zu Rex zurück. In seinem
Gange lag etwas Zögerndes und schon von Weitem
machte er gegen Rex eine abwehrende Handbewegung,
die sich dieser nicht erklären konnte.

„Ich muß mit Ihnen sprechen," rief er dem
Factor zu und öffnete die Thüre des Expeditions-
zimmers, in das Beide eintraten. „Die Garne müssen
wieder abgeladen werden, Meister Rex," sagte Herr

Locke, mit der Hand durch die Dunkelheit fahrend:
„Sie können sie heute nicht mitnehmen — auf kei,
nen Fall."

Rex war im höchsten Grade erstaunt und stieß,
ein jähes verwundertes „Was?" heraus.

„Ich bin auf den Gedanken erst jetzt gekommen,"
fuhr Herr Locke fort, „man kann nicht gleich an
Alles denken, wenn Einem so vielerlei im Kopfe
herumgeht; aber Meyerhoff hätte daran denken kön=
nen. Es ist kein Kinderspiel! — Hören Sie mich
an, Meister Rex. Auf Ihrer Brandversicherungspo=
lice, die Sie bei uns deponirt haben, sind die Garne,
welche Ihnen Jahr aus Jahr ein von uns anver=
traut werden, zu einem Durchschnittswerth von 1000
Thalern angeführt. Sie haben heute für ungefähr
4000 Thaler Garne geladen. Wenn nun in dieser
Nacht Ihr Haus wegbrennt, wer kommt uns für
den Schaden auf?"

„Es wird doch nicht gerade diese Nacht Feuer
herauskommen," lachte Rex.

„So spricht kein guter Geschäftsmann. Die
Garne werden aus Ihrem Wagen wieder in unser
Magazin geschafft und morgen kommen Sie wieder
nach der Stadt, besorgen beim Brandversicherungs=

Agenten die Abänderung Ihrer Police und nehmen dann die Garne mit.“

„Ich möchte aber doch gern morgen früh schon die Arbeiten ausgeben!“

Herr Locke schüttelte den Kopf und rief zur Thüre hinaus den Arbeitern zu, daß sie sämmtliche Garne sofort wieder abladen sollten.

„Bedenken Sie aber doch, Herr Locke,“ wandte Rey ein, „welche furchtbare Arbeit heute Abend noch — und morgen geht mir dann der ganze Tag ver= loren —“

„Nichts — nichts!“ warf Herr Locke abwehrend ein und sah zur Thür hinaus, ob die Leute Anstalten trafen, seinem Befehle nachzukommen.

„Das müßte ja mit dem Teufel zugehen,“ sagte Rey, „wenn gerade in dieser Nacht Etwas passirte. Mein Haus steht schon fünf Jahre und gerade heute — ha! ha! —“

„Hilft Alles nichts!“

„Und wie vorsichtig gehen wir mit dem Lichte um; meine Frau ist nicht eher in's Bett zu bringen, als bis sie sich überzeugt hat, daß die letzte Kohle im Ofen verglimmt ist.“

„Darauf wird auch bei mir gesehen, und doch habe ich Haus und Hof mit Allem, was darin ist, versichert.“

„Unser Haus steht auch ganz abgesondert von den übrigen Häusern im Dorfe.“

„Machen Sie mich nicht böse,“ rief Herr Locke. Damit trat er in die Hausflur und bedeutete die Arbeiter, daß sie keine Zeit verlieren sollten.

Rex folgte ihm und sah unschlüssig zu, wie einer der Arbeiter auf den Wagen kletterte und bereits die Plane abdecken wollte. Als könnte er diesen Anblick nicht ertragen, wandte sich Rex um und ging mit heftigen Schritten einige Male die Flur auf und ab. Plötzlich schien er sich zu besinnen.

„Herr Locke, noch ein Wort,“ sagte er zum Chef herantretend.

Dann winkte er dem Arbeiter auf dem Wagen zu, daß er seine Thätigkeit bis auf Weiteres einstellen solle und führte Herrn Locke zurück in das dunkle Expeditionszimmer.

„Lassen Sie mich mit meinen Garnen ruhig abfahren,“ sagte Rex und legte leise seine Hand auf Herrn Locke’s Schulter. Ich habe dreitausend Thaler bei Ihnen stehen und bürge mit dieser Summe für

die ganze Ladung, bis die Versicherungs=Police ge=
ändert ist."

„Sie sind noch kein rechter Geschäftsmann,"
warf Herr Locke dem Factor vor; „aber wenn Sie
mir die Garantie schriftlich geben, so mögen Sie die
Garne mitnehmen."

„Natürlich gebe ich Ihnen das schriftlich," ver=
sicherte Rex, nach der Thüre schreitend.

Dann hörte man ihn auf der Gasse dem Ar=
beiter zurufen, er solle die Plane wieder aufdecken
und als er mit Herrn Locke nach dem Comptoir durch
die Flur schritt, hörte man ihn laut lachen und wie=
derholt sagen: „Das müßte doch mit dem Teufel
zugehen!"

Rex hatte im Comptoir einen Garantieschein
unterschrieben und bald hörte man draußen seinen
Wagen abfahren.

Eine halbe Stunde später sah man einen Mann
mit rothem Haar und einem weißen, hervorstechen=
den Auge leise und schüchtern ins Comptoir treten.

Auf die Frage, was er wünsche, antwortete er
freundlich und schüchtern, daß er der Weber Dittrich
sei und heute Vormittag, wie sich die Herren erin=
nern würden, ein Stück Waare abgeliefert habe.

„Kommen Sie morgen wieder," entgegnete ihm
Meyerhoff, „wir haben heute keine Zeit, Ihre
Arbeit durchzusehen und bei Lichte läßt sich das selbst-
verständlich nicht thun. — Es ist übrigens das letzte
Stück, das Sie für uns gearbeitet haben, wir können
Ihnen keine Beschäftigung mehr geben."

Der Weber wünschte den Herren demüthig und
freundlich eine gute Nacht und verließ — leise, wie
er gekommen — das Comptoir.

„Das habe ich dem Hallunken, dem Rex zu verdanken!" murmelte er draußen vor der Thüre zähneknirschend und die Fäuste ballend und eilte zur
Stadt hinaus. — —

Es ist etwas Eigenthümliches, Geheimnißvolles
— die tiefe Stille der Nacht! Sie zieht um die Erde
eine Resonanz, die jeder Aeußerung, jeder Erscheinung des Lebens einen andern Ton verleiht. Die
Schritte des Nachtwächters oder eines späten Wan-
derers in der Straße tönen im Vollklang jener geheimnißvollen Resonanz. Das gedämpfte Sprechen
auf der Gasse hat einen so abenteuerlichen, bangen
Klang. Um die Seele des Menschen selbst zieht sich
jene Resonanz, und jeder leise Eindruck schwillt an
zu einem Rauschen. — Menschen, die sich nie gesehen

haben, begegnen einander in der Nacht auf der Straße wie alte Bekannte. Der kleinste Zufall, die unbedeutendste Veranlassung macht sie gesprächig.

„Haben wir denn heute Vollmond?“ fragt Jemand auf der Straße einen stockfremden Menschen, der eben an ihm vorübergehen will, und deutet mit dem Finger nach einem kleinen lichten Schein am Horizont.

„Ich glaube nicht,“ antwortete der Gefragte.

„O ja! wir haben Vollmond,“ sagt ein hinzugekommener Dritter, „aber der Mond ist schon untergegangen.“

„Was könnte Das dort sein?“ fragte der Erste wieder und die Worte klangen so sonderbar in der stillen, schwarzen Nacht.

„Der Schein wächst,“ bemerkte der Zweite ganz leise und doch rauschte das Wort in den Seelen der andern zwei wieder, daß sie schauerten.

„Ob es vielleicht ein Nordlicht ist?“ fragte der Dritte.

Die Andern schüttelten die Köpfe und sahen sich fragend an.

„Oder ist es gar ein Feuer?“

„Sehen Sie, wie furchtbar schnell der Schein anwächst!"

„Das ist Feuer!"

„Es muß in Thierbach sein."

„Nein, Thierbach liegt weiter links, es ist mehr die Richtung nach Liebenau."

„Liebenau liegt zu entfernt, das Feuer muß in einem näheren Orte sein; ich glaube, es ist Trockenfels."

Der Feuerschein beleuchtete jetzt grell das ferne Gewölk, Funken schossen zum Himmel empor, so glühend und so rasch, als müßten sie den Horizont gefährden. Die Erscheinung schwoll zu einer furchtbaren Größe an und nahm mit ihrer strahlenden Helle dermaßen den ganzen Himmel ein, daß man sich der Täuschung überlassen konnte, alle Völker der Erde müßten jetzt den Himmel in blutigem Roth sehen.

„Man sieht keinen Rauch," sagte dumpf einer der Nachtwandler auf der Straße, „es muß Stroh= deckung sein."

„Wahrscheinlich brennt eine Scheune," murmelte der Zweite.

In demselben Augenblicke aber tanzten schwarze aufsteigende Rauchmassen um die Gluth, daß diese nur wie ein blutiger Kern hindurchschien.

„Es scheint Schieferdeckung zu sein," äußerte der Dritte, „vielleicht ein Rittergut."

Aus dem schwarzen Rauche erhob sich jetzt mit neuer Kraft wieder die Flamme, größer als vorher. Es wallte und wogte, es krümmte und wand sich und die Funken jagten einander wild zum Himmel — und dazu herrschte eine tiefe Stille rings umher. Welche Verwirrung mochte dort herrschen, wie mochten Balken krachen und Menschen durcheinanderschreien und die Hände ringen — und wie ruhig standen die drei Männer hier und hörten nichts als das Säuseln der Nachtluft.

Allmählig wurde die Flamme kleiner, der Feuer= schein am Himmel trat zurück, man wußte nicht, wo= hin er ging. Dann sah man keine Flamme mehr und nachrückend spielte nur noch ein matter Schein am Horizont. Und endlich erlosch auch der Schein, und überall am Himmel und auch dort, wo vorhin noch mit Flammenzügen ein Menschenschicksal ge= schrieben stand, auch dort war jetzt der Himmel wie= der schwarz, tiefschwarz wie zuvor.

10*

Am nächsten Tage aber erfuhren die Nachtwanderer, daß das Feuer nicht in Thierbach, auch nicht in Liebenau, noch in Trockenfels gewesen sei, sondern in Dorschau.

Auch sagte man ihnen, daß weder eine Scheune mit Strohdach, noch ein Rittergut mit Schieferdeckung abgebrannt sei, sondern das mit Ziegel gedeckte kleine Gehöft des Factor Rex.

Capitel 11.

Aufgeräumt!

Es mögen neun bis zehn Jahre vergangen sein.

Dort an dem niedern Häuschen blinken noch die Fenster, an denen einst in einem strengen Winter so viele Eisblumen blühten. In dem Stübchen klappert noch der alte Webstuhl, aber ein junger, hochaufgeschossener Bursche ist's, der dahinter sitzt. Auf ihn ist die Profession des Vaters übergegangen. Welchen Beruf die noch schulpflichtigen Kinder einst ergreifen werden, ist noch unentschieden. Die Ge-

schwister können sich auf ihre Mutter nicht entsinnen,
und wenn Anna mitunter von ihr erzählt hat, so
haben sie aufgelauscht und die Schwester mit fremden
Augen angeblickt, als erzählte diese von einer Person,
die vor langen, langen Zeiten, noch ehe die Brüder
auf der Welt waren, gelebt hat. Sie haben, dünkt
es sie, nur e i n e n Todesfall erlebt — den des Vaters,
der vor wenig Jahren an der Auszehrung starb.
Nachbars Jettchen wohnt mit ihrem Manne, einem
Weber, in demselben Hause und vertritt an den
Waisen Mutter= und Schwesterstelle. Die Schwester
Anna, aus welcher ein sehr schönes Mädchen ge=
worden sein soll, ist fortwährend „auf Reisen", weit
in der Ferne und kommt des Jahres nur auf wenige
Wochen nach Hause. Da bringt sie viel Geld und
für jedes Geschwister und auch für Jettchen und ihren
Mann ein artiges Geschenk mit. Den Hut und den
Schleier aber und die seidenen Kleider packt sie nur
aus, damit sie im Koffer nicht verderben oder Falten
und Knitter bekommen, denn sie geht daheim immer
im blosen Kopf und in einem einfachen grauen Cattun=
kleide einher. —

In Dorschau giebt es mitten unter den kleinen
Häusern einen kleinen freien Platz, der mit Gras be=

wachſen iſt und theils von der Dorfjugend zu allerhand Spielen, theils von den in den Nachbarhäuſern
wohnenden Leuten zum Trocknen einiger alten Stücke
Wäſche benutzt wird.   Dort ſtand einſt das kleine
Gehöft des Factor Rex, der mit ſeiner Frau in einem
niedrigen Hauſe des Dorfes eine Stube zur Miethe
bewohnt. Er ſitzt hinter dem Webſtuhle und arbeitet
vom Morgen bis zum Abend. Im Zimmer herrſcht die
größte Dürftigkeit. Was ihm nach dem Brandunglück
für das verſichert geweſene Eigenthum von der Ver-
ſicherungsbank vergütet worden iſt, hat er, wie die
Leute ſagen, vergraben. Den Verluſt der dreitauſend
Thaler aber hat er ſich „in den Kopf geſetzt.“   Er
hat ſich nicht getraut, je wieder vor Herrn Locke's
Angeſicht zu treten, ja er hat — ſeit jener Nacht —
ſogar die Straße vermieden, die nach der Stadt
führt. Was zwiſchen Locke und Sohn und Rex noch
zu ordnen war, hat ein Advocat vollends in Rich-
tigkeit gebracht. Frau Rex hat täglich ihre Stunden,
wo ſie ſich in eine Ecke ſetzt und darüber nachdenkt,
wie bitter das Darben ſei — und dann weint und
ſchluchzt ſie, bis Rex zu ihr tritt und ſie tröſtet, indem er ihr verſichert, daß die Zeit kommen werde,
wo Beide reicher, als zuvor ſein werden. Denn er

will wissen, daß einst eine Eisenbahn das Dorf durch=
schneiden wird, gerade an der Stelle, wo sein Ge=
höfte stand. Deßhalb hat er die Brandstätte nicht
verkauft. Man wird ihm einst viele Tausende da=
für bieten, bis dahin will er noch hinter'm Webstuhle
arbeiten, bis dahin geht er täglich gegen Abend zu
dem kleinen, freien Platze und winkt den dort spie=
lenden Dorfkindern, wenn sie vor dem Besitzer fliehen
wollen, freundlich mit der Hand und sagt, sie sollten
jetzt nur noch ruhig dableiben, aber es werde eine
Zeit kommen, wo sie nicht mehr hier spielen könnten.
Die Kinder bleiben dann stehen und sehen einander
fast verlegen an; mitunter steckt wohl ein kleiner Bube
den im Schnupftuchzipfel zum Prügeln eingeknüpften
Knoten in den Mund, um das Lachen vor den übri=
gen zu verbergen, denn der Schullehrer hat es streng
verboten, den Rex zu necken. Dann fragt Rex, wem
die Wäsche gehöre, die auf dem Rasen zum Trocknen
ausgelegt ist, und nickt, wenn ihm die Leute mit
Namen genannt werden, einverstanden mit dem Kopfe
und geht in das betreffende Haus. Hinter ihm flü=
stern die Kinder, ganz wie sie es von ihren Eltern
gehört haben: „Er hat sichs in den Kopf gesetzt!"

Bei den Leuten, denen die Wäsche gehört, läßt sich dann Rex bewegen, auf dem Stuhle Platz zu nehmen. „Ich komme eigentlich nur," sagt er, mit dem Stuhle rückend, „um euch zu sagen, daß ihr eure Wäsche jetzt noch ruhig auf meinem Grundstücke trock= en könnt. Aber benützt die Zeit, es kommt ein Tag, wo dies nicht mehr möglich ist." Er unterhält sich dann noch über Allerlei und mit Vorliebe über Eisenbahnen. Und wenn er fort ist, sagen hinter ihm die Leute leise: „Er hat sichs in den Kopf gesetzt!" —

Im vaterländischen Zuchthause sitzt seit Jahren ein Mann mit rothem Haar und einem hervorgetre= tenen weißen Auge.

Es ist der Brandstifter Dittrich. —

Und wie steht es nach diesem langen Zeitraum in der Stadt, in dem Hause, das insgeheim „das Blutschlößchen" genannt wurde?

Das Haus heißt heute noch so. Herr Locke hat jenen Orden erhalten, den Sorgen, Alteration und zunehmendes Alter ihren Anhängern nie vorzuent= halten pflegen — einen grauen Kopf. Seine Gesichts= züge sind stark markirt; in ihnen prägt sich die rauheste Seite seines Wesens aus, als die Hefe, der Bodensatz,

ben der durstige Mund der Zeit dort zurückgelassen hat.
— Unser Lebenslauf hat Aehnlichkeit mit jenem Kin=
derspielzeuge, mit jenem Leierkasten, aus dessen Innerm
Figuren emporsteigen und, eine kurze Spanne dahin
ziehend, wieder verschwinden; neigt sich die eine Figur
der Oeffnung zu, durch die sie der Oberwelt wieder ent=
zogen wird, so steigt eine andere in emporgerichteter
Haltung auf der andern Seite eben herauf. Die empor=
steigende Figur ist Clärchen, im Gegensatz zu ihrem
Oheim. Die Zeit ist es, die diesen entkleidet, die jene
schmückt — die alte Leier! — Clärchen ist zu einem
schönen Mädchen herangewachsen. Das allerliebste
Gesicht des ehemaligen Kindes hat die verständigen,
eigenwilligen Züge jungfräulicher Reife angenommen:
aus dem dunkelblauen großen Auge blickt der gebil=
dete Geist und die Anmuth des Herzens; über der
Stirne und um die Schläfe ringeln sich, gerade wie
früher, die braunen Löckchen, hinab bis in den Nacken.
— Ein junger, schöner, vornehmer Mann müßte
es sein, der einst Clärchens Herz und Hand gewinnen
könne, — so dachte einst Jemand, und in der That,
er irrte sich damals nicht. Denn Clärchen ist mit
einem solchen verlobt. Er ist schön und liebenswür=
dig. Ein rabenschwarzer Bart, der die frische Röth=

der Wangen fast verdeckt, zieht sich von den Ohren
bis zum Kinn hinab und umschließt, wie ein dunkler
Kranz, den Mund. Und welchen Zauber vermag
dieser Mund auszuüben, wenn er sich, was oft genug geschieht, zu einem milden Lächeln öffnet und
die beiden Reihen blendend weißer Zähne zeigt, die
sich von dem tiefen Schwarz des sie umschließenden
Bartes so lieblich abheben! Und dazu die zarte,
weiße Hand, mit den sorgfältig gepflegten, langen
weißen Fingernägeln und den beiden blitzenden Ringen! Sind auch die Vermögensverhältnisse des Bräu-
tigams sehr relative, so ist er doch, seines Standes
nach, entschieden ein vornehmer Mann, denn er ist
Procurist der Firma Locke und Sohn und wird
unzweifelhaft einst als Associé eintreten. Nächst Mühlbach, dem langjährigen Buchhalter, ist der Verlobte
Clara's der Einzige, den wir von unsern alten Bekannten unter dem Comptoirpersonal bei Locke und
Sohn noch antreffen. Es ist Derselbe, den wir einst einem mit der Wurzel ausgegrabenen Baume verglichen,
Derselbe, der bei seinem ersten Schritte in dieses
Haus einen Schlüssel fand. Wie hat der Baum seine
Wurzeln ausgebreitet, sogar bis in das Herz Clärchens! Wie ist die Prophezeiung, die eine alte aber-

gläubische Frau ausgesprochen haben würde — wenn
sie hätte dabei sein können, als ihr Sohn jenen Schlüssel
fand — so schlagend in Erfüllung gegangen!

Meyerhoff kann sagen, daß Alles sein Werk ist.
Er hat sich eine Stellung schwer errungen und eine
Braut sich mühsam anerzogen.

Wir haben schon der beiden Ringe gedacht, die
an Meyerhoffs Finger blitzen.

Clara zählte kaum fünfzehn Jahre, als sie sich
mit Meyerhoff, ihrem alten Freunde und Gönner,
einst im Garten befand. Sie trug damals das Con=
firmationsgeschenk einer Pathe, — einen kleinen gold=
nen Ring mit grünem Stein, auf welchem die An=
fangsbuchstaben ihres Namens und ihr Geburtsjahr
eingravirt waren, — am Finger. Im Scherze hatte
sie diesen Ring ihrem Freunde oft angesteckt und sich
darüber gefreut, daß er diesem ebenfalls passe. Auch
heute befand sich der kleine Ring an Meyerhoffs
Finger.

Aus einem scherzhaften Geplauder entstand für
Clärchen dießmal eine ernste Stunde. Meyerhoff
hatte das Gespräch auf das Capitel der Trennungen
geleitet und in wehmüthigem Tone geäußert, daß
Alles sich hienieden trennen müsse, alle Menschen,

die innig an einander hängen, Alle — auch Clärchen
und Meyerhoff. Er könne nicht ewig hier bleiben,
er werde weiter ziehen müssen, um in der großen
Welt sein Glück zu suchen, und Clärchen werde älter
und älter werden und einst einen reichen, jungen
Mann heirathen und recht glücklich sein und ihren
alten Freund vergessen!

Meyerhoff selbst erschrack über die Folgen seiner
Rede: keine wehmüthige Thräne perlte aus Clärchens
Auge, als sie ihn so sprechen hörte; dunkles Roth
färbte ihr kindliches Antlitz, sie warf sich an Meyer=
hoffs Brust, umschlang ihn mit beiden Armen, so fest,
als wolle sie nie wieder von ihm ablassen, und be=
deckte sein Gesicht mit tausend Küssen. Sie nahm
ihren kleinen Ring nicht wieder zurück. Aber von
jener Stunde an war ihr die alte Unbefangenheit,
mit welcher sie Meyerhoff stets entgegengetreten war,
geraubt, sie ließ sich seltner sehen, sie war nicht mehr
das heitere, fast ausgelassene Kind, es war eine Kluft
zwischen Beide getreten, jene nothwendige Entzweiung
der Geschlechter, die zur ewigen Versöhnung, jene
unabweisbare Trennung, die zum herrlichsten Wieder=
sehen führt.

Mit dem zweiten Ringe erst, den Meyerhoff am
Finger trägt, dem Verlobungsringe, den Herr Locke
selbst in aller Form beim Goldschmied bestellte, war
das alte Verhältniß zwischen Clara und Meyerhoff
in neuer geläuterter Gestalt wieder hergestellt. Und so
ist das geheime Ziel, das Meyerhoff einst in später
Nachtstunde in seinem tiefsten Innern überdachte
und lange, lange in seiner Brust verschlossen mit
sich herum trug, kein Geheimniß mehr.

Es ist ausposaunt in alle Welt, in vielen tau=
senden von Zeitungsexemplaren, die sich an tausenden
von Orten herum treiben, kann es Jeder lesen, man kann
eins auf der Straße finden und Jeder kann es auf=
heben und das Geheimniß lesen, und an allen ver=
goldeten Spiegeln der Stadt ist das Geheimniß auf=
gesteckt und Jeder kann herzutreten und es lesen: —
die Verlobungsanzeige von Clara und Meyerhoff.
Und mehr noch: man kann die Beiden im lichten Son=
nenscheine Arm in Arm durch die Straßen wandeln
sehen, Clara im weißen fluthenden Shawl und mit
dem prachtvollen Sonnenschirme, und Meyerhoff den
Ueberwurf über den einen Arm geworfen.

Die Verwunderung für einen großen Mann,
der Weltruf hat, kann nicht größer sein, als man

sie in der Stadt Herrn Meyerhoff zollt, seitdem er öffentlich verlobt ist: „Wie weit es der Mensch bringen kann," reden die Leute, „er hat gar nichts gehabt, ist ganz arm in die Stadt gekommen und hat sich zu dieser Höhe emporgeschwungen!" Aeltere Leute wollen behaupten, daß Meyerhoff in der ersten Zeit seines Hierseins nicht ein Mal ganze Stiefel gehabt und daß ihm der Ellbogen zum Aermel herausgeguckt habe, so arm sei er gewesen! Viele Eltern, deren Söhne in den Comptoiren der Stadt die Handlung erlernen, halten diesen den beneidenswerthen Meyerhoff als Beispiel vor und geben ihnen wiederholt den Rath, so müßten sie es auch machen, und ein fünfzehnjähriger Mercursjünger hat infolge dessen mit der zehnjährigen Tochter seines Prinzipals bereits ein Liebesverhältniß angeknüpft.

Nach den Fenstern eines gegenüber liegenden Hauses, aus denen in früheren Zeiten Gesang und Spiel herüber klang, blicken längst nicht mehr jene beiden dunklen Augen, denn Marie Helmenreich, die Gouvernante, hat diese Stadt verlassen, noch ehe Clara ihrer Leitung und Aufsicht entwachsen war. Niemand hat erfahren — warum?

Herr Locke's Sinn umdüstert sich von Tag zu
Tag. Seine kühnsten Hoffnungen sind vor Jahren
mit dem kleinen Erbfolger ins Grab gesunken; die
Zeit entflieht, er sieht es kommen, daß er der Letzte
des Namens Locke ist, daß die alte hundertjährige
Firma auf ein anderes Geschlecht übergehen wird,
daß er für Fremde Reichthümer auf Reichthümer ge=
häuft, für Fremde die Last der Geschäftssorgen ge=
tragen und ein Leben voll angestrengter Arbeit hin=
gebracht hat. — Was dem Fürsten die Krone, dem
Edelmann sein Adelsbrief, dem Gelehrten sein Wissen,
das war und ist Herrn Locke die Firma „Locke und
Sohn," mit ihrem ehrwürdigen Alter, ihrem Klange,
ihrem Ruhm! Er betrachtet sie als einen integrirenden
Theil des Weltsystems. Im Comptoir hängen die
Bilder der Ahnen, von Dem, der die Firma gegrün=
det, bis zu Locke's Vater. Locke's Bild soll die Reihe
beschließen, in fremde Hände soll die Firma übergehen,
und der Name: Locke und Sohn soll fortan eine
Lüge sein! — Als sollte das Geschlecht der Locke
vor seinem Erlöschen noch einmal aufblitzen, als
müßte der Letzte der Locke dem hundertjährigen Wir=
ken der Firma eine Brandfackel anzünden: so tief
vergräbt sich Herr Locke jetzt in seine Geschäfte, so

ruhelos stürzt er sich, im grellen Widerspruch mit dem
Bewußtsein, daß er für Fremde sich müht, — in neue
große Unternehmungen, so gierig häuft er um sich
alle die Triumphe eines kleinen Souveräns. — Mehr
als je verdient sein Haus jetzt den Namen „Blut=
schlößchen," länger denn je liest er des Abends, wenn
das Comptoirpersonal sich heimsehnt, in der Zeitung.
Aber doch noch nicht lange genug für den Procuristen
Meyerhoff, der den Respect, welchen man ihm zollt,
in durstigen Zügen einsaugt und in Nachahmung
aller Grillen und Launen, durch die Herr Locke seinen
Leuten das Leben schwer macht, hinter dem Letzteren
selbst nicht zurückbleibt.

Jetzt eben haben die Tage begonnen, welche
das Comptoirpersonal die „goldne Zeit" nennt. Es
ist die Zeit, wo sich Meyerhoff auf einige Wochen
von Clärchen und von seinem Pulte trennen muß.
Leider ist mit diesem Male die Reihe der goldenen
Zeiten, die jährlich einige Male wiederkehrten, für
immer zu Ende. In welchem Sinne diese goldene
Zeit zu deuten ist, wird uns das nächste Capitel
lehren.

————

Capitel 12.

Du haſt die ſchönſten Augen,
Haſt Alles, was Menſchenbegehr —

Man hört fortwährend ein entſetzliches Wagen=
geraſſel in den Straßen. Die Häuſer der großen,
ſtolzen Stadt, in die wir uns verſetzt finden — ha=
ben ein ganz ungewöhnliches Ausſehen. Bei einem
flüchtigen Blicke, der vielleicht durch einen Sonnen=
ſtrahl geblendet wird, ſcheinen die Gebäude bis in
die oberſten Etagen feſtlich mit bunten Fahnen ge=
ſchmückt zu ſein. Aber man überzeugt ſich bald, daß
es bunte Schilder und Firmen ſind, mit denen man
die Häuſer förmlich geſpickt hat. Da ragen die Dop=
pelfirmen, von der Mauer auslaufend und ſich in
der Luft zu einem ſpitzen Winkel vereinigend, daß
man von jeder Richtung der Straße her die Namen
der Verkäufer leſen kann, mit ſchwarzen oder weißen,
ſilbernen oder goldenen Buchſtaben, auf ſcharlach=
oder purpurrothem, grünem oder gelbem Grunde, da=

zwischen ragen auch Schilder mit vielen großen Nummern hervor, — es sind die Hausnummern, denen man schon in dem von Anpreisungen wimmelnden Localblatt begegnet ist, und die, mit Riesenlettern gedruckt, zum Format des Blattes in demselben Verhältniß stehen, wie das Nummerschild zum Gebäude, das es bezeichnet. Aus den Fenstern flattern bunte Stoffe, Shawls, Tücher, Pelze und abenteuerlich ausschauende Bären= und Leopardenfelle. Es scheint eine eroberte Stadt zu sein, deren bürgerliche Verhältnisse von den wilden Kriegern aufgelöst worden sind. Die Häuser sind von den Eroberern angefüllt bis unter's Dach, und die Familien haben ihre besten Zimmer räumen müssen und sich in die schlechtesten Kammern, die nach dem Hofe hinausgehen, zurückgezogen. Wo sonst ein niedliches Mädchengesicht zum Fenster hinausschaute und Tauben fütterte, da erscheint jetzt höchstens ein Mercuriuskopf, auf steifen Vatermördern ruhend, und verscheucht ärgerlich die heranfliegenden Tauben, die an seinem Frühstück theilnehmen wollen. Die Fenster sind der weißen, mit zierlichen Spitzen umsäumten Gardinen beraubt, und hinter ihren öden Scheiben, — wo sonst der Näh= tisch stand mit den Blumen und dem Glasbassin,

in dem die Goldfischchen munter umherschossen, —
da sieht man die grüne Decke eines Schreibepultes
mit Scripturen und Meßstrazzen bedeckt, und ein bren=
nendes Licht und loderndes Siegellack. Spiegel, Sopha,
Glasschränke sind aus dem Zimmer verschwunden
und an ihrer Stelle füllen Ladentafeln und Waaren=
regale den veröbeten Raum aus. — Unten in den
Straßen steht es noch viel schlimmer. Bäcker, Fleischer,
Schuhmacher, Nadler und viele andre ehrsame Pro=
fessionisten und Geschäftsleute haben ihre Läden räu=
men müssen, und wo sonst hinter blanken Glasscheiben
Kuchen und Torten oder symmetrisch aufgestapelte
Würste und künstlich geformte Sülze lockte, oder Pup=
pen und andre reizende Spielwaaren, da sind jetzt die
Glasthüren ausgehoben und man blickt in ungemüth=
liche Gewölbe hinein, in denen, nach ungemüthlichen
Musterkarten, ganz ungemüthliche, ernst und trocken
ausschauende Fabrikate verkauft werden. In der en=
gen Hausflur sogar, wo sonst die Köchin mit ihrem
Schatz von der städtischen Garnison scherzte und koßte,
hat irgend ein Fabrikant sein Waarenmagazin auf=
geschlagen, daß nur ein ganz enger Gang bleibt, der
obend'rein von den Kunden des Fabrikanten fast immer
versperrt ist, und daß sich die Damen vom Hause —

wenn sie aus ihren finstern Kammern herabkommen,
um auf den Promenaden einmal frische Luft zu
schöpfen — geniren müssen, die Flur zu passiren.
Und — wirklich ganz wie kriegerische Eroberer —
treiben die fremden Verkäufer ihr Unwesen auf offner
Straße! Da liegt vor den Gewölben Stroh umher,
und da werden auf offner Straße Ballen gepackt
und auf sonderbaren Maschinen, die man für gigan-
tische Bratenwender halten könnte, mit Stricken und
durch Anwendung barbarischer Knüttel — die jeden
Augenblick losspringen können, um dem Vorübergehenden die Hirnschale zu zerschmettern — zusammenge-
schnürt. Die Höckerfrauen sind mit ihren ehrlichen
vaterländischen Früchten von allen Straßenecken ver-
trieben, und auf ungeschlachten Kisten bietet jetzt dort
eine fremde Nation ihre Orangen, Datteln und Feigen
aus. In der Mitte der Straßen drängen sich allerlei
Fuhrwerke wild durcheinander und geben oft zu den
entsetzlichsten Confusionen Anlaß, in die selbst ganz
unschuldige Leute mit hineingezogen werden. Alle
bürgerlichen Verhältnisse, Gewohnheiten und Einrichtungen in der Stadt sind aus Band und Fugen gegangen. Der Spießbürger findet des Abends in seiner
Stammkneipe seinen Stammplatz von Fremden ein-

genommen und sieht Fremde aus seinem Stammglase trinken. Daher bleibt er zu Hause bei den Seinigen in der kleinen Kammer nach dem Hofe hinaus. Aber auch dort entrinnt er der Athmosphäre des wilden Treibens nicht, denn schon frühzeitig wird er von den Bergmusikanten aus dem Schlafe gestört, die im Hofe unten einen frommen Choral blasen und darauf eine ganze Reihe lustiger Stücke, sogar auch die „Gna= denarie" folgen lassen. Kaum hat sich sein Ohr von dem letzten verklungenen Mißton wieder erholt, da gellen aus dem Hofe unten schon wieder die Trom= peten, Clarinetten und Flöten einer andern Musikbande herauf, die sich entschieden für die zuerstgekommene hält und ihr Morgenständchen ebenfalls richtig mit einem Chorale beginnt. Zwischen den Buden, vor den Gewölben und Verkaufsständen auf den Straßen tönt den ganzen Tag das Rasseln der Wagen, das Schreien und Fluchen der Fuhrleute, das Donnern der schweren Kisten, die auf= und abgeladen werden, und das Klirren der Ketten, mit denen sie befestigt oder von denen sie befreit werden. Musik und überall Musik! Juden, Griechen und Armenier, Tyroler in weißen Strümpfen und schwarzen Sammetjacken und den grünen Hut mit todten Blumen geschmückt, schwarzgekleidete Herren aus allen Theilen der Erde und in ernste Geschäftsgedanken vertieft, buntgekleidete emancipirte Damen, das Notizbuch in der Hand und die ausgelegten Waaren prüfend, Markthelfer mit Karren oder mit hölzernen Tragen auf dem Rücken — zu keiner Minute ist irgend eine Stelle der Straße oder des Trottoirs frei. Es ist ein buntes, wildes Drängen und Treiben — es ist Messe.

Auf einer der breitesten Straßen, mitten im lautesten Meßverkehr, befindet sich dicht über einem breiten Gewölbe eine, gelbe Firma und darauf steht mit schwarzen Buchstaben: „Locke und Sohn." Im Hintergrunde des langen Gewölbes sieht man eine Glasthüre, durch deren grüne Vorhänge Licht schimmert. Dort ist das Comptoir.

Es ist Abend geworden, die Haupttage der Messe sind vorüber, und die Commis und Reisenden von Locke und Sohn, die man in diesem Gewölbe sonst geschäftig mit Kunden unterhandeln, auf Leitern auf- und abklettern, Waaren ein- und auspacken, Packete versiegeln und Geld zählen sah, sitzen in malerischen Gruppen unthätig auf den langen Ladentafeln. Vor dem Gewölbe auf der Straße sitzen die Meßhelfer, sie pfeifen allerlei Stückchen und schlagen mit den Stiefelabsätzen an den Kistenwänden die Trommel dazu.

„Heute kommen wir bei Zeiten los," sagte einer der Meßhelfer zu einem Commis, der eben gähnend vor die Gewölbenthüre tritt, „er geht in den Circus, ich habe ihm ein Billet besorgen müssen."

Der Angeredete klatschte in die Hände, wandte sich um und theilte die Neuigkeit seinen Cellegen im Gewölbe mit. Wirklich trat Meyerhoff zum Ausgehen angekleidet aus dem Comptoir und ging, ein unverständliches „gute Nacht" murmelnd, an seinen Unterthanen vorüber. Das bewirkte, daß wie auf ein Commando ein Dutzend Mützen gezogen wurden und ein halbes Dutzend rothglühende Funken, die Spitzen von verstohlen angezündeten Cigarren, wie Irrlichter verschwanden.

Meyerhoff ging durch die Straßen. An einer Ecke, dicht unter einer hellstrahlenden Gaslaterne, stand eine Bude. Aus der niedern Thür derselben kroch eben ein Mann heraus. Er stieß sich dabei an den Kopf, so daß die Mütze herunterfiel und vor Meyerhoffs Füße rollte. Der Nacheilende hatte sie schnell aufgehoben und dabei einen Blick auf den Vorübergehenden geworfen.

„Herr Meyerhoff!" rief er überrascht.

Meyerhoff hielt seine Schritte an und sah den Fremden an, der — mit dem Abstäuben seiner Mütze beschäftigt — unbedeckten Hauptes vor ihm stand. Das blonde, im Winde flatternde Haar war nach= lässig gelockt, die hohe Stirn zeigte ein paar einge= wurzelte Falten, jede Wange einen Streifen Backen= bart. Um den Hals hatte der Fremde einen dicken gehäkelten Shawl geschlungen.

„Kennen Sie mich nicht mehr?" fragte er.

Meyerhoff blickte ihm in die hellblauen Augen. Er besann sich und rief plötzlich:

„Doch nicht — Senftenberg?"

„Derselbe," gab Jener lächelnd zur Antwort und reichte Meyerhoff seine Hand, die dieser unter freundlichem Lächeln ergriff.

„Wie geht es Ihnen?" fragte Meyerhoff.

„Nicht zum Besten," entgegnete Senftenberg, ein Schloß vor die niedrige Budenthür legend, „ich habe seit meinem Abgang von Locke und Sohn in der Residenz ein kleines Geschäft etablirt und befinde mich, wie Sie sehen, jetzt hier zur Messe. Ich bin noch auf keinen grünen Zweig gekommen."

Beide schritten neben einander durch das Stra=
ßengedränge und Meyerhoff unterrichtete den früheren
Collegen in dürren Worten von seiner jetzigen Stel=
lung bei Locke und Sohn und von seiner Verlobung
mit Clara. — Senftenberg wünschte ihm aus vollem
Herzen Glück.

„Ich wollte eigentlich in den Circus gehen,"
äußerte Meyerhoff; „wenn Sie mir aber heute Abend
Gesellschaft leisten wollen, so gebe ich gern meinen
Plan auf."

Beide befanden sich vor den in Lichtglanz strah=
lenden Fenstern einer der ersten Restaurationen der
Stadt. Von Innen drang der Gesang einer lieb=
lichen Frauenstimme mit Harfen= und Violinbeglei=
tung heraus. Die Sängerin sang eben:

„Du hast die schönsten Augen,
Hast Alles, was Menschenbegehr,
Du hast mich zu Grunde gerichtet —
Mein Liebchen, was willst du noch mehr?!"

Meyerhoff lud den lauschenden Senftenberg ein,
ihn in die Weinstube zu begleiten.

„Ich trinke keinen Wein," erwiederte Senften=
berg, „und außerdem bin ich heute Abend auch auf
so feine Gesellschaft nicht eingerichtet, betrachten Sie
nur diesen Kalmuckrock!"

„Sie sind mein Gast," sagte Meyerhoff und zog den Widerstrebenden in die Hausflur.

Beide traten in die elegante Weinstube. Es war ein langes, in rother Sammettapete prangendes Local. In den geschickt angebrachten zahlreichen Wandspiegeln schwillt es zu einem großen, labyrinthartigen Raume an, in welchem ein Gewimmel von schwarzgekleideten Herren mit weißen Manschetten und aufrechtstehenden Vatermördern im strahlenden Gaslichtglanze an einer Unzahl von Tischen, reich mit Wein= und Champagnerflaschen beladen, zecht, Karte spielt oder Austern ißt. An dem einen Ende des Locales sitzen, in Sammet und Seide gekleidet, die drei jungen Künstlerinnen, die durch Spiel und Gesang die in bläulichen Cigarrenduft gehüllte Bacchanalie vervollständigen. Louise und Therese streichen mit entblößten schneeweißen Armen ihre braunen Violinen, daß die goldnen Armspangen im feurigen Bogenschwunge blitzen und blenden. Dazwischen versenden sie lächelnde Blicke an die jungen Galants, die sie umgeben und unter die Geigentöne süße Schmeichelworte mischen. Anna spielt mit kleinen, zarten Fingern die Harfe, die reichvergoldete, die sich in ihren von Seide rauschen=

den Schoß lehnen darf. Dann läßt sie ihre vielbe=
wunderte, klare Stimme ertönen. Die Gäste schwei=
gen, die Kellner gehen auf den Fußspitzen, die Kar=
tenspieler zählen leise und Aller Augen sind auf
die schöne Sängerin gerichtet, die den Blick zu Bo=
den schlägt. Der von den Violinen aufgenom=
mene Refrain des Liedes verliert sich unter dem stür=
mischen Beifallsklatschen, das dem Gesange folgt,
wie der Donner dem Blitz. Dann rauscht die Eine
der Künstlerinnen mit dem Notenblatte in der Hand
durch die engen Gänge zwischen den Zechtischen und
sammelt ein, ohne zu fordern. Keiner will da über=
gangen sein, und Mancher giebt, obwohl der Rund=
gang nur den neuangekommenen Gästen gilt, immer
wieder von Neuem. Sogar blinkende Thalerstücke
rutschen über das Notenblatt, und unter den Gebern
befindet sich Mancher, der bis jetzt noch keinen Blick
aus den sechs dunkeln Augen erhalten hat, und des=
sen reiche Gabe die Stelle eines stummen Vorwurfs,
einer stummen Bitte vertreten soll. — Noch andre
Gestalten drängen sich zwischen den Zechtischen: Leute,
welche sich aus der guten Laune der Abendgäste
ihr Brod herauswühlen. Der hochgewachsene Tyro=
ler dort versteigert während der Pausen zwei seiner

Teppiche an ein Paar Herren, die auch nicht im Ent=
ferntesten den Gedanken gehegt hatten, sich diese
entbehrlichen Stücke zu erwerben. Leichtre Arbeit
als der Teppichhändler hat der italienische Hausirer
mit den Muschel= und Perlensachen, und das Ju=
denmädchen mit den wohlriechenden Seifen, das
von Jedem, der ihr ein armseliges Stück abkauft,
mit lächelndem Munde gern ein lüsternes Wort oder
eine leichte Umarmung hinnimmt. Ein kleines Blu=
menmädchen, das zwischen den Tischen umhertrippelt,
sieht bald seinen Veilchenvorath vergriffen: die kleinen
Bouquets prangen bereits an dem Busen der drei
Künstlerinnen und an Anna's Harfe.

Senftenberg und Meyerhoff kümmerten sich mit
keinem Blicke um die Schönen. Sie nahmen Beide
an einem von dem improvisirten Orchester ziemlich
entfernten Tische Platz.

Meyerhoff ließ Wein bringen und trank auf
Senftenbergs Gesundheit.

„Spielen und singen Sie noch fleißig?" fragte
Meyerhoff, als die Sängerin eben ein Lied beendet
hatte und durch rauschenden Beifall belohnt worden
war.

Senftenberg lächelte sarkastisch und machte eine abwehrende Handbewegung.

„Das verliert sich, sobald man älter wird," sagte er; „meine Stimme habe ich längst eingebüßt, die Noten habe ich fast verlernt, meine Finger sind steif geworden."

„Daß Marie, die Gouvernante seit langer Zeit schon nicht mehr bei uns ist, dürfte Ihnen wohl bekannt sein," fuhr Meyerhoff in seinem Gespräch fort und forschte in Senftenbergs Gesicht nach dem Eindrucke, den die Erwähnung dieses Namens dort hervorbringen mußte.

Senftenberg nickte ruhig und gelassen mit dem Kopfe. Dann fragte er:

„Ging sie als Mutter Marie schon aus Locke's Hause?"

„Als Mutter Marie?" wiederholte Meyerhoff mit Erstaunen und Spannung.

„Marie war Mutter eines Mädchens."

Meyerhoff sah den Sprecher eine Weile starr an. Aus seinem Auge stieg ein dämonisch triumphirender Blick empor; eine hervorperlende Thräne aber, die Meyerhoff schnell mit dem Taschentuche abtrocknete, verdeckte ihn. „Woher haben Sie diese Nachricht?“ fragte er endlich.

„Ich kann noch mehr berichten,“ fuhr Senftenberg ruhig fort; „auf einer Geschäftsreise berührte ich Mariens Heimathsstadt. Ich fand ihre alte Mutter als Wittwe. Sie kannte mich längst durch die Mittheilungen Mariens. Sie umarmte mich, als ich ihr meinen Namen nannte, mit Thränen in den Augen und nannte mich ihren Sohn. — Zu spät!“ Meyerhoff schaute verwundert d'rein.

„Durch Mariens Mutter erfuhr ich,“ erzählte Senftenberg weiter, „daß Marie meine Briefe Herrn Locke nicht freiwillig überliefert hatte. Mittelst eines Nachschlüssels wahrscheinlich hatte man ihren Schreibsecretär geöffnet und die Briefe herausgenommen. Wer dieß gethan, wer sie in die Hände Ihres künftigen Schwiegervaters gespielt hat, konnte Marie nie erfahren. Eigenthümlich ist es, daß Marie außer meinen Briefen noch einen andern von der Hand ihres Vaters vermißte, der von großer Wichtigkeit war.“

Meyerhoff schüttelte zerstreut den Kopf.

„Aber es bleibt doch festgestellt,“ sagte er nach einer Pause, „daß Mariens Benehmen gegen Sie sonderbar war. Warum warf sie sich Ihnen nicht in die Arme? Warum schrieb sie Ihnen jenen Brief?."

„Diesen Umstand konnte mir ihre Mutter nicht enthüllen, er ist ein Familiengeheimniß."

Da Senftenberg, während er sprach, den Blick von Meyerhoff abgewandt hatte, so entging ihm der Blitz, der bei dem Worte „Familiengeheimniß" in dessen Augen aufleuchtete, um in irgend einem versteckten Winkel seines Wissens einzuschlagen.

„Ich habe die feste Ueberzeugung," fuhr Senften=berg fort, „daß Marie mich hingebend geliebt hat, und werde dieß Bewußtsein mit ins Grab nehmen."

„Ich bin neugierig, die Gründe zu hören, welche Sie zu diesem festen Glauben bewogen haben," äußerte Meyerhoff unter einem ungläubigen Lächeln.

„Mein Freund, die lange Reihe von Jahren, die ernsten Sorgen und Erfahrungen, die zwischen jenen Tagen meiner Liebe und heute liegen, haben mich mehr abgekühlt, als ich fast wünschen möchte. Dennoch glaube ich es, daß Marie mich liebte, weil mir, trotz meines erkalteten Herzens, dieser Glaube heilig ist."

„Waren Sie auch damals schon abgekühlt, als Sie Mariens Mutter aufsuchten?"

„Gewiß, nicht weniger als heute."

„Und wie kamen Sie dann zu dieser Frau?"

„Auch dieß sollen Sie erfahren."

Senftenberg stemmte den Arm auf den Tisch und erzählte, während er mit der einen Hand langsam die Etiquette von der vor ihm stehenden Weinflasche abschälte, Folgendes:

„Ich habe Ihnen schon gesagt, daß mich eine Geschäftsreise nach Mariens Heimathsstadt führte. Nur ungern berührte ich diesen Ort, und ich nahm mir vor, mich nach Mariens Familie mit keiner Silbe zu erkundigen. Einer meiner Geschäftsfreunde lud mich ein, ihn auf den Kirchhof des Städtchens zu begleiten, der seiner herrlichen, gartenartigen Anlagen wegen für jeden Fremden sehenswerth sei. Ich schritt mit ihm durch die in lieblichem Blumenflor prangenden Gräber. Und da war auch ein Grab — darauf stand ein schwarzes Kreuz mit der vergoldeten Inschrift: Hier ruht Marie Helmenreich, sie starb in ihrem 22. Jahre und nahm ihr Kind —"

„Und nahm ihr Kind —?" sprach Meyerhoff hastig nach und sein Gesicht verfinsterte sich.

„Mit ins Grab," schloß Senftenberg. „Als ich dieß las, verlor sich alle Bitterkeit aus meinem Herzen.

Ich ging zu ihrer Mutter und erfuhr aus ihrem
Munde, daß Marie ihre Ehre, ihre Liebe und ihr
Leben den Pflichten kindlicher Dankbarkeit zum Opfer
gebracht habe. Sie starb mit dem Schwure auf
den Lippen, daß sie bis zu dieser letzten Stunde
keinen Augenblick aufgehört habe, mich zu lieben.
— Nun wissen Sie, warum ich daran glaube."

Während Senftenberg das letzte Wort sprach,
traten mehrere Herren zu Meyerhoff und begrüßten
ihn, erfreut, ihn hier zu sehen. Es waren Geschäftsfreunde von Locke und Sohn, die von Nord- und
Südamerika zur Messe herübergekommen waren. Ein
lautes rauschendes Gespräch erhob sich, Meyerhoff
nahm mit ihnen an einem andern Tische Platz und
Senftenberg, der deutlich fühlte, wie überflüssig er
hier sei, wünschte Herrn Meyerhoff gute Nacht
und ging.

Es wurde tapfer Champagner getrunken, die
Gläser klangen aneinander, man hörte nicht mehr
auf die Musik, die daher jetzt auch lange Pausen
machte. Um diese Zeit stellte sich ein verschmitzter
Geselle mit langen, schwarzen Haaren und braunem
Zigeunergesicht ein. Er lehnt an einem Tische und
blickt fortwährend nach den Spielerinnen. Doch nicht

in sein Herz fallen die Eindrücke, die er sich von
den hübschen Gesichtern holt, sondern nur in die
Finger seiner rechten Hand, die mittelst einer zier-
lichen Scheere die Silhouetten der Schönen aus einem
Bogen schwarzen Papiers herausarbeitet. Da ist
Anna's, da ist Louisen's und da ist Theresen's Bild.
Und immer wieder von Neuem muß der wandernde
Silhouetteur die Spielerinnen abconterfeien, denn die
Zahl der Verehrer, welche den Schatten einer der
Schönen als Erinnerung in ihren Portefeuilles mit
forttragen wollen, ist nicht klein.

Einer von Meyerhoff's Geschäftsfreunden hatte
sich eben Anna's Silhouette erworben und legte sie
in seine Brieftasche. Meyerhoff sah ihm lächelnd zu
und bemerkte:

„Eine sonderbare Grille, das Bildniß einer solchen
Dirne mit sich herumzutragen. Geben Sie dem
Silhouetteur, wenn Sie nun einmal allen Vaga-
bonden hold sind, das Geld und erlassen Sie ihm
die Arbeit. Oder fügen Sie dem, was die Silhouette
kostet, noch Etwas hinzu — so haben Sie die
Dirne selbst.“

„Es sind keine gewöhnlichen Harfenmädchen,“
entgegnete der Angegriffene; „ihr Lebenswandel ist

so solid wie ihr Spiel und ihr Gesang, durch den
sie sich vor den meisten ihrer Kunstgenossen auszeichnen.“

„Ha! ha!“ lachte Meyerhoff, „Harfenmädchen
bleibt Harfenmädchen. Und dieß sind gerade die
rechten. Was sie sind, sagt deutlicher als Alles der
Luxus, den sie an sich tragen. Oder glauben Sie,
meine Herren, daß die seidnen Kleider und Schleifen,
die eleganten Schleier und Federhüte, die dort über
ihren Köpfen hängen und die goldnen Ringe und
Uhren — ihnen über das Notenblatt zugegangen sind?“

„Das hätte komisch aussehen müssen,“ antwortete ein Andrer lachend und füllte Meyerhoff's
Glas aus einer frischangekommenen Flasche, „aber die
Mädchen verdienen sich, wie Sie gesehen haben, viel
Geld, genug, um sich diesen für ihr Auftreten un-
entbehrlichen Luxus zu kaufen. Und was sie nicht
gekauft haben, das hat man ihnen zum Geschenk
gemacht.“

„Geschenk!“ ergriff Meyerhoff das Wort, „darin
liegt ja eben, was ich meine! Geschenke — wofür?
Für einen musikalischen Genuß etwa, den man um
ein Parquetbillet wohlfeiler und besser haben kann?

Oder für einen freundlichen Blick, für ein Wort des
Dankes und einen Händedruck?"

„Für das und nichts Anderes," eiferte ein
Dritter, „die Geber mußten mit diesem Danke wohl
zufrieden sein, da sie nichts weiter erreichten."

„Wahrscheinlich sprechen Sie aus eigner Er=
fahrung?" lachte Meyerhoff aufgeräumt.

„Ich schäme mich nicht, das zuzugestehen," ent=
gegnete Jener und stimmte in das laute Gelächter
der Uebrigen mit ein, „und," fuhr er fort, „jeder von
uns, die wir hier am Tische sitzen, kann Ihnen eine
ähnliche Geschichte erzählen, denn wir haben sämmtlich
mit den drei Schönheiten angelegentlich verkehrt und
dann gegenseitig unsre Resultate verglichen, die ein=
ander so ähnlich sahen, wie ein Korb dem andern."

„Und ich behaupte doch, Harfenmädchen bleibt
Harfenmädchen!" sagte Meyerhoff und schlug mit der
Faust auf den Tisch. „Unbegreiflich erscheint es mir,
wie Lebemänner, wie Sie Alle, Männer — die Welt
und Menschen kennen und auf ihren weiten Reisen
gewiß mancherlei Abenteuer bestanden haben, wie
solche Männer, eingeweiht in die Mysterien der Lebens=
kunst, behaupten können, daß diese drei Harfenistinnen
dort auf Vesta's Altare opfern! Bedenken Sie doch,

diese Mädchen — die ganz allein die Welt durchreisen, von der Gunst der Männer zehren und sich fortwährend bewußt sein müssen, daß sie ihre glänzenden Erfolge nicht ihrem Spiele und ihrem Gesange, sondern ihrem Geschlecht verdanken — bedenken Sie, diese Mädchen, die schon einen hohen Grad von Dreistigkeit besitzen mußten, um diesen Erwerbszweig überhaupt zu ergreifen!"

„Prüfen Sie erst, ehe Sie urtheilen!" wurde dem Eiferer entgegnet, „es haben an die Ehrlichkeit dieser Mädchen noch ganz andre Leute glauben müssen, als Sie."

„Ganz andre, als ich?" fragte Meyerhoff gereizt und zwang sich zu einem Lächeln, das die perlenweißen Zahnreihen zwischen dem dunkeln Barte zeigte, „wie meinen Sie das?"

„Leute, die vielleicht noch unwiderstehlicher waren, als Sie," war die Antwort.

Eine dunkle Zornesröthe überflog Meyerhoff's Gesicht, er schoß einen wilden Blick auf den Gegner und rang nach Athem. Endlich gewann er so viel Fassung, um in herausforderndem Tone die Frage auszusprechen: „Welche ist die Sprödeste von den Dreien?"

„Die Sprödeste und zugleich die Schönste ist Anna," entgegnete ihm der Eine fast spöttisch, „sie ist des Trio's Capellmeister und Sittenpolizei und wacht wie ein Argus über ihre beiden Genossinnen."

Meyerhoff stürzte den Inhalt seines Glases hinunter und sagte ,mit einem Faustschlage auf den Tisch:

„An diesem Argus selbst soll Ihr Vorurtheil zu Schanden werden!"

„Es gilt eine Wette!" rief lachend der Eine.

„Jawohl, eine Wette!" jubelte ein Andrer.

„Eine Wette!" stimmten die Uebrigen ein.

Und der Erste bestimmte als Preis eine Anzahl Flaschen Champagner.

Eben rauschte es hinter Meyerhoff. Er wandte sich um und hinter ihm stand Anna mit dem Notenblatte. Er haßte sie, deren Tugend man auf Unkosten seiner eignen Würde gerühmt hatte. Er warf einen feindlichen Blick auf ihre Gestalt. Ihr Wuchs, ihre edle Haltung, die Anordnung ihrer Toilette, die einer Fürstin Ehre gemacht haben würde, reizte seinen Zorn. Er wollte den reichen Beitrag, den er in der Hand hielt, ihr recht verächtlich über das Notenblatt zuwerfen, da fiel sein Blick auf ihre weiße vom dunklen Haare überschattete Stirn, auf die weichen

gerötheten Wangen und die schwellenden Lippen. Meyer=
hoff's Zorn legte sich, es war nur noch das ferne
Grollen eines vorübergezogenen Gewitters, und sanft
ließ er seine Gabe über das Notenblatt gleiten.
Gern hätte er der Sängerin in die Augen geschaut,
aber diese schlugen sich nur zum Danke flüchtig empor
und senkten sich dann schnell wieder auf den vollen
Busen herab. Meyerhoff wandte sich wieder um,
und jetzt, da er der Sängerin den Rücken zukehrte,
sollte er wunderbarer Weise ihre Augen sehen. Er
warf einen flüchtigen Blick in den Spiegel, der ihm
gerade gegenüber hing, und da sah er sich selbst und
hinter ihm stand noch Anna — ihre strahlenden
braunen Augen auf sein Spiegelbild gerichtet. Es
war ein einziger Augenblick, aber ein Blitzstrahl in
eine elektrische Atmosphäre, die von nun an in hellen
Flammen steht. Das Gefühl verletzter Eitelkeit ver=
wandelte sich in einen stillen, süßen Triumph. Ein
neuer Sinn schien über ihn gekommen. Es war,
als werde ihm jetzt plötzlich klar, welche Fülle von
Lebensfreuden er von sich gewiesen hatte, seit er im
Hause Locke und Sohn rastlos einen einseitigen Lebens=
zweck verfolgt. Er sieht die Segel seines Lebens=
schiffes sich schwellen, eine reiche Last ist glücklich an

Bord gebracht — giebt es nicht irgendwo ein ge=
heimes Plätzchen für ein niedliches Abenteuer? Ein
Thor Jeder, der sein Leben nicht so genießt, wie er
es genießen könnte! Dort strahlt ihm Clara's sanftes
blaues Auge entgegen und hier winkt ihm die braun=
äugige Sängerin. Hier, unter Sang und Klang
öffnet sich seinem Leben eine kleine, berauschende Episode,
und dort wartet seiner ein dauerndes häusliches
Glück im Schoße des Reichthums und der Ehre. Ein
Thor Jeder, der sein Leben nicht genießt, wie er es
genießen könnte! Wie die bunten Steine eines Kalei=
doskop's schossen Gedanken und Bilder durch Meyer=
hoff's Geist und dazu klangen die Gläser und Gesang
und Spiel ertönte. Ein leichter Rausch umfing ihn
und er wußte fast selbst nicht, wie es geschehen war,
daß er, als es leer im Zimmer geworden war und
nur noch seine Freunde in eine Partie L'hombre ver=
senkt am Tische saßen, sich plötzlich an Anna's Seite
wiederfand, die ihre Harfe weggestellt hatte und mit
Louise und Therese gemeinschaftlich ihr Abendbrod
einnahm. Er hatte, ehe er Platz nahm, Anna artig
um Erlaubniß gefragt, und sie hatte als Zeichen der
Gewährung sich erröthend verneigt und ihren Stuhl
etwas bei Seite gerückt.

„Wissen Sie auch, mein Fräulein," leitete Meyer=
hoff die Unterhaltung ein, „daß Sie mit Ihrer schönen
Stimme hier gar nicht an Ihrem Platze sind?"

Anna, die sich zu schämen schien, in Gegenwart
des Herrn zu essen und nur mit der Gabel in dem
italienischen Salat herumstocherte, sah den Herrn
fragend an.

„Ich meine," fuhr Meyerhoff fort und vergrub
seinen Blick in das braune Auge, das sich mit so
wunderbarem Glanze auf ihn richtete, „ich meine,
Ihrer musikalischen Befähigung ist ein höherer Wir=
kungskreis vorbehalten, als dieser hier. Sie sollten
zu Ihrer weiteren Ausbildung ein Conservatorium
besuchen und gewiß in zwei Jahren müßte aus
Ihnen eine dramatische Sängerin geworden sein, die
ihresgleichen suchte."

Anna zuckte lächelnd die Achseln.

„Ich verstehe Sie," sagte Meyerhoff rücksichts=
voll, „eine derartige Ausbildung ist mit schweren
Opfern verknüpft. Aber wissen Sie nicht, daß die
meisten Talente, die jetzt große Namen haben und
die glänzendsten Stellungen einnehmen, ganz dieselben
Schwierigkeiten zu besiegen hatten? Und sie haben
sie besiegt."

„Das kommt wohl auf Glücksumstände an," wandte Anna bescheiden ein.

„Jedes Talent findet seinen Beschützer. Die Welt ist nicht so hart, nicht so kalt, wie sie scheint. Halten Sie es nicht für möglich, daß auch I h n e n ein solcher Beschützer begegnen könnte?"

„Dieser Hoffnung mag ich mich nicht hingeben, auch wäre ich um den Dank verlegen. Und wenn mir wirklich solch ein Glück widerführe, so müßte ich es dennoch zurückweisen, denn ich stehe nicht allein in der Welt und m e i n Glück wäre das Unglück Anderer."

„Gewiß haben Sie einen Vater oder eine Mutter zu unterstützen?" fragte Meyerhoff mit liebevoller Theilnahme.

„Mein Vater ist todt," antwortete Anna, „und meine Mutter," fügte sie, von einer sichtlichen Bewegung ergriffen, hinzu, „ist auch todt. Sie starb viele Jahre vor ihm. Aber ich habe vier Brüder daheim und für diese spiele und singe ich."

„Wohl Ihnen, daß Sie nicht allein in der Welt stehen, ich beneide Sie um die süße Pflicht, die Sie zu erfüllen haben. Auch ich wünschte, ich hätte recht viel zu sorgen, aber —" setzte Meyerhoff düster hinzu und seiner Brust entströmte ein tiefer Seufzer, „ich stehe ganz allein, ganz vereinsamt da und habe Niemanden, als mich. — Ganz allein!"

Als Meyerhoff sein gesenktes Auge wieder emporschlug, begegnete er dem vom liebevollsten Mitleid erfüllten Blicke der Sängerin.

„Bitte, bitte," unterbrach er das Stillschweigen, „erzählen Sie mir von Ihren Geschwistern. Erzählen Sie mir recht viel, Alles, was Ihnen einfällt, auch das Unbedeutendste höre ich gern."

Meyerhoff fragte nach Namen und Alter der Geschwister — und obwohl Anna, aus natürlicher Verschämtheit, den fremden Herrn mit ihren kleinen Familienangelegenheiten zu unterhalten, anfangs nicht mit der Sprache herauswollte, so wurde sie doch durch die herzliche Theilnahme, mit der Meyerhoff sich nach Allem erkundigte, schnell bestochen und hatte sich bald in ein unbefangenes Geplauder versenkt, dem Meyerhoff mit freundlicher Theilnahme lauschte.

Sie erzählte vom Aeltesten, dem Niclas, der gegen ihren Willen das Weberhandwerk ergriffen hatte, — dann vom Franz, der durchaus ein Bäcker oder Fleischer werden wollte, weil er da recht nach

Herzenslust Kuchen oder Wurst essen zu können glaubte, worüber Meyerhoff herzlich lachen mußte. Dann erzählte sie von Carl: der sitzt den ganzen Tag auf einem Fußbänkchen in der Stube oder an der Hausthüre und spielt auf einem Lineale mit der Elle Geige. Er will, wenn er älter ist, mit Anna als Violinist in der Welt herumziehen und hat sie dringend gebeten, ihm — wenn sie dießmal von ihren Reisen nach Hause zurückkehrt, — ganz bestimmt eine ordentliche kleine Geige mitzubringen. — Fritz, das Nesthäckchen, will zur See gehen und Schiffscapitän werden. Er hat von seinem Schullehrer einst die Karte von Europa geschenkt erhalten und sitzt Stunden lang davor und macht mit seinem Schieferstift große Seereisen. Und ganz langsam fährt er mit dem Stifte um die Länder und Inseln herum, weil, wie er spricht, eine solche Reise sehr weit ist und nicht mit einem schnellen Striche zurückgelegt werden darf. Dann erzählt Anna aus freien Stücken, wie sie selbst das Singen und Harfenspielen gelernt hat, und wie es ihr Anfangs so schwer geworden ist, sich mit den Noten vertraut zu machen; sie erzählt von ihren Reisen und Erlebnissen, und plaudert so vergnügt und so aus vollem Herzen, wie noch nie, und der Herr

ift so nachsichtig und gütig und frei von lauernder
Ironie, wie noch keiner war.

Die Zeit vergeht und Louise und Therese binden
die Mäntel um und greifen nach ihren Hüten. Anna
bemerkt dieß und steht auf, aber Meyerhoff bittet alle
Drei, noch ein wenig zu bleiben, denn soeben kommt
der Kellner und bringt den Champagner. Die Damen
lehnen entschieden ab, aber Anna wird so gerührt
von der Miene und dem Blick Meyerhoff's, daß sie es
fühlt, sie hat ihn durch ihre Weigerung bereits ge=
kränkt, obwohl er es zu verbergen sucht. Sie selbst
überredet die beiden Genossinnen, und so setzen sich
Alle noch einmal um den Tisch herum, und Meyer=
hoff stößt auf das Wohl jeder Einzelnen an, und
dann läßt er den Niclas hochleben und den Franz
und den Carl und den kleinen Fritz.

Zuletzt begleitet er die Damen nach Hause und
empfiehlt sich artig, noch ehe die Hausthüre auf=
geschlossen ist.

„Sie sah reizend aus," sagte sich Meyerhoff
unterwegs, „selbst als sie Hut und Mantel angelegt
hatte, und durch den weißen Schleier die dunkel=
braunen Augen hervorbrannten!"

Am andern Tage kam Meyerhoff oft aus seinem Comptoir in das Gewölbe heraus und suchte mit den Augen in der vorüberströmenden Menschenmenge. Er hätte sie so gerne wiedergesehen, die liebliche Gestalt und den weißen Schleier, durch den die dunkelbraunen Augen leuchten. Aber sie kam den ganzen Tag nicht und Meyerhoff geduldete sich bis zum Abende.

Da ist er wieder in der Weinstube und begegnet auch schon Anna's Blick, welcher sich der sich öffnenden Thür zugewandt hatte. Und endlich ist auch die Stunde gekommen, wo es einsamer und stiller wird, und wieder sitzt er neben Anna, die heute unbefangen ihr Abendbrod einnimmt, denn der fremde Herr nimmt neben ihr ebenfalls sein Abendbrod ein. Er ist sehr weit hergekommen zur Messe, wohl gar über das Meer! Er spricht von einem freudenlosen Leben, das er in der weiten Ferne hinbringe, von einem Leben, das nur dem Berufe gewidmet ist, dem Menschen aber keine Gelegenheit bietet, sich des Wohlstandes, mit dem es ihn umgiebt, zu freuen. Ach! wenn er ein weibliches Wesen fände, nach seinem Geschmack, daß er nicht mehr so allein stünde, so wäre er glücklich! Aber die Frauen drüben sind

kalte Geschöpfe; was er sucht, kann er nur in Deutsch=
land finden und hier ist leider sein Aufenthalt so
kurz, daß ihm fast jede Gelegenheit geraubt ist, nur
Bekanntschaften anzuknüpfen. Ueberdieß ist er auch
etwas unbeholfen, etwas schüchtern!

„Aber", sagt Anna, „es giebt gewiß sehr reiche
Mädchen dort, wo Sie wohnen."

„Reich und herzlos! Ich sehe nicht auf Reich=
thum, ich habe dieß ja nicht nöthig. Ich sehe nur
auf das Herz, und ein gutes, edles Herz findet man
nur noch in der Hütte der Armuth!"

Meyerhoff schweigt still und Anna holt tief
Athem und dann ist sie plötzlich betroffen darüber,
denn dem fremden Herrn ist der Seufzer gewiß nicht
entgangen.

Es wird Zeit zum Gehen, und wieder steht sie
da in Hut und Mantel, und durch den weißen
Schleier glüht wunderbar das braune Auge.

An der Thür, noch ehe der Hausschlüssel knarrt,
wünscht Meyerhoff den Damen eine gute Nacht.

In einiger Entfernung vom Hause bleibt Meyer=
hoff stehen. Er blickt nach den vielen Fenstern
des Hauses, in welchem die Harfenistinnen wohnen.
In einer der Reihen wird es hinter einem der Fen=

ſter Licht. Dunkle Schatten gleiten hinter den Gar=
dinen hin und wieder. Welcher mag wohl Anna's
Schatten ſein? Er glaubt ihn zu unterſcheiden, wirft
ein Kußhändchen hinauf, fühlt, daß er wirklich ver=
liebt iſt und lacht ſich auf dem Nachhauſewege deß=
halb ſelbſt aus.

———

Trübes Aprilgewölk hat bisher den Himmel ver=
deckt gehalten, aber wie eine holde Frühlingsahnung
lächelt er heute im reinſten Blau herab. Die übrig=
gebliebenen kleinen Regenpfützen in den Straßen
blitzen im Sonnenſtrahl wie blanke Spiegel, und
auf den Köpfen der männlichen Straßenwanderer
blitzen die Mützenſchirme, die blanken Knöpfe an
den Röcken blitzen, die Hörner und Trompeten der
durch die Straßen ziehenden Bergmuſikanten blitzen,
alle Fenſter der Häuſer auf der Sommerſeite blitzen,
und Meyerhoff, der an der Thüre vor dem Gewölbe
ſteht, ſchließt plötzlich die Augen zu, geblendet von
einem offenſtehenden Fenſter des gegenüberliegenden
Hauſes, wo ein alter Hageſtolz eben eine Reihe Blu=
menſtöcke hinausſetzt vor ſein Dachfenſter.

Ein milder, wohlthuender Lufthauch geht durch
die dumpfen Straßen und alle Menſchen ſehnen

sich hinaus in's Freie. Die Messe neigt sich ihrem
Ende zu, die Geschäfte sind still geworden.

Meyerhoff zieht, nach dem klaren Himmel blickend,
die Glacéhandschuhe an, nimmt Hut und Stock und
verläßt das Gewölbe. Er schreitet langsam auf den
Trottoirs hin, die Hände auf dem Rücken und das
elegante Stöckchen unter'm Arm. Als er eben um
eine Ecke biegt, sieht er ein gutes Stück vor sich im
Meßgewühl eine Dame mit zurückgeschlagenem weißen
Schleier gehen. Dem Schleier und der Gestalt nach
könnte das Anna sein. Aber trägt sie nicht einen
hellen Mantel, während dieser hier schwarz ist? Jetzt
ist sie verschwunden im Menschenknäul. Dort taucht
sie wieder auf. Meyerhoff verdoppelt seine Schritte.
Sie wendet den Kopf, er sieht einen Theil ihres
Gesichts, aber die Entfernung ist zu groß, als daß
er die Züge genau zu erkennen vermöchte.

Meyerhoff beeilt sich immer mehr, durch die
Menschenmasse vorwärts zu dringen. Sie ist wieder
verschwunden und bleibt verschwunden. Er hat sie
verloren und tröstet sich schon mit der Wahrschein=
lichkeit, daß die Dame eine Andre als Anna gewesen
sein könne, als er sie plötzlich dicht vor sich hergehen
sieht. An ihr vorübereilend wendet er den Kopf

nach ihr, und seine erste Ahnung hat ihn nicht be=
trogen, denn Niemand anders schaut ihn an, als
Anna und über ihr schönes Gesicht zuckt eine freu=
dige Ueberraschung.

In traulichem Geplauder gehen Beide neben=
einander her. Es ist wohl nichts Auffallendes, daß
das Wagengerassel und das Menschengedränge allmälig
nachläßt, daß die Straßen stiller und immer stiller
werden und die Häuser kleiner, und daß man
keine Spur mehr bemerkt von dem lauten Meßver=
kehr, sondern lustige Kinder, die im Sonnenschein
spielen, und hier und da einen Hund oder eine
Katze, die sich vor der Hausthüre sonnen, und es
ist nichts Auffallendes, daß der Fuß nicht mehr auf
Pflaster und Trottoir tritt, sondern auf den weichen
Erdboden.

Als aber die Häuser verschwunden sind und zu
beiden Seiten des Weges die Frühlingsluft durch die
Zweige eines grünenden Hains säuselt und hoch oben
im blauen Aether eine Lerche singt, da bleibt Anna
stehen und sagt, sich verwundernd umblickend:

„Wo sind wir?!“

Meyerhoff sieht sich ebenfalls erstaunt um und
weiß selbst nicht, wie er hierhergekommen ist, und

Anna weiß es auch nicht, und Beide müssen darüber lachen.

Aber es ist ein herrlicher Spaziergang, und die Frühlingsluft weht so lind und duftig, und die Beiden haben nichts zu versäumen, und es thut ihnen wohl, einmal dem Meßgeräusch entrückt zu sein. So lust= wandeln sie weiter.

Nach einer Weile längeren Stillschweigens fragt der Herr plötzlich die Dame, ob sie sich entschließen könnte, über die See zu gehen und in einem fernen Lande zu wohnen?

Anna's Gesicht färbt sich purpurroth; sie wendet es ab und nur mit Mühe gelingt es ihr, in scherz= haftem Tone zu fragen: „Warum?"

Er aber antwortete nicht, sondern seufzte tief und sie erinnerte sich, wie er ihr neulich gestanden hatte, daß er etwas unbeholfen und schüchtern sei.

Schweigend gehen Beide neben einander her. Dort ist eine kleine Brücke von Birken, darunter rauscht ein Bach und dicht am Wege ist eine Bank, auf welche der warme Sonnenstrahl fällt. Auf dieser Bank ruhen Beide aus.

Sie haben eine lange Weile schweigend dage= sessen, da fragt Meyerhoff wieder:

13*

„Könnten Sie sich entschließen, über die See zu gehen und in einem fernen Lande zu wohnen?"

Sie will das Gesicht von dem Fragenden abwenden, aber er faßt sie schnell am Kinn, daß ihm das ganze Antlitz zugewendet bleibt, das ganze röther und röther erglühende Antlitz. Sie ist sprachlos vor Verwirrung.

Er sieht ihren Busen sich heben und senken. Wie sie so stumm ist, zieht er den kleinen goldnen Ring mit dem grünen Steine von seinem Finger und steckt ihn an den ihrigen.

Erschrocken zieht sie die Hand zurück, aber es ist zu spät, denn an der Hand, die sie an das klopfende Herz preßt, steckt schon der Ring, und sie preßt ihn mit an das Herz!

Er blickt ihr zärtlich in das Antlitz und streicht ihr langsam das schwarze Härchen von der Stirn, das sich herabgelegt hatte. Sie läßt es ruhig geschehen; sie läßt es ruhig geschehen, daß die fremde Hand auf ihrer Stirn verweilt und dann sich um die brennende Wange legt und dann herabgleitet, und daß der fremde Mund mit den Perlenzähnen ihr näher und näher rückt und plötzlich in einem langen traumhaften Kusse auf ihren Lippen brennt! —

Louise und Therese beobachten schweigend die eigenthümliche Veränderung, die mit Anna vorgegangen ist. Sie geht oft aus und sagt nie wohin; sie macht ihnen keine Vorwürfe mehr, wenn sie sich von den Galants der Weinstube zu viel Zärtlichkeiten gefallen lassen, bemerkt sie es doch kaum! — Sie ist jetzt heiter bis zur Ausgelassenheit, und ein anderes Mal sitzt sie da, in Gedanken versunken, aus ihren Augen blickt Melancholie und ihrer Brust entwinden sich bange Seufzer. Die neuen Lieder, die sie verschrieben und mit Ungeduld erwartet hat, sind längst angekommen, und dort liegen sie jetzt und sie fragt nicht darnach und trifft keine Anstalten, sie einzustudiren.

„Sie ist verliebt," sagen Therese und Louise, aber sie wissen nicht in wen, denn der Herr mit dem schwarzen Barte besucht die Weinstube nicht mehr, und gegen alle Uebrigen ist Anna kalt, noch kälter als zuvor.

„Es muß etwas ganz Besonderes mit ihr vorgegangen sein," sagt Therese erstaunt zu Louisen, als Anna ihnen mittheilt, daß sie heute Abend allein spielen müßten, weil sie eine kleine Reise vorhabe und erst morgen wieder zurückkehre.

„Es muß irgend etwas los sein!" zischeln Tags
darauf die Reisenden, als sie vom Meßhelfer, der
Herrn Meyerhoff's Kleider reinigt, erfahren, daß er
verreist sei.

———

Im Gasthofe eines großen Dorfes, mehrere
Meilen von der Meßstadt entfernt, sitzen in einem
traulichen Stübchen ziemlich spät am Morgen ein
Herr und eine Dame am Kaffeetisch. Auf einem
Tischchen an einem der ländlich niedern Fenster
liegen die Pretiosen der Dame, ihr Hut liegt auf einem
Stuhle und der weiße Schleier hängt herab. Im
weißen Gewande sitzt die junge Dame neben dem
schwarzbärtigen Herrn auf dem Sopha, ihr Antlitz
ist weiß wie ihr Gewand und ihr Schleier. Sie blickt
mit starrem Auge oft auf die Diele, wo ein Schein
der Morgensonne spielt und zittert, es herrscht ein
herrliches, heitres Frühlingslicht im Stübchen und doch
umhüllt ihren Blick finstre Nacht; sie liebt ihn so herz-
innig, den Mann, der an ihrer Seite sitzt und seinen
Arm um sie geschlungen hat, und doch erbebt ihre
Seele in einer entsetzlichen Ungewißheit, und die kann
nur er lösen.

„Was sinnst Du, meine Anna?" fragt er zärtlich und zieht sie an seine Brust.

Sie wendet den Blick von der Diele weg und sieht zu ihm empor. Wie die Schatten der Nacht, verschwindet der brütende Ernst aus ihrem Antlitz vor dem Sonnenaufgang der Glückseligkeit, die ihre Züge einnehmen. Ein heißer Thränenstrom bricht aus den braunen Augen und unter Schluchzen fragt sie ihn:

„Flottwell, — mein herzenslieber Flottwell — räthst Du mir nun noch — zu meiner — Ausbildung — ein Conservatorium — zu besuchen?"

Er schüttelt lächelnd den Kopf, und sie legt den ihrigen an seine Brust und bleibt lange, lange stumm so liegen.

Nach einer Stunde wanderten Beide durch das Dorf, der Eisenbahnstation zu, um mit dem eben anlangenden Zuge nach der Stadt zurückzukehren.

———

Die zahllosen bunten Firmen und Schilder, welche die Häuser erscheinen ließen, als seien sie festlich mit Fahnen geschmückt, werden allmälig herabgenommen. Viele der Gewölbe sind leer und verlassen und durch

schwarze, eiserne Läden fest verschlossen. In andere
sind die ursprünglichen Inhaber wieder eingezogen,
die sich nun vor dem Eingange behaglich breit machen.

Zu jeder Stunde fast und in jeder Straße sieht
man aus dem und jenem Hause einen mit Reise=
tasche und Pelz bepackten Meßfremden heraustreten,
und in den benachbarten Gewölben und von den
ihn begleitenden Wirthsleuten Abschied nehmen: „bis
auf Wiedersehen zur nächsten Messe!" Und da kommt
schon die Droschke, und die Dienstmagd, die sie weit
hatte herbei rufen müssen, springt heraus und hilft
dem Meßfremden und seinem Gepäck hinein.

An den meisten Fenstern prangen wieder die
Vorhänge und die Blumen und Goldfischchen und
auch der Mädchenkopf schaut wieder heraus. Es
kommt Alles allgemach wieder in seine alte Ordnung,
und die Meßfremden, die vereinzelt noch ihre Waaren
feilhalten, scheinen nur geduldet zu sein. Selten nur
hört man in den Straßen der innern Stadt noch
eine Musikbande spielen, sie haben sich in die Vor=
städte zurückgezogen, als wollten sie die Zurücksetzung,
die den Bewohnern derselben wiederfahren ist, jetzt
gutmachen.

Die gelbe Firma mit der schwarzen Inschrift: Locke u. Sohn, wird von zwei Männern auf Leitern eben herabgeholt, und ein paar vorübergehende Schulknaben können nicht umhin, sich die Inschrift noch einmal laut vorzulesen, während die Firma schon langsam herabschwankt.

Die Reisenden haben keine Langeweile mehr, denn sie sind mit dem Einpacken der Waaren vollauf beschäftigt, und die Meßhelfer draußen schnüren und nageln die Kisten zu, auf denen sie manche Stunde gesessen haben.

Meyerhoff ist fortwährend in unverwüstlicher Thätigkeit begriffen. Er hat sich, wie er es sich in seinem tiefsten Innern selbst zugesteht, „ermannt!" Eine Reihe süßer, schöner Stunden liegt hinter ihm, und mit festem Entschlusse hat er sie abgebrochen, indem er plötzlich keine mehr hinzufügte. Jetzt geht es wieder der Heimath zu, Clara entgegen, nach dem Orte ernsten und männlichen Strebens, neben welchem das niedliche Spiel der jüngsten Tage erblaßt und verschwindet. Er hätte nichts dagegen, wenn Anna und Clara die Rollen tauschten. Clara's blaue Augen vermögen keinen solchen feurigen, in's Herz dringenden Blick zu versenden, wie die braunen der

Sängerin; Clara liebt nicht so heiß und hingebend, als Anna; Clara ist ein vornehmes selbstbewußtes Mädchen, das nie den hohen Stand vergißt, dem es angehört, und zu dem Meyerhoff sich erst empor= schwingen mußte; Anna besitzt die Fähigkeit, jeder höheren Stellung in der bürgerlichen Gesellschaft Ehre zu machen, ohne ihre angeborne Naivetät dabei ein= zubüßen. —

Im Laufe des Tages trat einer der amerikanischen Geschäftsfreunde zu Meyerhoff in's Comptoir.

„Ich komme, um Ihnen Lebewohl zu sagen," redete er den Procuristen an, „noch heute geht's fort, nach dem Lande der Freiheit. Nächstes Jahr auf Wiedersehen."

„Hier nicht," antwortete Meyerhoff lächelnd, „das Haus Locke u. Sohn bezieht keine Messe wieder. Das war die letzte."

„Hat's nicht mehr nöthig,". erwiderte der Ge= schäftsfreund, „thut recht daran."

Während er sprach, hatte er in seiner Brieftasche gesucht. „A propos!" rief er plötzlich und hielt Meyerhoff Anna's Silhouette hin, die ihm zufällig in die Hand gekommen war.

Meyerhoff betrachtete die Silhouette mit eigenthümlichem Lächeln.

„Wie steht's mit unserer Wette?" fragte der Andere.

„Wenn sie gültig gewesen wäre, so hätte ich sie verloren."

Der Amerikaner lachte laut auf und wurde in Folge der Anstrengung ganz roth im Gesicht. „Es sind keine gewöhnlichen Harfenmädchen, nicht wahr? Ha! ha!"

„Harfenmädchen bleibt Harfenmädchen," sagte Meyerhoff abwehrend, „ich nehme mein Urtheil deshalb nicht zurück. Ich räume nur ein, daß es Mühe und Zeit gekostet haben würde, den Beweis zu führen; und solche Opfer zu bringen, überlasse ich gern einem Andern, der mehr zu Abenteuern aufgelegt ist, als ich."

Das Gespräch wendete sich bald zu andern Dingen.

Als der Amerikaner fort war, setzte sich Meyerhoff an das Pult und schrieb einen Brief. Er rauchte dabei seine Cigarre und blickte, zeitweilig mit Schreiben innehaltend, dem blauen Dufte nach. Der Brief war beendet und Meyerhoff legte jetzt ein buntfarbiges, bedrucktes Papier hinein, das sehr sauber zu=

sammengebrochen war. Dann faltete er den Brief,
adressirte ihn und versiegelte ihn zuletzt mit einem
funkelnagelneuen Petschaft, auf welches ein einfaches
F eingravirt war.

An demselben Tage reiste er ab.

Auf dem Wege zum Bahnhofe besorgte er selbst
den Brief zur Post. Dann fuhr er, in die Ecke der
Droschke zurückgelehnt, weiter.

Der Wagen rasselte an dem Weinhaus vorüber,
und Meyerhoff warf einen Blick nach den Fenstern, aber
in seinem Herzen ging nichts vor. Der Weg führte an
dem Hause vorbei, an welchem Meyerhoff der Harfe=
nistin im Menschengedränge begegnet war, er warf
einen Blick hinüber, aber in seinem Herzen ging nichts
vor. Dann saß er im Dampfwagen. Nach einer
Viertelstunde pfiff die Locomotive und der Zug hielt
an der ersten Station. Meyerhoff sah zum Fenster
hinaus, hinüber nach dem Dorfe, das nicht weit da=
von entfernt lag, — er konnte genau das rothe
Ziegeldach erkennen, das über die niedern Stroh=
dächer freundlich hinwegschaute, — das war das
Wirthshaus, und Meyerhoff blickte hinüber, — aber
in seinem Herzen ging nichts vor.

Und wenn er keine Reue gefühlt hätte! Wenn
nur ein einziger, leiser Ton der Wehmuth durch
seine Erinnerung gezittert hätte, wenn er sich nur ge=
sagt hätte, lebe wohl, du armes Herz, es thut mir
weh, daß ich dich kränken muß, daß ich dir deine
Liebe und Hingebung nicht besser lohnen kann,
daß Jedes eine andere Straße zieht, ich hierhin, —
du dorthin, und daß ich nie wieder in deine braunen
Augen sehen werde, die so wunderbar unter dem
weißen Schleier hervorglühten! Aber in Meyerhoffs
Herzen ging nichts vor, als der Zug sich wieder in
Bewegung setzte; er lehnte sich behaglich in die
Polster zurück, und säuberte sehr angelegentlich den
Pelzaufschlag seines Aermels von der weißen Cigarren=
asche, die in Folge des heftigen Ruckes beim Anziehen
der Locomotive darauf gefallen war.

Capitel 13.

Daniel.

Faſt ein Jahr iſt vergangen. Noch iſt Clara nicht Meyerhoff's Gemahlin. Die Hochzeit iſt verſchoben worden, denn die Braut ſteht eben trauernd am Krankenbette ihrer geliebten Tante. Nur Herr Locke iſt dabei guten Muthes, heiterer, glücklicher als an manchem andern Tage, wo ſeine Gemahlin ſich der blühendſten Geſundheit erfreute, denn ihr betrübender Zuſtand iſt die Folge eines glücklichen Ereigniſſes: durch wenige Zimmer vom Krankenbett getrennt, ſchlummert in der Wiege ſeines todten Brüderchens ein hoffnungsvolles Knäblein.

Zwei Aerzte gehen täglich aus und ein. Da der Eine von ihnen ſein ganzes Intereſſe der Wöch=nerin zuwandte und den Säugling, wie Herr Locke glaubte, vernachläſſigte, ſo hat er einen zweiten Arzt für den Kleinen angenommen, der dem beſorg=ten Vater erklären muß, daß der Kleine jetzt nicht trinkt, weil er keinen Appetit habe; nicht schläft, weil er munter ist; und nicht wacht, weil er eben schläft.

Selten nur sieht man jetzt Herrn Locke im Comptoir. Er hat seinen beständigen Aufenthalt oben in Clara's Schlafzimmer, weil dieß mit Clara's Wohngemach durch eine Glasthüre mit einen grünen Vorhang verbunden ist, den Herr Locke von Clara's Schlafzimmer aus vor- und zurückschieben kann, und durch den er nach Belieben nach dem Säugling zu schauen vermag, der mit der Amme in Clara's Wohngemach haust.

Von Clara's Schlafzimmer aus dirigirt Herr Locke das ganze große Geschäft, soweit ihm diese Sorge nicht von Meyerhoff abgenommen ist; dort ertheilt er flüsternd Audienzen und unterschreibt die Briefe, und Jedem, der heraufkommt, zischt er ein „Bst" zu, damit er leise auftrete und nicht laut spreche.

Stundenlang sitzt Herr Locke oft da, blickt den grünen Vorhang an, und träumt, wie der Knabe — der Daniel heißen wird — emporwächst und sich durch einen verständigen Ernst von andern Knaben seines Alters unterscheidet; wie er durch tüchtige Lehrer und durch des Vaters eigne Nachhülfe die

umfaſſendſte Ausbildung für ſeine künftige Lebens=
ſtellung erhalten ſoll. Im Geiſte bildet ſich Herr
Locke ſchon eigne Lehrmethoden, nach denen Daniel
auf kürzerem Wege, als dieß ſonſt geſchieht, das
Rechnen erlernen ſoll, denn die gewöhnlichen Lehr=
methoden taugen mehr oder weniger alle nichts. Die
Lehrer unterrichten die Kinder ganz ſo, wie ſie ſelbſt
unterrichtet worden ſind, und das iſt für jedes Kind
der geradeſte Weg, Schulmeiſter zu werden und
weiter nichts. Und das gilt nicht nur vom Rechnen,
ſondern auch von den übrigen Fächern. Die Lehrer
machen ihre Schüler mit den Hottentotten, Kaffern
und Eskimos vertraut, ehe dieſe noch über die kau=
kaſiſche Menſchenrace, der ſie ſelbſt angehören, im
Klaren ſind, ehe ſie noch wiſſen, was ein Rentier
und was ein Banquier zu bedeuten hat; ſie erzählen
von der chineſiſchen Mauer, ehe die Kinder noch eine
Ahnung haben von Schutzzoll und Freihandelſyſtem;
ſie beſchäftigen ſich mit den vorweltlichen Thieren,
ehe die Kinder noch wiſſen, wie die Baumwolle ge=
wonnen wird. Es iſt ein gräßliches Zopfſyſtem,
dieſes ganze Lehrſyſtem, es iſt — die Wände der
Gedankenwerkſtätte, in der ſich dieſe bittern Reflexio=
nen bildeten, begannen wirklich Galle auszuſchwitzen,

und Herr Locke griff nach seinen Käppchen und setzte
es auf, und rückte es weit nach dem Hinterkopfe,
und einen Commis, der eben eintrat und Herrn
Locke Briefe überbrachte, behandelte er wie einen Lehrer,
der einen Versuch gemacht hat, den kleinen Daniel
nach dem verhaßten Systeme zu unterrichten.

Als Herr Locke dann den grünen Vorhang ein
wenig zurückschob, und den Kleinen an der Brust der
Amme liegen sah, hatte er das kleine Gehirn wirk=
lich in dem Verdachte, als beschäftige es sich bereits
mit den Kaffern, mit der chinesischen Mauer und
mit vorweltlichen Thieren. Doch wichen diese düstern
Gedanken bald wieder einem andern Traumbilde,
denn Herr Locke sah jetzt den hochaufgeschossenen
Daniel an seinem Halse hängen, um auf mehrere
Jahre Abschied zu nehmen. Er muß hinaus in die
Welt, in einer Seestadt soll er die Handlung erlernen,
er darf nicht im väterlichen Hause seine Laufbahn
beginnen, wenn auch die Trennung noch so bitter
ist. Er muß hinaus in die Welt, er muß reisen.
Reisen! — da steht in der Zeitung, daß dieser Tage
wieder durch das Ausgleiten der Locomotive aus
der Bahn ein gräßliches Unglück passirt sei. In=
dessen der Menschengeist rastet nie, er schafft fort=

während Verbesserungen, und wie lange wird es
dauern, da hat man auch eine ganz einfache Vor=
richtung erfunden, durch die derartige Unglücksfälle rein
unmöglich gemacht werden, noch ehe Daniel heran=
gewachsen ist.

Und dann träumt Herr Locke von einem Tage,
wo er dem Sohne schreibt: ich werde alt und
schwach, ich bin nicht mehr das, was ich sonst war.
Komme zurück und tritt das Amt an, das Dir in
der großen Weltordnung vorbehalten war. Und
Herr Locke freut sich schon auf die Zeit, wo er alt
und schwach wird, und versetzt sich so lebendig hinein,
daß sein Rücken sich krümmt, das müde Haupt zwi=
schen den Schultern hineinsinkt, und daß ihn zu
fröstein anfängt. Und endlich sieht er vor sich ein
weißes Papier mit einem schwarzen Trauerrande: ein
gedrucktes Rundschreiben, worin die Geschäftsfreunde
von dem Ableben des alten Locke unterrichtet, und
von dem Sohne gebeten werden, dem Vater ein
ehrendes Andenken und der alten ehrwürdigen Firma
das zeitherige Vertrauen zu bewahren.

Wenn Meyerhoff dem Träumer sagen wollte,
was er, während er mit freudestrahlendem Gesichte
auch seinerseits die schönsten Hoffnungen für das

Gedeihen des künftigen Daniel ausspricht, wenn
Meyerhoff dem alten Herrn sagen wollte, was er
trotzdem ganz im Stillen bei sich denkt, so würde
der alte Herr es nicht glauben oder der unglücklichste
Mann der Welt werden. Denn Meyerhoff denkt bei
sich: „Der Kleine stirbt doch wieder, wie der andere!"

In der That drohte ein unglückliches Ereigniß
Locke's glückliche Vaterträume mit rauher Hand zu
vernichten.

Mit großem Mißvergnügen hatte Herr Locke
schon öfters ein altes häßliches Weib durch das Haus
schleichen sehen, und einst war es sogar geschehen,
daß Herr Locke sie im Gespräch mit der Amme in
Clara's Wohngemache ertappt hatte. Es war die
Mutter der Amme.

Die Ernährerin des kleinen Daniel genoß viele
Vorrechte; damit sie vor allen Gemüthsbewegungen
bewahrt werde, die auf den Säugling übergehen
konnten, wurde ihr jeder Wunsch erfüllt. Sie erhielt
jede erlaubte Speise und Leckerei, nach der ihr gerade
gelüstete, und Herr Locke wagte kein Wort des Miß-
fallens zu äußern, als er bemerkte, daß die Amme
plötzlich in dem besten Hauskleide seiner kranken
Gemahlin einherging, und dazu einen feinen gewirkten

14*

Shawl von derselben umgethan hatte. Er verlor
daher auch kein Wort über die häßliche Alte, die
im Hause umherschlich, und diese schien sich der Macht,
die sie schützte, bewußt zu sein, und unterließ sogar in
ihrem Uebermuthe, Herrn Locke, wenn er an ihr vorüberging und sie mit finsterm Blicke fixirte, zu grüßen.

Seit einiger Zeit fand sich die Alte, obwohl sie auf
einem ziemlich entfernten Dorfe wohnte, täglich ein.

Herr Locke beobachtete, daß die Mutter mit
ihrer Tochter ernste Unterhandlungen pflog, daß ihre
täglichen Besuche irgend einer höchst unerfreulichen
Angelegenheit gälten, obwohl die Amme auf Herrn
Locke's Befragen stets zur Antwort gab, es sei Nichts.
Herrn Locke's Unruhe stieg, als die Alte eines Tages,
nachdem sie bereits am Vormittage dagewesen war,
im Laufe des Nachmittags zum zweiten Male erschien. Herr Locke sah die Amme wie gewöhnlich
im Hauskleide seiner Gemahlin, deren Shawl um
die Schulter geschlungen, durch sein Zimmer nach
dem Vorsaale gehen. Er blickte nach dem Säugling,
der in seinem Wickelbett in tiefem Schlummer lag.
Herr Locke blieb während der Abwesenheit der Amme
bei ihm. Er heftete sein Auge auf das kleine runde
Gesicht des Schlummernden, und träumte wieder von

seiner Zukunft. Dann beobachtete er das schneeweiße
Bettchen, das den kleinen Leib umhüllte, und blickte so
lange hin, bis er die mikroskopischen Athemzüge, die
das Bettchen kaum bewegten, unterschied — und er
träumte wieder.

Er träumte, bis er fand, daß er sehr lange ge=
träumt haben müsse — und daß die Amme über
die Gebühr lange wegbliebe. Kein herannahender
Schritt von draußen, kein leises Klinken an der Thür
und kein Hereintreten will seine harte Geduldsprobe
enden. Er stand auf und ging hinaus. Es war
wirklich auffallend, daß sie so lange wegblieb, noch
auffallender war es, daß sie nirgends zu sehen war;
weder auf dem Vorsaale noch in irgend einem der
vielen Zimmer, in denen sie Herr Locke suchte. Die
Mägde in der Küche sagten Herrn Locke, sie hätten
die Amme vor einer guten Weile mit ihrer Mutter
und im Shawl und Hauskleide der Madame Locke
die Treppe hinabgehen sehen, und glaubten, sie sei
längst wieder oben.

Herr Locke eilte die Treppe hinab, sah in den
Hof, rannte vor die Hausthür und blickte sich —
die Hand über die Augen haltend, damit die Sonne
ihn nicht blende — nach beiden Richtungen der

Straße um. Sie war nirgends zu sehen. Er eilte
zurück, die Treppe hinauf. Vielleicht war sie jetzt
doch beim Säugling zu finden. Aber er fand, bis
auf den schlummernden Kleinen, das Zimmer leer,
wie er es verlassen. Nun durchsuchte er von Neuem
wieder alle Gemächer, und in der Angst seines Herzens
sah er sogar in jeden Winkel, der durch einen Schrank
oder einen Ofen gebildet ward. Sie war nirgends
zu finden.

„War die Amme nicht hier?" fragte Herr Locke seine
Gemahlin, in deren Zimmer er sie zuletzt auch suchte.

„Nein," antwortete ahnungslos die Wöchnerin
mit matter Stimme.

Herr Locke eilte zu dem Säugling zurück und
lauschte seinen Athemzügen. Dann ging er, er wußte
selbst nicht weßhalb, in sein Zimmer und zog sich,
er wußte nicht weßhalb, die Stiefel an. Dann eilte
er zum Säugling und sah nach, ob er noch schlief,
und wieder eilte er auf den Fußspitzen gehend in sein
Zimmer zurück und zog seinen Ueberrock an, er wußte
nicht warum, und dann stand er im Ueberrock wieder
bei dem Säugling, und als er sah, daß er noch fest
schlummerte, verließ er ihn wieder und kehrte mit Hut
und Stock zurück.

So stand er, mit bleichem Gesicht, mit klopfen=
dem Herzen rath= und thatlos vor dem Schlummern=
den, als die Thüre aufgerissen wurde und Clara,
die vor einer Stunde mit Meyerhoff ausgegangen
war, athemlos hereintrat.

„Onkel," rief sie halblaut und nach Athem ringend,
„draußen vor dem Thore sind wir eben der Amme
mit ihrer Mutter begegnet. Sie eilten Beide ihrem
Dorfe zu. Die Amme hatte der Tante Shawl und
Hauskleid an. Um zu erfahren, was vorgegangen
sei, mußten wir mit umkehren und neben den beiden
abscheulichen Geschöpfen herlaufen. Der Geliebte des
Mädchens will es nicht leiden, daß sie sich als Amme
verdungen hat. Er hat ihr durch ihre Mutter immer
gedroht, seiner Wege zu gehen und sie sitzen zu lassen,
wenn sie nicht bald zurückkomme. Heute hat er seine
Drohung wahr gemacht. Er ist mit Sack und Pack
in die Fremde gegangen und die Amme ist mit
ihrer Mutter, die ihr die Nachricht gebracht hat, fort=
gerannt, und nun will sie ihrem Geliebten nach.
Es half kein Zureden, kein Drohen mit der Polizei.
Sie war außer sich und wehrte sich gegen Meyer=
hoff, der sie zurückhalten wollte, mit Händen und
Füßen!"

Während der letzten Worte Clara's erwachte der
Kleine. Er zog sofort ein finsteres Gesicht und holte
zum Schreien aus; dann schrie er wirklich und während das nun Folgende vorging, schrie der Säugling wie ein aufgeblasener Dudelsack fort.

„Bleib Du beim Kinde," raunte Herr Locke seiner
Nichte zu, während der Kleine schrie, und rannte an
die Thüre. Dann kehrte er zurück und stieß die Worte
heraus: „oder ich will bleiben." Zuletzt riß er die
Handschuhe aus der Tasche und rief: „Bleibe Du,
ich will gehen!"

Darauf rannte er hinaus in die Küche und sagte
den Mädchen, während man den Kleinen schreien
hörte: „Lauft Alle in der Stadt herum, gleich auf
der Stelle, und seht, wo eine Amme zu finden ist."

Während sich die Mägde die Küchenschürzen ab-
banden und die Spiegel zur Hand nahmen, eilte
Herr Locke die Treppe hinunter. Er hörte noch auf
der Treppe den Kleinen schreien.

Hastig trat er in's Comptoir: „Meine Herren,"
rief er den anwesenden Commis zu, während man
den Kleinen oben schreien hörte, „haben Sie die Güte,
Ihre Arbeiten wegzulegen, und vertheilen Sie sich in

der ganzen Stadt und forschen Sie nach, wo eine Amme zu finden ist."

Während die Herren die Bücher zuklappten und die Federn ausspritzten, warf Herr Locke schon die Thüre hinter sich in's Schloß und war einen Augenblick später auf der Straße, wo er den Kleinen oben schreien hörte. Er eilte zum Arzte.

Bald darauf sah man aus der Hausthür des Blutschlößchens sämmtliche Küchenmägde, Commis und Lehrlinge herausstürzen und, wie eine Mordbrennerbande, nach allen Richtungen auseinanderstieben.

Es währte nicht lange, da war in der ganzen Stadt keine Gasse, in der nicht Jemand aus Locke's Hause zu treffen gewesen wäre.

Inzwischen schrie der Kleine fort. Die Mutter hatte schon ängstlich gefragt, was ihm fehle, und Clara, die es nicht wagte, die Kranke durch die Mittheilung des wahren Sachverhalts zu erschrecken, stand fürchterliche Minuten aus.

Herr Locke kehrte mit dem Arzte zurück, der dem Geschrei des Säuglings rathlos zuhörte.

Die Mägde kamen zurück und die Commis und Lehrlinge stellten sich ebenfalls ein. Niemand hatte

eine Amme, Niemand auch nur die Spur einer solchen
gefunden.

Der Blick, mit welchem Herr Locke jeden Einzel=
nen, der, um Rapport abzustatten, zur Thüre hereintrat,
verschlang — läßt sich nicht beschreiben.

Herr Locke wollte eben wieder nach dem Hute
greifen, um selbst die Stadt zu durchforschen, da
öffnete sich nochmals die Thüre und ein kleines
Küchenmädchen trat herein. Sie ging schweigend
nach einem Schlüsselschrank und hing einen Schlüssel
hinein.

Herrn Locke's Blicke hafteten an ihren Lippen,
aber diese blieben stumm, während der Kleine schrie.

Das Küchenmädchen wollte wieder zur Thüre
hinausgehen.

„Hast Du keine gefunden?" fragte schnell Herr
Locke.

„O ja," erwiderte das Küchenmädchen, erstaunt
über die Frage, „es waren ja noch genug da."

„Sprich schnell, wo ist sie? Hast Du sie mit=
gebracht?"

„Sie steht in Ihrem Zimmer, auf dem Tische."

„Auf dem Tische? Wer steht auf dem Tische?"

„Die Flasche Madeira, die Sie mir herauf zu holen befahlen."

Es kam Niemandem bei, über dieses Mißverständniß nur zu lächeln.

„Warst Du nach keiner Amme aus?" frug Herr Locke, mit dem Fuße stampfend.

„Nein, ich war bis jetzt im Keller."

„Weißt Du nicht irgendwo eine Amme?"

„Eine Amme?" wiederholte das Küchenmädchen und trocknete sich mit der Schürze die Hände ab, „eine Amme?" wiederholte sie von Neuem, sich besinnend, — und blickte die Anwesenden nach der Reihe an. Dann schwieg sie eine Weile, und es hätte eine Todtenstille im Zimmer geherrscht, wenn der Säugling nicht geschrien hätte. „O ja," sagte endlich das Mädchen, während sie sich noch immer mit der Schürze ihre Hände abtrocknete, „ich wüßte wohl eine Amme, aber ich glaube schwerlich, daß sie kommen wird."

„Wer ist sie, wo ist sie?" rief Herr Locke, nach Hut und Stock greifend, während der Arzt das Gleiche that und Clara den schreienden Säugling küßte.

„Ich kenne ein junges Mädchen," antwortete die Küchenmagd, sich noch immer an der Schürze die

Hände abtrocknend, ihr Kind ist vor Kurzem gestorben. Ich bin mit ihr in die Schule gegangen."

„Wo ist sie?" fragte Herr Locke hastig und vor Ungeduld zitternd.

„In Liebenau."

Herr Locke erkundigte sich nach dem Namen, ließ sich das Haus beschreiben und eilte mit dem Arzte die Treppen hinab. Fünf Minuten später saßen Beide in den schwellenden weißen Polstern der Equi= rage, die in rasender Eile, über Stock und Stein dem fernen Dorfe zujagte. Die Fensterscheiben klirr= ten, die Räder rollten und der zermalmte Sand knirschte, aber es war Herrn Locke, als hörte er durch dies Geräusch hindurch das Schreien seines Kindes.

Vor einem niedern Hause in Liebenau stieg Herr Locke mit dem Arzte aus.

Auf der Thürschwelle saß ein kleiner Knabe, der auf einer kleinen rothen Geige gespielt hatte, und vor Staunen über die Ankunft der eleganten Kutsche mit dem Fiedelbogen zwischen den Saiten hängen blieb.

Herr Locke trat in die enge Stube, in der ein Webstuhl klapperte, und durch das Klappern hindurch glaubte er das Schreien seines Kindes zu hören.

Ein junges bleiches Mädchen saß an dem einen
Fenster, im Gespräch mit zwei Knaben. Sie war es,
die Herr Locke suchte. Sie war aufgestanden und den
eintretenden vornehmen Herren entgegen gegangen.
Der junge Bursche hinter dem Webstuhle stellte seine
Arbeit ein. Es war still im Zimmer.

Herr Locke trug dem Mädchen sein Anliegen
vor. Sie schlug die Augen nieder und zögerte mit
der Antwort. Mit flehender Stimme und Geberde
wiederholte Herr Locke sein Anliegen. Er bat sie instän=
dig, ihn gleich nach der Stadt zu begleiten, um sein
einziges Kind zu retten; sie wisse ja auch, was es be=
deute, ein Kind durch den Tod zu verlieren, sie werde
den Schmerz eines Vaters und einer Mutter gewiß
ermessen können! Er hob jeden der Knaben, zu denen sich
auch der kleine Geiger gefunden hatte, zu sich empor,
strich ihnen die Haare sanft von der Stirne, und sagte
ihnen, ihre Schwester würde es sehr gut in der Stadt
haben, und sie könnten sie besuchen, so oft sie nur
wollten. Das junge, bleiche Mädchen ließ sich bewegen,
sie packte ihre wenigen Habseligkeiten zusammen,
tröstete die weinenden Brüder und stieg in den
Wagen, wobei ihr Herr Locke behülflich war.

Herr Locke nahm mit dem Arzte auf dem Rück=
sitze Platz, da er fürchtete, sie möchte das Rückwärts=
fahren nicht vertragen können. Er warf ihr selbst
seinen eignen kostbaren Pelz über, in den sie sich hüllen
mußte, und in sausendem Galopp eilte das Gespann
der Stadt entgegen.

Fortwährend hörte er unterwegs das Schreien
seines Kindes, er hörte es, bis die junge Amme den
Säugling an ihre schwanenweiße Brust legte. Da
endlich ward es still, und Herr Locke sagte, vielleicht
zum ersten Male in seinem Leben aus Herzensgrunde:
„Gott sei Dank!"

Capitel 14.

Und haft mich zu Grunde gerichtet, —
Mein Liebchen, was willst du mehr?

Clara sitzt am Fenster, mit einer Stickerei be=
schäftigt. Auf schwarzem Sammetgrunde prangt be=
reits ein üppiges Blumenbouquet, dem Clara eben
die naturgemäße Abwechselung der grünen Blätter
hinzufügt.

Anna ſitzt zu Clara's Füßen, auf ihrem Schoße
ruht der feſtſchlummernde Säugling. Sie iſt ſehr
ſtill und nachdenkend. Es kommt häufig vor, daß ſie
den grünen Knäul, von dem Clara ſtickt, und welcher
zuweilen von deren Schoße herabfällt, ergreift, ihn auf
ihre flache Hand legt, und mit ſinnendem Auge beobachtet, wie ſich der wollene Faden ganz langſam
und kaum bemerbar abwickelt.

Herr Locke tritt aus dem Seitengemache herein.
Die Hände auf dem Rücken zuſammengelegt, beugt er
ſich zu dem ſchlumernden Säugling herab und betrachtet ihn mit glücklichem Lächeln. — Er wendet
ſich befriedigt von ihm ab und fragt die Amme:

„Wie heißt Du? Ich habe Deinen Namen vergeſſen.“

Clara konnte das Geſicht der Amme von der
Seite ſehen. Sie bemerkte, wie dieſe bis zur Stirn
hinauf erröthete und erſt eine gewiſſe Faſſung gewinnen mußte, ehe ſie die Antwort geben konnte:

„Ich heiße Anna.“

„Wir werden Dich Liſette rufen,“ ſagte Herr Locke
im Abgehen; „wir ſind einmal an dieſen Namen
gewöhnt.“

Lisette legte den Kleinen sanft in die Wiege
und ging hinaus. Als sie nach einer geraumen
Weile wiederkehrte, bemerkte Clara an den leichtge-
rötheten Augen, daß sie geweint habe.

Clara warf einen langen wehmuthsvollen Blick
auf das Gesicht der Amme, zu dessen jugendlichen
Zügen sich die kleinen Falten auf der Stirn und die
etwas eingefallenen Wangen ausnahmen, wie ein
von Wolken verbreitetes Dunkel zur schönsten Morgen-
zeit.

„Mein Onkel hat Sie gekränkt, liebe Anna," sagte
Clärchen, die zarte weiße Hand der Amme ergrei-
fend und an ihr Herz pressend; „es thut mir in der
Seele weh,"

„Ach!" rief Anna niedergeschlagen, „es geschah
mir nur Recht, ich verdiene es ja nicht anders!"

„Sprechen Sie nicht so, Anna," entgegnete Clärchen, noch immer der Amme Hand drückend; „jener
Eindruck, den ich vorhin an Ihnen wahrnahm, hat
meine Achtung und Zuneigung erweckt. Wollen Sie
dieß als Ersatz nehmen? Ist es Ihnen Trost genug,
wenn ich Ihnen sage, daß ich Sie in dieser kurzen
Zeit recht lieb, recht von Herzen lieb gewonnen habe?"

Anna konnte vor innerer Bewegung nicht spre=
chen. Sie nickte, unter Thränen lächelnd, mit dem
Kopfe.

Damit war zwischen den Beiden eine Vertrau=
lichkeit hergestellt, die Anna's Herzen wohl that.
Sie wurde heiter, aufgeweckt, — eine gewisse Ge=
drücktheit ihres Wesens verschwand und machte einer
liebenswürdigen Naivetät Platz, die selbst Clara nicht
in ihr gesucht hätte.

Sie freute sich über die kleinen Schmuckgegen=
stände des Zimmers, sie wagte Clara's Stickerei in
die Hand zu nehmen und sie bewundernd zu be=
trachten.

„Das wird ein Ruhekissen," sagte Clara, über
die Verwandlung Anna's selbst beglückt; mit einem
gewissen freudigen Stolze fügte sie hinzu: „für mei=
nen Bräutigam!"

Bei dem Worte „Bräutigam" versank wie auf
einen Zauberschlag Anna wieder in ihre alte Traurig=
keit zurück. Als sie Clara's forschendem Blicke be=
gegnete, versuchte sie zu lächeln und sagte:

„Bräutigam? — wohl Ihnen!"

Herr Locke arbeitete im anstoßenden Zimmer.
Er hörte die leisen Stimmen der beiden Mädchen.

Das herablassende Gespräch seiner Nichte mit der Amme, obwohl er es nicht verstehen konnte, mißfiel ihm. Er hatte schon oft unwillig den Kopf geschüttelt. Seit einiger Zeit glaubte er ununterbrochen die Stimme der Amme zu vernehmen.

„Ich begreife nicht," sagte er zu sich selbst, „wie meine Nichte sich so vergessen kann. Diese Amme ist und bleibt doch ein gesunkenes Geschöpf! Was sie ihr nur jetzt vorschwatzen mag?"

Nicht aus Neugierde, sondern von Mißtrauen gegen den Inhalt der Mittheilungen erfüllt, welche die Amme seiner Nichte jetzt anvertrauen mochte, verließ Herr Locke seinen Platz und stellte sich dicht an die Glasthüre, um zu lauschen.

„Die Messe ging zu Ende," hörte Herr Locke die Amme sagen, „immer leerer wurden die Straßen die ich Tage lang durchirrte, um ihn, vielleicht von Zufall begünstigt, wiederzufinden. Seine Freunde die ich in seiner Gesellschaft öfters in der Weinstube gesehen hatte, waren wohl längst abgereist. Auch Therese und Louise sprachen von der Abreise und wunderten sich, daß ich dieselbe noch nicht betrieb. Ich vermochte nicht, mich von der Stadt zu trennen er wußte ja meine Heimath nicht, er konnte mich ja

wenn er endlich doch kam, nicht wiederfinden! Eines
Sonntags Morgens ging ich aus — und da waren
alle Buden weggeräumt, alle Gewölbe verschlossen,
eine Feiertagsstille herrschte auf den Straßen, und die
Bewohner der Stadt waren zu ihren alten süßen
Gewohnheiten wieder zurückgekehrt, und gingen in die
Kirche oder ihrem langentbehrten Sonntagsvergnügen
entgegen. Als ich nach Hause kam, packten Louise und
Therese schweigend ihre Koffer. Ich verstand diese
Mahnung, ich sah ihnen eine Weile zu, dann konnte
ich mich nicht mehr halten, ich fiel ihnen weinend
um den Hals und rief: „Ich kann mich nicht von
diesem Orte trennen, bevor ich ihn nicht wiedergesehen
habe!" So schonend als möglich entgegneten sie
mir, daß sie wohl wüßten, wie es um mein Herz
stünde, daß sie aber auch ahnten, ich sei betrogen
worden! Bei Gott, dieser Gedanke war mir nicht
beigekommen! Der Mann, den ich so liebte, mehr
als ich meine Eltern und Geschwister, mehr als ich je
einen Menschen in der Welt geliebt hatte, der Mann,
den ich in meinen angstvollen Träumen auf dem
Krankenbette liegen und hülflos seine Hände nach
mir ausstrecken sah, — er sollte mich betrogen
haben?! Und ich sollte mit aller Strenge jahrelang

15*

über den guten Ruf meiner Genoſſinnen gewacht
haben, um zuerſt das Opfer einer Schändlichkeit zu
werden? Ich konnte dieſen Gedanken nicht faſſen!
Der eine Schlag, daß er ein Betrüger ſei, vernichtete
ja Alles, Alles! — Ich entſchloß mich zu einem letzten
Schritt; ich ging nach dem Polizeibüreau, um ſeinen
Aufenthalt zu erfragen. Nie hatte ich gegen irgend
Jemanden den mir ſo theuern Namen ausgeſprochen.
Jetzt ſtand ich vor dem Polizeibeamten, ich ſah ſeinen
kalten Blick auf meinen Lippen ruhen — ich mußte
ihn ausſprechen und — von Wehmuth, Scham und
banger Erwartung erfüllt — ſprach ich ihn aus.
In einem ſtaubigen Folianten wurde nach ihm ge=
ſucht, an deſſen Bruſt ich die ſüßeſten Stunden meines
Daſeins verträumt hatte! „Flottwell,“ ſagte der Be=
amte, mit dem Finger über lange Reihen von
Namen gleitend; „Flottwell“ wiederholte er kopfſchüt=
telnd. Es war ein Kopfſchütteln, das mir das Blut
in den Adern ſtocken machte. Er glitt von Neuem
über die Namensreihen, er ſchüttelte von Neuem den
Kopf. Dann ſchlug er den Folianten zu, legte ihn
weg, trat zu mir und ſagte: „Ein Flottwell iſt nicht
hier.“ Aber hier geweſen, widerſprach ich zitternd.
„Auch nicht hier geweſen,“ gab er mir kopfſchüt=

telnd zur Antwort. — Als ich nach Hause kam, sah
ich, noch unter der Stubenthür stehend, einen Brief
auf dem Tische liegen. Ich sehe ihn jetzt noch vor
mir, diesen Brief, wie er sich so blendend weiß von
dem dunkelrothen Teppich abhob, und noch jetzt fühle
ich die qualvoll freudige und zugleich bange Gewiß=
heit nach, die mir damals eingab, der Brief sei von
ihm! Während ich ihn erbrach, traten Therese und
Louise schweigend an das Fenster. — Ja! er war
von Flottwell, und er theilte mir in wenig Worten
mit, daß plötzlich eingetretene Verhältnisse ihn hinderten,
die mit mir angeknüpfte Bekanntschaft fortzusetzen;
er schätze sich aber glücklich, wenigstens in der Lage
zu sein, durch das beiliegende Document, dessen Ver=
werthung mir jeder Banquier vermitteln würde, zur
Erleichterung meines Lebens beitragen zu können
Das Document war ein Staatspapier im Werthe
von zweihundert Thalern. — Ich weiß nur noch,
daß ich den Brief las und plötzlich — in den Armen
Theresen's erwachte. Ich wich ihren Tröstungen aus
und traf still meine Vorkehrungen zur Abreise. Noch
an demselben Tage verließen wir die Stadt. Unter=
wegs trennte ich mich von meinen beiden Genossinnen,
die einen langjährigen glücklichen Bund ohne ihre

Schuld jetzt zerstört sahen, für immer. Ich kehrte
in meine Heimath zurück, um im Kreise meiner Ge=
schwister und Freunde Trost und Ruhe zu suchen.
Meinen Kummer verschloß ich tief im Herzen; ich
verschwieg Alles. Man fragte mich, wann ich wie=
der auf Reisen gehen würde; ich gab unbestimmte
Antworten, bis ich fand, daß mir das Schicksal nichts
ersparen wollte — bis ich mich Mutter fühlte! —
Mein Kind starb, wie Sie wissen; ich war für diesen
Schlag gestählt, denn ich bin seit langer Zeit nie
wieder froh geworden."

Als Anna schwieg, trat Herr Locke von der
Glasthüre zurück und setzte sich wieder an seinen
Arbeitstisch. Er zuckte die Achseln, gähnte, sprach
im Tone jenes halbunterdrückten Mitleids, das sich
seiner eignen heilen Haut freut, das Wort „Leichtsinn!"
aus und war bald wieder in seine Arbeit vertieft.

Herr Locke hörte, daß das Gespräch nebenan
von Neuem aufgenommen wurde und unterschied ab=
wechselnd die Stimme seiner Nichte und die der Amme.

„Das nimmt kein Ende!" rief er nach einer
Weile ärgerlich, stand auf und riß die Thüre auf.

Er sah Clara vor der Amme stehen, sie hatte
beide Hände sanft auf deren dunkles Haar gelegt und

rief eben in innigem Tone: „So sollen Sie bei uns
bleiben!"

Herr Locke winkte seiner Nichte. Sie folgte ihm
und ließ die Amme allein.

Er sah Clara mit einem eigenthümlichen Lächeln
an. Dieß war bei Conflicten mit seiner Nichte, gegen die
er nie ein unzartes Wort verlor, der gewöhnliche
Ausdruck seines Unwillens. Es war die gute Miene
zum bösen Spiel. Um die grauen Augen legten sich
dann kleine Fältchen, in kleinen Strahlen auslaufend,
wie die Risse auf einer geborstenen Eis- oder Spiegel-
fläche. Dieß verlieh dem grauen Auge fast etwas
Wohlwollendes. Herr Locke sagte kein Wort zu Clara,
er lächelte sie nur ununterbrochen an, bis das junge
Mädchen verwirrt wurde und erröthete.

„Aber bester Onkel!" sagte Clara endlich, ein-
gedenk der Scene mit Anna, in der er sie überrascht
hatte. „Wenn Du nur wüßtest, wie traurig es dem
armen Mädchen ergangen ist!"

„Ich habe ihre Geschichte theilweise mit angehört," antwortete der Onkel, mit der Hand eine
abwehrende Bewegung machend. „Du willst sie bei
Dir behalten, willst ihr ein Asyl bieten? Du kannst
Deinen künftigen Hausstand natürlich einrichten, wie

es Dir beliebt; kannst Dir Leute halten, so viel Du willst. Aber hüte Dich, daß Dein weiches Herz sich nicht durch unwürdige Personen bethören lasse!"

„Ist Jemand meiner innigsten Theilnahme werth," betheuerte Clara, „so ist es dieses arme unglückliche Mädchen. Verlassen steht sie in der weiten Welt; sie hat nichts, als ihre Geschwister und die Sorge um deren Erhaltung. Wer wird sich der Familie annehmen? Wovon soll sie leben?"

„Wovon haben die Leute bisher gelebt?"

„Durch Gesang und Spiel hat Anna für sich und die Ihrigen reichliches Brod verdient. Aber —"

„Nun, aber?" fragte der Onkel lächelnd.

„Aber —", ergänzte Clara, eine heftige Regung unterdrückend, „sie hat ihre Stimme verloren!"

Herr Locke ging schweigend im Zimmer auf und ab. Plötzlich blieb er vor Clara stehen und fragte: „Was hat sie denn mit dem Document, mit jenem Staatspapier, im Werthe von zweihundert Thalern, angefangen?"

Als sei er sicher, daß Clara zur Beantwortung dieser Frage Zeit brauche, und als wolle er ihr groß-müthig Muße gönnen, sich von ihrer Ueberraschung über diese neue Wendung zu erholen, — drehte

er seiner Nichte den Rücken zu, um wieder im Zim=
mer auf= und abzugehen.

„Keine Lage des Lebens wird sie je bestimmen,
dieß Document zu verwerthen," entgegnete Clara
schnell und bestimmt. „Ich wußte dieß vorher, noch
ehe ich sie fragte."

„Also sie besitzt auch ihren Stolz!" bemerkte der
Onkel ironisch und den Zeigefinger emporhebend;
„nun so konnte sie die Summe ja dem Armenhause
schenken."

„Sie wird sich von dem Documente nicht trennen
wollen, so düster die Erinnerung ist, die sich daran
knüpft. Würde doch oft der Mensch seine bittersten
Erfahrungen um keinen Preis hingeben!"

„Du mußt nicht Alles glauben, Clara, was
Dir solche Leute sagen. Ich will nicht in Abrede
stellen, daß dieß Mädchen ein unglückliches Geschöpf
ist, aber solchen Leuten ist die Kunst angeboren, ihr
Unglück zu ihrem eigenen Besten gehörig auszubeuten,
indem sie mit wenigen Worten das Mitleid Anderer
in übermäßigem Grade rege zu machen wissen. Du
kennst die Menschen noch nicht, ich kenne sie und
besonders diese Art, mit der ich — leider! — Zeit
meines Lebens habe verkehren müssen. Bei aller

geistigen Beschränktheit besitzen sie doch eine oft stau-
nenswerthe Fantasie. Sie suchen durch allerlei Mär-
chen zu glänzen und erzählen Charakterzüge, die
man schon ein Mal in einem Buche gelesen hat,
von sich selbst. In wie weit dieß Mädchen ihre
Geschichte ausgeschmückt hat, will ich dahingestellt sein
lassen; daß sie aber jenes Document unangetastet
aufbewahrt halte, ist erdichtet! Etwas Aehnliches
hat sie einmal in einem Buche gelesen. Aber solche
heroische Menschen existiren in der Wirklichkeit nicht,
am allerwenigsten unter jener Classe.“

„Du magst die Menschen besser kennen als ich,“
entgegnete Clara ungeduldig, „aber ein Mädchenherz
muß ich besser verstehen. Ich gehe, um Dich zu über-
führen, wie Unrecht Du der armen Amme gethan hast.“

Bei diesen Worten verließ Clara das Zimmer.
Nach einer Viertelstunde kam sie wieder, ein briefartig
gebrochenes Papier in der Hand.

„Hier ist das Document“, sagte sie, dasselbe ihrem
Onkel überreichend.

Dieser nahm es zögernd.

„Was ist das?“ fragte er, als er, das Papier
zwischen den Fingern haltend, eine Unebenheit dazwischen fühlte.

Clara nahm es zurück und öffnete es. Ein kleiner Ring fiel ihr entgegen.

Während Herr Locke neugierig nach dem Documente griff und dessen Aechtheit prüfte, starrte Clara den goldnen Ring an, den kleinen goldnen Ring mit einem grünen Steine, auf welchem die Anfangsbuchstaben ihres Namens und ihr Geburtsjahr eingravirt waren. Todtenblässe flog über ihr Antlitz, ihre Hand zitterte heftig und ließ den Ring zu Boden fallen. Erst nach mehreren Secunden vermochte sie die Worte zu stammeln:

„Es ist — derselbe Ring, der — einst mein gehörte! Ihr Geliebter schenkte ihr diesen Ring!"

Herr Locke hatte ihn vom Boden aufgehoben und betrachtete ihn. Auch er war für den Augenblick betroffen.

„Sagtest Du mir nicht, daß Meyerhoff ihn während der letzten Messe verloren habe? — So hat ihn dieser — wie hieß er? —"

Clara antwortete nicht.

„Dieser — Flottwell gefunden."

Clara schüttelte stumm das Haupt. Ihr Auge war starr nach der Wand gerichtet, als sähe sie dort eine schreckliche Erscheinung.

Nach einer Weile rief sie die Amme herein.

Anna war betroffen, das Document und den Ring in Herrn Locke's Händen zu sehen, der Anblick Clara's jedoch lenkte sie schnell hievon ab.

„Anna!" fragte Clara mit einem erzwungenen Lächeln, „wie sah dieser Flottwell aus?"

Den Blick zu Boden gesenkt, beschrieb die Gefragte Flottwell's Aeußeres — bis auf die weißen Zahnreihen, die — wenn er beim Lächeln den Mund öffnete, wie blendende Perlen von dem schwarzen Barte abstachen.

Sie wagte noch immer nicht das Auge aufzuschlagen; sie sah einen stillen, dunklen Schatten an sich vorüberwanken, sie sah ihn zusammensinken und den Kopf gegen das Sopha pressen. Sie blickte bestürzt auf und sah, wie Herr Locke seine Nichte emporhob und aus dem Zimmer führte.

Es war eine unheimliche stumme Scene gewesen! — Ein Schauer überkam Anna. Es war Alles so still, so stumm hergegangen, und auch jetzt war Alles still, Alles — durch das ganze Haus!

Regungslos wie eine Marmorstatue, die Hände nach dem Boden herabgerungen, in zurückgebeugter Haltung und den Blick nach der Thüre gewandt,

durch welche Clara, auf den Arm ihres Onkels ge=
stützt, hinausgewankt war — blieb Anna lange stehen.

So fand sie Herr Locke, der soeben zurückkam.
Beim Anblick der Amme verzog er den Mund zu
einem freundlichen Lächeln.

„Du bist doch nicht erschrocken?" fragte er das
Mädchen, „es hat nichts zu bedeuten, meine Nichte
leidet zeitweilig an epileptischen Anfällen."

Damit öffnete er die Thüre zu dem Zimmer,
wo der Säugling schlief und bedeutete der Amme,
hineinzugehen.

Als er sich allein sah, verschwand das Lächeln
um den Mund, sein Gesicht drückte plötzlich die höchste
Angst aus.

„Wenn sie nur die leiseste Ahnung hätte, daß
er ihr so nahe, daß er hier im Hause ist; wenn sie
ihn sähe, wenn sie etwas erführe — es wäre um
mein Kind geschehen! Er muß fort, er muß aus
dem Hause! Es darf Niemand zu ihr hinein."

Während des Selbstgesprächs war Locke an die
Glasthür getreten, hatte den Schlüssel leise herum=
gedreht, zog ihn ab und steckte ihn zu sich.

„Er muß auf der Stelle fort," murmelte er vor
sich hin und verließ das Zimmer, um ihn aufzusuchen,
„er muß auf der Stelle fort!"

Meyerhoff befand sich im Garten, wo er seine
Braut zu finden geglaubt hatte, und während Herr
Locke die Comptoirthüre unten hinter sich in's Schloß
warf, stieg Jener die Treppe hinauf.

Die Sonne schien so freundlich, der Himmel war
fleckenlos blau, so weit man sah; Meyerhoff wollte
seine Braut zu einem Spaziergange auffordern.

Er glaubte sie, wie gewöhnlich, oben beim kleinen
Cousin zu finden. Das Zimmer war verschlossen;
keine Spur von einem Schlüssel. Er zog den Vorhang ein wenig zurück und blickte durch das Glas-
fenster. Da auf dem Stuhle sitzt ein fremdes Mädchen, die Hände auf dem Schoße übereinandergeschla-
gen, die Augen, als wären sie geschlossen, auf den
Boden gesenkt. Wahrscheinlich die neue Amme. —
Es scheint kein gewöhnliches Mädchen zu sein. Sie
nimmt sich in ihrer einfachen Kleidung fast aus wie
eine junge Dame im Negligée; das Gesicht — dieß
blasse Gesicht, die etwas eingesunkenen farblosen
Wangen — sind daran Schuld, daß Meyerhoff sich

nicht schnell genug darauf entsinnen kann, wem sie ähnlich sieht.

Es ist ein peinliches Gefühl, wenn man ein Wort auf der Zunge vergißt, wenn man einen Namen nennen will, zu dem noch etwas fehlt, wenn man den Anfangsbuchstaben genau weiß und eine Masse Namen citirt, die ganz ähnlich klingen, aber von denen doch keiner der richtige ist. Gerade so ein peinliches Gefühl ist es, wenn man ein Gesicht sieht, und nicht gleich weiß, wo man es schon früher einmal gesehen hat. Es fehlt noch ein Buchstabe, ein einziger Buchstabe fehlt hinein in die Erscheinung, die dort auf dem Stuhle sitzt.

Wie man, um einen Namen zu finden, sich ähnlich klingende in's Gedächtniß ruft, so hüllt Meyerhoff's Fantasie das fremde Mädchen in ähnliche Formen, wie die, welche er meint, aber zu denen noch immer ein Buchstabe fehlt. Er hat sie in ein seidnes Kleid und in einen schönen Shawl gehüllt, er dichtet ihr eine goldne Armspange an den schmächtigen Arm, einen goldnen Ring an den Finger, er bedeckt ihr schwarzes Haar mit einem Hut und sieht das blasse, schmale Gesicht durch einen weißen Florschleier hindurch, aber es fehlt noch ein Buchstabe! Wie der

Blitz war der Buchstabe da, als sie jetzt eben die
Augen aufschlug, die dunkelbraunen Augen, die da
so bezaubernd durch den weißen Schleier hindurch-
glühen!

Meyerhoff hatte blitzschnell den Vorhang wieder
vorgeschoben. Er blickte sich im Zimmer um. Sonderbare Traumwelt! Das Blut drängt so ungestüm
nach dem Herzen! Das wird ein Fieber, wenn es
kein Traum ist!

Herr Locke tritt zur Thür herein. Er erblickt
Meyerhoff und erblaßt. Und doch sagt er selbst zu
Meyerhoff:

„Sie sind blaß im Gesicht, leichenblaß! — Gestehen Sie schnell, Sie haben durch den Vorhang
gesehen." So angstvoll sagte er das, und doch so
mild, so gütig. Und doch scheint er Alles zu wissen.

„Ja," entgegnete Meyerhoff lächelnd und wie
im Traume, „ich habe durch den Vorhang gesehen."

„Haben Sie sie gesehen?" fragte Herr Locke hastig
und doch mild.

Meyerhoff nickt, wie im Traume.

Locke zittert und stammelt die Frage heraus:
„Hat das Mädchen Sie auch gesehen?"

Meyerhoff verneint und sieht, wie im Traume, Herrn Locke mit der Hand winken, daß Meyerhoff ihm folgen solle.

Beide gehen in ein ganz entlegenes Zimmer.

Herr Locke schließt hinter sich die Thür, wirft einen zornfunkelnden Blick auf seinen künftigen Schwiegersohn und nennt ihn laut einen „Schurken".

Da erwachte Meyerhoff. Das Blut kehrte aus dem Herzen wieder zurück auf seine Wangen. Fest und trotzig stand er vor Herrn Locke.

„Verzeihen Sie," sagte dieser höhnisch, „ich habe Sie verkannt, sie sehen einem gewissen Flottwell sehr ähnlich, der Ihren Ring fand, den Sie einst verloren hatten, und einer Dirne ein Geschenk damit machte. War es nicht gemein von diesem Manne, gefundene Sachen zu verschenken?"

Meyerhoff gewann jetzt, nun er die Gewißheit hatte, daß Alles heraus war, seine vollständige Fassung wieder.

„Wie sind Sie zu diesem Mädchen gekommen?" fragte er tonlos.

Herr Locke ging, die Hände auf dem Rücken, mit starken Schritten im Zimmer auf und ab. Er antwortete nicht.

Nach einer Weile fragte Meyerhoff wieder: „Weiß Clara schon davon?"

Herr Locke blieb stehen und sah dem Fragenden in das ruhige Gesicht.

In dieser Frage und in diesen Mienen drückte sich eine Gefühllosigkeit aus, über die Locke erstaunte, zugleich aber auch eine Gleichgültigkeit, eine Sicherheit, die Locke's Ingrimm herausforderte. Es war ein Triumph für Locke, Meyerhoff jetzt sagen zu können:

„Clara weiß Alles — Alles weiß sie, ich denke, sie wird auch wissen, sich zu trösten und den Unwürdigen, den Abscheulichen, der sie hinterging, vergessen."

„Sich trösten — ja!" rief Meyerhoff, „aber mich vergessen? Eines kleinen Abenteuers wegen, das mir begegnet ist?"

„Meine Nichte betrachtet es nicht als ein Abenteuer, dazu ist sie zu gut erzogen."

„So müssen Sie dieß Mal schon bei Clara ein gutes Wort einlegen, bester Papa; reden Sie ihr zu, das wird mehr helfen, als wenn ich selbst —"

„Ich erstaune über Ihre lockere Denkungsweise!" rief Herr Locke wüthend, „werden Sie sich klar, Mann, über das, was Sie gethan haben und jetzt verdienen.

Sie haben die Ehre meiner Familie befleckt; Ihre Verlobung mit meiner Nichte ist aufgelöst."

„Sprechen Sie im Ernst oder im Scherz?" warf Meyerhoff ein und Locke beobachtete in seinen Augen ein unheimliches Aufleuchten, das ihm von früherer Zeit her nicht ganz fremd war, „sprechen Sie noch ein Wort, aber, ich bitte, ein ernstes Wort, denn, bei Gott, ich bin jetzt nicht aufgelegt zum Scherzen!"

„Ich verlange mehr Respect von Ihnen," entgegnete Herr Locke streng und würdevoll; „Sie sind jetzt wieder das, was Sie waren, als Sie dieß Haus zuerst betraten. Die Bande, die Sie an meine Familie knüpften, sind aufgelöst; Ihr Mandat, als Procuraführer meines Geschäfts, ist erloschen. Beeilen Sie sich, wenn nicht die Stadt, so doch mein Haus zu verlassen!"

Meyerhoff sah Herrn Locke eine lange Weile scharf an. In seinem katzenartigen Blicke lag ein eigenthümliches Gemisch von Mitleid und Hohn. Langsam erhob er seine Hand, streckte sie gegen Locke aus und sagte, indem er mit zwei Fingern dessen Rockaufschlag sanft erfaßte, mit gedämpfter Stimme:

„Sie können mich nicht wieder zu Dem machen, was ich war. — Es ist zu spät! Seien Sie

klug, wie Sie es immer waren, wenden Sie Alles auf,
um Clara wieder mit mir auszusöhnen; es liegt in
Ihrem eigenen Interesse. Mißlingt Ihr Vermittlungs=
versuch, so steht es schlimm um mich, noch schlimmer
aber um Sie. — Hören Sie mich an, ich will Ihnen
vor allen Dingen eine Geschichte erzählen."

Meyerhoff lud Herrn Locke ein, sich zu setzen;
da dieser aber keine Notiz hiervon nahm, sondern im
Zimmer auf= und abging, so warf sich Meyerhoff
in eine Ecke des Sophas, und während er mit den
Augen Herrn Locke auf jedem Schritte verfolgte, be=
gann er:

„Ganz das nämliche Zimmer, in welchem wir
uns befinden, bewohnte vor Jahren die Gouvernante
Clara's."

„Wohin soll das führen?!" rief Herr Locke er=
blassend.

„Unterbrechen Sie mich nicht," bat Meyerhoff
mit einer unerträglichen Sanftmuth.

„Marie war ein mit allem Liebreiz ausgestattetes
Mädchen," fuhr Meyerhoff fort; „sie gefiel ihrem
Gebieter nicht minder, als mir jenes Harfenmädchen
gefallen hat. Sie wurde Gegenstand seiner Bewer=
bungen. Der alte, ehrwürdige Herr besaß zwar eine

liebenswürdige Gemahlin, indessen — was schadet
ein kleines Abenteuer, wenn es verschwiegen bleibt?
— Bitte, lassen Sie mich die Geschichte auserzählen,
sie wird ernster. — Marie also, sagte ich, erfreute
sich der Zuneigung des alten Herrn, das ist sicher,
davon habe ich selbst Beweise. Daß die Zuneigung
erwidert wurde, bezweifle ich, denn Marie liebte einen
Andern. Eines Tags erhielt die Gouvernante einen
Brief aus ihrer Heimath. Ihr Vater, ein Beamter,
hatte, um sich aus den Händen eines Wechselgläubi=
gers zu retten, die ihm anvertraute Casse angegriffen."

„Schurke!" sagte Herr Locke zähneknirschend,
„Du warst es, der Mariens Schreibsecretär erbrochen
hat!" —

„Ich habe ihn nicht erbrochen, das kann ich
eidlich behärten; auch thut dieß jetzt nichts zur Sache. —
Der Vater also hatte die ihm anvertraute Casse an=
gegriffen, er hoffte, das Deficit, das mehrere hundert
Thaler betrug, später wieder decken zu können; da
wurde ihm plötzlich die Nachricht, daß ihm ein Avan=
cement in seinem Amte bevorstünde. Er mußte die
Casse übergeben; in seiner Verzweiflung schrieb er
an seine Tochter, theilte ihr die furchtbare Gefahr,
in der er schwebte, mit, und bat sie, sich bei ihrem

reichen Prinzipal zu verwenden, daß dieser die Summe
vorstreckte. Die Liebe zu ihren Eltern vermochte das
Mädchen, ihrem geneigten Gönner die Lage ihres
Vaters zu entdecken. Er schoß die Summe vor.
Marien's Vater war gerettet. Er war von Neuem
verloren, wenn Maria die Huldigungen des Menschen=
freundes nicht erwiederte, ein Damoklesschwert schwebte
über den Häuptern der unglücklichen Familie. Einst
drohte es vernichtend herabzufallen, als Marien's
Principal ein Liebesverhältniß entdeckte, welches das
unglückliche Mädchen unter Furcht und Zittern mit
einem Commis seines Hauses unterhielt. Marie ent=
sagte dem schmählich getäuschten Jünglinge und ihre
Familie blieb vor Schimpf und Schande bewahrt.
Aber wie ein Gift im menschlichen Körper sich weiter
und weiter frißt, wenn es nicht zum Ausbruche
kommen kann, um endlich doch noch anderswo her=
vorzubrechen, so wucherte die unterdrückte Schande
jener Familie heimlich fort — in Maria. Denn
Maria wurde die Geliebte, die Maitresse ihres Prin=
cipals. Einst war sie plötzlich verschwunden, Niemand
mußte weßhalb. — Aber ich weiß es, ich kenne den
Vater des unglücklichen Geschöpfs, daß sie unter ihrem
Herzen trug. — Er steht vor mir!"

Lange Zeit fiel kein Wort im Zimmer.

Herr Locke ging heftig auf und ab. Endlich blieb er, nach Athem ringend, vor Meyerhoff stehen und sagte:

„Und wissen Sie auch, erbärmlicher Schleicher, — daß — Maria und — ihr Kind — längst — unter der — Erde ruhen?"

„Auch dieß ist mir bekannt, Beide sind todt, aber das Factum lebt. Und ich rathe Ihnen, Clara mit mir auszusöhnen, sonst —"

„Sonst?" fragte Locke, die Zähne zusammen= beißend.

„Sonst kann ich mir nicht anders helfen, sonst muß ich dafür sorgen, daß die Folgen Ihres Aben= teuers eben sogewichtig auf Sie zurückfallen, wie die des meinigen auf mein Haupt."

Locke erhob drohend seinen zitternden Arm gegen Meyerhoff. Aber er führte den Schlag nicht aus, er schmetterte die geballte Faust dröhnend auf den Tisch und rief:

„Sie wollen mich verrathen! Sie wollen mich bei meiner Frau anklagen, Sie wollen die Geschichte stadtkundig machen! Damit haben Sie nun Alles verdorben! Ich danke Ihnen für den tiefen Blick, den

Sie mich in Ihre niedrige, schurkische Seele haben werfen lassen. — Gehen Sie hin, predigen Sie meine Schmach auf allen Straßen, aber meine Nichte erhalten Sie nicht." Damit wandte sich Locke ab und verließ das Zimmer.

Als er nach einer Viertelstunde wiederkehrte, fand er Meyerhoff noch immer auf dem Sopha sitzend.

„Nun," fragte er triumphirend, „warum gehen Sie nicht an's Werk?"

„Ich warte auf einen andern Vorschlag von Ihrer Seite," gab Meyerhoff zur Antwort; „daß ich meine Drohung wahr mache, dürfen Sie von mir überzeugt sein. — Ich verzichte auf die Hand Ihrer Nichte, aber nicht auf die Existenz, die mit dieser für mich verknüpft war. — Diese Existenz," fuhr Meyerhoff fort, während Locke hoch auflauschte, „ließe sich ja translociren, ich denke, Sie verstehen mich." —

Da Herr Locke nichts erwiederte, auch keine Miene zeigte, die einem Einspruch ähnlich gewesen wäre, so erklärte Meyerhoff weiter:

„Sie kaufen mir mein Geheimniß um eine lebenslängliche Pension ab, und ich verlasse noch heute diese Stadt. Ich gehe nach Amerika."

Ein wildes Lächeln spielte um Locke's Mund, er trat schweigend an's Fenster, blickte in Gedanken verloren in die grünen Wipfel eines Baumes, trat dann zurück und ließ sich neben Meyerhoff auf das Sopha nieder, um mit diesem eine Unterhandlung zu beginnen, mit deren Einzelheiten wir unsere Leser gern verschonen wollen. —

Meyerhoff's lange Abwesenheit fällt den Herren unten im Comptoir auf. Jemand bringt die Nachricht, er habe sich mit Herrn Locke eingeschlossen. Er muß eine wichtige Conferenz mit dem Chef haben. Stunde auf Stunde verrinnt, er bleibt noch immer aus. Es muß etwas ganz Außerordentliches vorgefallen sein. Ist die Nachricht eingelaufen, daß irgend eine der großen Firmen, mit denen Locke und Sohn in Verbindung stehen, ihre Zahlungen eingestellt hat? Oder wird eine Neuerung, eine gewaltige Umgestaltung des Geschäftes besprochen? Sollen die Gehalte der Comptoiristen erhöht werden? Oder soll die Hälfte des Comptoirpersona lsentlassen werden?

„Dann muß ich zuerst über die Klinge springen", rühmt sich der Eine. „Ich auch," sagt ein Anderer. Und von allen Uebrigen sagt ein Jeder: „Nein, ich!"

Die Neugierde ist bis zum höchsten Grade ge=
spannt. Niemand sitzt an seinem Platze. Keiner
rührt eine Feder an.

Endlich — die Lampen sind schon angezündet,
tritt Meyerhoff in's Comptoir.

Alle stieben auseinander. Jeder schielt verstohlen
nach ihm, Jeder betrachtet ihn als ein Wesen, das
unerhörte Neuigkeiten und Geheimnisse in seiner
Brust verschlossen trägt.

Die Herren beobachten, wie der Procurist an
sein Pult tritt, dieses anschließt und zwischen den
Boden und den Deckel desselben ein Lineal stemmt.
Man hört ihn im Pulte herumkramen und Papier
zerreißen. Man sieht ihn endlich alle Scripturen und
Bücher, die das Pult enthielt, herausheben und, in
bester Ordnung aufeinandergeschichtet, einpacken.
Er packt noch mehr ein, er packt Alles ein, was sein
gehört, vom Comptoirrocke bis zur Comptoirmütze,
und sendet es nach seinem Zimmer. Eben will er
selbst folgen.

Da kann sich Mühlbach nicht helfen, er muß
wissen, wie unter solch' eigenthümlichen, geheimniß=
vollen Verhältnissen Meyerhoff's Stimme klingt, er
richtet schnell eine Frage an Meyerhoff, eine Frage,

die irgend eine gleichgültige Geschäftsangelegenheit betrifft. Alle spannen auf die Antwort.

Endlich öffnet der Procurist den Mund und sagt in einem Tone, so freundschaftlich, so gemüth= lich, als spräche er mit seines Gleichen: „Ich weiß es nicht, fragen Sie Herrn Locke selbst." Dann ging er hinaus. Ein fürchterlicher Krach, daß die Fen= sterscheiben klirrten!

Die Herren fuhren zusammen, wie vom Blitze getroffen und starrten nach der Thüre, die Meyerhoff so heftig zugeworfen hatte. Man blickt sich ver= wundert an, man zischelt, man hat für heute alle Sammlung zur Arbeit verloren.

Da läuft die Nachricht ein, daß Herr Meyerhoff Alles auf seinem Zimmer zusammenpackt. Seine Koffer werden fortgetragen. Endlich hört man seine Schritte selbst durch die Hausflur und noch ein Stück die Gasse entlang hallen.

In eine Anarchie ist das ganze Comptoir auf= gelöst. Längst hat die Feierabendstunde geschlagen, Niemand sehnt sich heute nach Hause. Einer sitzt auf der Ladentafel, ein Anderer auf der obersten Sprosse einer Comptoirleiter, ein Dritter sitzt verkehrt auf seinen Schemmel, die Meisten stehen, fast Alle,

sogar auch die Markthelfer, haben sich Cigarren an=
gebrannt. Einige sind so verwegen, zu glauben,
Er, der sie so oft tyrannisirte, kommt am Ende gar
nicht wieder! Aus ihren Gemüthern schwindet aller
Haß und alle Furcht, sie senden ihm sogar wehmü=
thige Seufzer nach und flüstern sich zu: „Undank
ist der Welt Lohn.“ Da erhebt sich eine andere
Partei, die den Procuristen nur auf eine weite Ge=
schäftsreise schickt und seine Wiederkehr in sichere
Aussicht stellt. Und Haß und Furcht kehren in die
Gemüther jener Leichtgläubigen zurück und sie wün=
schen nun doch, daß er niemals wieder zurückkehrte!

Heute Abend geht man nicht einzeln nach Hause,
wie gewöhnlich; sondern das ganze Comptoirpersonal
bildet einen großen Trupp, dem sich auch die Markt=
helfer anschließen. So ziehen sie durch die Gassen,
einer starken Patrouille ähnlich. —

Einige Stunden später rollte die Nachtpost durch
die Stadt, dem Thore zu. Meyerhoff blickt heraus
nach den Häusern links und rechts.

Wenn die und jene Familie dort oben, hinter
der und jener hellerleuchteten Fensterfronte. nur die
leiseste Ahnung hätte, daß er jetzt eben unten vor=

überfährt, um niemals wiederzukommen! Er kann
jetzt hier und dort den Wagen halten laſſen, aus=
ſteigen und hinaufgehen zu den Honoratioren der
Stadt. Die Thüren werden ſich ihm noch jetzt weit
aufthun, man wird ihn mit zuckerſüßen Worten em=
pfangen; die Herren werden ſagen: „Willkommen,
lieber Meyerhoff! Wie geht es?" Und die Mütter und
Töchter werden fragen: „Ach! warum haben Sie
Clärchen nicht mitgebracht?" Man wird ihm einen
Fauteuil zurechtrücken und Thee vorſetzen. Die Töchter
des Hauſes werden ihm vorſpielen und vorſingen,
und zuletzt wird man eine Partie Scat arrangiren.
Dieß Alles noch heute Abend! Morgen ſchon — läuft
die unerhörte Neuigkeit von Mund zu Mund, durch
die ganze Stadt. Der Name Meyerhoff wird bald
im Wochenblättchen prangen, als integrirender Theil
einer Anzeige, die eine Verlobung rückgängig macht
und eine Procura auflöſt. Er möchte die Anzeige
nicht leſen, er möchte dann den Honoratioren der
Stadt nicht unter die Augen treten, er möchte dann
nicht durch dieſe Straßen gehen, deren Häuſerfronten
ihn jetzt ſo friedlich anblicken, er möchte dann nicht
die Luft einathmen, die den Dunſtkreis ſeines leeren
Comptoirplatzes bildet!

Sind endlich die Häuser zu Ende? — Wie lang=
sam fährt der Wagen den Berg vor der Stadt hinauf,
und wie lang ist der Berg! Es kommt dem Reisenden
vor, als müsse darüber die Sonne aufgehen. Wie
lange hält der Wagen an den Stationen; welchen
Aufwand von Zeit, ehe die Relaispferde vorgespannt
sind! Mit welcher Gemächlichkeit steigen die Passa=
giere aus, um in der matt erleuchteten Restauration
eine Tasse Kaffee zu trinken! Endlich — endlich —
geht's wieder weiter. Und Meyerhoff sinkt in tiefen
Schlaf, und als er erwacht, steht der Wagen still;
es ist lichter Morgen; er steigt aus und ist in einer
fremden Stadt. Die Postbeamten sehen ihn fremd
an, und ihre fremden Blicke thun ihm wohl. Der
Kofferträger sagt ihm Grobheiten und er erhält da=
für ein gutes Trinkgeld. Niemand kennt ihn hier,
Niemand hat hier je seinen Namen gehört, Niemand —
von den Gassenbuben an bis zu den vornehmen
Herren und Damen, denen er auf der Promenade,
auf dem Wege zum Bahnhofe begegnet.

Capitel 15.

Ein Farbenspiel.

Um dieselbe Zeit ging Herr Locke nach dem Post=
hause, um sich zu erkundigen, ob Meyerhoff ver=
gangene Nacht auch wirklich abgereist sei. Er ath=
mete frei auf, als er die Bestätigung hörte. In
seiner Tasche trug er den Schlüssel zu dem Zimmer,
in welchem die Amme des Säuglings hütete. Nie=
mand durfte zu ihr herein, ohne daß er dabei war.
Es konnte doch ein Wort fallen, daß ein Herr mit
schwarzem Barte und weißen Zähnen plötzlich das
Haus verlassen habe, oder daß Clara den ganzen
Tag über weinte. Die Amme durfte nichts erfahren,
um des Säuglings willen.

Als er, von der Post zurückkehrend, zu Anna
trat, wagte diese ihn anzureden:

„Herr Locke, wie geht es mit Fräulein Clara?
Seitdem sie von Ihnen krank hinausgeführt wurde,
habe ich sie nicht wiedergesehen!"

„Es geht wieder ganz gut mit ihr."

„Beſter Herr!" rief Anna, plötzlich dringender
werdend, „ich muß mit Ihnen ſprechen; ich habe ja
keine Seele, die ich fragen kann, ſeitdem mir, ich
weiß nicht weßhalb, der Verkehr mit Allen abgeſchnitten iſt!"

„Nun, was gibt es?"

„Ich will Alles gern erdulden," ſagte Anna,
die Hände bittend gegen Herrn Locke ausſtreckend,
„aber ſagen Sie mir nur die Urſache. — Warum iſt
meine Thüre ſtets verriegelt, warum darf Niemand,
ſelbſt das Mädchen nicht, zu mir herein, das mein
Eſſen bringt, — ohne daß Sie anweſend ſind? Es
muß Etwas vorgefallen ſein, — ich ſchwebe in der
gräßlichſten Unruhe!"

„Beruhige Dich, es iſt Nichts."

„O ja," rief Anna faſt leidenſchaftlich, es iſt Etwas!
Und ſchon habe ich mir allerlei Gedanken gemacht.
Erlöſen ſie mich aus meinen fürchterlichen Ahnungen!"

Schweigend und erſtaunt blickte Herr Locke die
Amme an.

„Wenn Fräulein Clara nicht wieder an dieſe Stickerei zurückkehrt," fuhr ſie fort, auf den verwaiſten Stickrahmen am Fenſter deutend, „wenn Fräulein Clara —
ich weiß nicht, was ich ſagen ſoll, — eine dunkle

Ahnung, — eine Unmöglichkeit — aber doch — doch!
— Dieses Ruhekissen dort — es war für den Bräutigam von Fräulein Clara. — Sie betrachteten so
sonderbar meinen Ring, als ich in jenes Zimmer
trat — sie sah leichenblaß im Gesicht — ich mußte
jenen Mann beschreiben, genau beschreiben, wie er
aussah — und darauf wurde sie plötzlich krank, —
nein! — nicht krank — aber, ich glaube, gemüths-
krank. — Mein Gott! ich weiß nicht, wie es sein
könnte — aber ein Gedanke läßt mir keine Ruhe. —
Wenn Fräulein Clara nicht wieder an dem Ruhekissen für ihren Bräutigam weiterarbeitet — lassen
Sie mich fort — ich will wieder zu meinen Geschwistern
zurückkehren — es wird mir unheimlich hier. —"

Die letzten Worte erstickten unter einer Fluth
von Thränen, die Anna in die vorgehaltenen weißen
Hände weinte.

„Ich verstehe kein Wort von Allem, was Du
gesprochen hast," entgegnete Herr Locke mit anschei-
nender Ruhe, „Du sollst Dich aber Deiner thörichten
Fantasien bald schämen müssen. — So ein Mädchen
ist mir noch gar nicht vorgekommen."

Kopfschüttelnd ging er zur Thüre hinaus, die
er hinter sich wieder verschloß.

Anna hörte ihn in dem anstoßenden Zimmer leise auf- und abgehen.

„Was hilft das Alles?" sagte Herr Locke zu sich, als er in dem andern Zimmer allein war, „ich muß diesem erbärmlichen Geschöpfe seinen Willen thun. Clara muß zu ihr zurück; sie spricht freilich, sie kann ihren Anblick nicht ertragen. — Einbildung! Sie muß! Und wenn sie nicht will? Wenn mein Kind an ihrem Starrsinn zu Grunde gehen sollte? Giebt es kein Mittel, sie zu bewegen? Hier hilft keine Liebe und keine Strenge! Alles Gold der Welt würde ich ihr vergebens bieten! Auf meinen Knien könnte ich sie bitten, zu dem Mädchen und an ihren Stickrahmen zurückzukehren, ich weiß, es wäre vergebens! Und doch muß es sein! Was ist die Zukunft meines Kindes, meiner Firma — gegen ein armseliges Mädchenherz? Es wird ja doch nicht brechen. — Nur an den elenden Stickrahmen soll sie sich setzen," fuhr Herr Locke in seinem Selbstgespräch fort und rang die Hände, „und ich besitze nicht die Macht, sie zu diesem Schritte zu bewegen?! Mein einziges Kind soll an dem Eigenwillen einer angenommenen Waise —" Herr Locke blieb plötzlich stehen, wie angewurzelt, mit finsterm Ausdruck senkte

sich sein Auge auf den Teppich herab. „Ha! das
will ich ihr sagen,“ murmelte er vor sich hin, „daß
sie bei uns als Waise aufgenommen, und anstatt
von liebenden Eltern, von uns hartherzigen Menschen
erzogen werden mußte; ich will ihr sagen, wie schlimm
es für sie war, daß sie den dürftigen Verhältnissen,
in denen ihre Eltern lebten, entsagen — und dafür
das Pflegekind eines Onkels werden mußte, — ha!
ha! eines Onkels, der die eigenthümliche Grille hatte,
ganz in sie vernarrt zu sein, ihr Alles zu bieten,
was er seinem eigenen Kinde geboten haben würde,
und ihr gleiche Ansprüche an sein Vermögen zu
geben, wie seinem eignen Kinde, das jetzt durch sie
sterben soll! Das will ich ihr sagen, — es wird,
es muß helfen.“

Mit großen Schritten verließ Herr Locke das
Zimmer.

———————

Anna sitzt auf dem Tritt am Fenster, neben
Clara's leerem Stuhle; an ihrer Brust liegt der
Säugling. Sie hört den Schlüssel an der Thüre
knarren und herein tritt — Clara. Nur mit Mühe
unterdrückte Anna einen freudigen Schreck.

Clara reichte ihr die Hand; sie war kalt wie
Eis und zitterte in der warmen Hand der Amme.

Beide sprachen kein Wort.

Anna fühlte Clara's Blick auf sich ruhen, aber
sie wagte nicht, das Auge zu ihr aufzuschlagen.

Wie ein Roulettespieler dem Laufe der Kugel,
so folgte Anna gesenkten Auges den Bewegungen
Clara's, die als eine dunkle Gestalt im Zimmer
umherwandelte. Jetzt nähert sie sich dem Fenster,
sie steigt auf den Tritt, ihr Kleid streift Anna's
Wange, sie setzt sich und nimmt den Stickrahmen
auf ihren Schoß. Anna athmete frei und glücklich auf.

Ihr entging der Schauer, der das unglückliche
Mädchen durchrieselte, als es die Nadel mit dem
grünen Faden zur Hand nahm und an den letzten
grünen Punkt, den die unglückliche Braut eingestickt
hatte, einen neuen fügte, den eine unsichtbare, aber
weite, weite Kluft von dem andern trennte!

Wieder fällt der grüne Knäul von Clara's
Schooße herab und wieder ergreift ihn Anna, legt
ihn auf ihre flache Hand, und beobachtet mit sinnen-
dem Auge, wie sich der grüne Wollenfaden ganz
langsam abwickelt.

Es geht sehr langsam mit dem Abwickeln, denn
die Stiche der kunstgeübten Hand sind Stiche in
das Herz.

Oft hält Clara inne in ihrer Arbeit, aber nicht,
um mit ihrem Blicke voll Theilnahme auf dem blassen
Gesicht der Amme zu verweilen, sondern um einem
schmerzlichen Gedanken nachzuschleichen, einem Gedanken
an jene Zeit, wo er ihr Spielgenosse war; an jene
Zeit, wo sie seine Braut wurde; an alle jene Zeiten
des glücklichen Wahns, mit dessen Aufhören er zum
Heuchler, sie zur Waise geworden ist! Ihre Seele
ist nicht fähig, die entsetzliche Veränderung, die mit
Allem, was sie umgab, vorgegangen ist, mit einem
Male zu fassen. Das Band, das sie an Meyerhoff
kettete, die kindliche Liebe zu ihrem Onkel — war
wie eine Linde vor ihrem Fenster, an die von frühe-
ster Kindheit auf ihr Blick sich gewöhnt hatte. In
einer Nacht wurde die Linde umgehauen, aber noch
wurzelt sie fest in der Fantasie, in der leeren Luft
breitet sich noch immer das grüne, schattige Blätter-
dach aus, und das Ohr glaubt noch lange, lange
das Rauschen der Wipfel zu vernehmen. — Das
schwere Haupt auf die Hand gestützt, lauscht sie jetzt
dem wehmüthigen Rauschen, wie dem eingebildeten Fort-

tönen einer fernen Glocke, die doch längst ausge=
schlagen hat.

Wenn Anna dann einen verstohlenen Blick zu
ihr hinauf wirft, so sieht sie nur die braunen Locken,
die der Stickerin in den Nacken herabfallen, nicht
aber die großen, zitternden Perlen, die unaufhaltsam
aus den blauen Augen hervorbrechen. Warum
wendet Clara das Gesicht so lange dem Fenster zu?
Sie pflegte doch sonst kaum einmal flüchtig hinaus=
zusehen? Und so lange schon und so unbeweglich
starrt sie hinaus; — und dieses leise Zucken der
Achsel jetzt und dieser schwache Laut — war das
nicht wie ein verborgenes, heimliches Schluchzen?
Anna möchte sie gern anreden, sie möchte sich über=
zeugen, ob sie wirklich weint, aber sie weiß nicht,
was sie sagen soll.

Da fällt ihr Blick auf den Knäul in ihrer Hand,
an dem nur noch ein einziger grüner Faden hängt.

„Liebes Fräulein," sagt sie, zu Clara aufschauend,
„das Grün geht zu Ende."

„Es geht zu Ende," sagte Clara, schwer und ge=
preßt, auf die Farbe der Hoffnung anspielend.

In diesem Augenblicke trat der Onkel ein.

Clara richtete sich haftig empor, um emsig
weiterzustiden.

Mit wohlgefälligem Blinzeln der Augen ver=
folgte der Onkel die behende Bewegung der Nadel,
dann sah er lächelnd auf den Säugling, der harm=
los an der Brust der Amme ruhte. Es waren be=
friedigte Fabrikantenblicke, die er umherwarf von
einer Maschine auf die andere, auf das Triebrad
oben, das in die Zähne des unteren greift.

Während Herr Locke, glücklich darüber, daß
nun Alles wieder in der alten Ordnung war, sich
vergnügt die Hände reibt, beobachtet Anna, wie
sich das letzte Ende des grünen Fadens von dem
Knäul in ihrer flachen Hand loslöst, wie jetzt eben
ein zusammengebrochenes Stück Papier, gleichsam
als Kern, allein auf ihrer Hand zurückbleibt.

Träumerisch hängt ihr Auge an dem Papier.
Es steht Geschriebenes darauf und gedankenlos liest
Anna das Wort: „Mutter."

Gedankenlos beginnt sie den Satz:

„Wenn es Ihnen noch lange gut geht, es
kommt doch ein Tag, wo Er Gericht mit Ihnen
halten wird."

Aber wie ein Träumender, der eben erwacht und in der ihn umgebenden Wirklichkeit, in welche er mit offenem Auge hineinschaut, den eben abge= brochenen Traum sich factisch fortsetzen sieht, liest sie weiter:

„Dann denken Sie an mich und meine arme Mutter, die dann längst zu Asche geworden ist!"

Sie reißt das Papier auseinander und durch= fliegt den entfalteten Brief.

Herr Locke sieht ihre Augen funkeln, er sieht ihren Busen heftig auf= und niederwogen, aber noch ehe er sich besinnt, hört er die Amme aufschreien:

„Das war meine Mutter!"

Clara sah erschrocken auf die Amme herab, die ihren Kopf erschöpft an sie gelehnt hatte und mit einem ausdruckslosen Blicke nach der Zimmerdecke starrte.

Herr Locke riß den Säugling von ihrer Brust. Die Lippen des stillen Kindes waren noch geöffnet, statt der Augen sah man einen matten wesenlosen Schimmer.

Wie Locke's Augen auf das weiße, den kleinen Körper umhüllende Bettchen starrten und auf einen bewegenden Athemzug lauerten, der ewig und ewig

ausblieb; wie er sich einredete, sein Kind schwebe
nur in Gefahr, sei aber nicht todt; es sei nur schwer,
ein Kind großzuziehen, aber deßhalb sei dieses Kind
doch noch nicht todt, — jeder erwachsene Mensch
sei ein halbes Wunder, sei eine aus verlöschen wollen=
den Funken emporgeblasene Flamme, deßhalb halte
er aber jetzt in seinen Armen noch keine Asche, son=
dern eine glimmende Kohle, die nur schnell ange=
blasen werden müsse; wie er an der Lebenslinie
dieses Kindes die electrischen Funken seiner stolzen
Hoffnungen und Träume in die weite Zukunft hin=
ausjagte und nicht glauben wollte, daß dicht vor
ihrem Ausfluß schon die Kette zerrissen war; wie er
auf Antwort wartete und kein Hauch des kleinen
starren Mundes sie brachte — da wußte er nichts
von dem seltsamen Farbenspiele auf seinem Haupte.
Nur Clara sah es mit stummem Entsetzen, daß sein
graues Haar in wenig Augenblicken weiß geworden
war, so weiß wie Schnee!

Capitel 16.

Der Schutzengel.

In einem ganz kleinen, zellenartigen Zimmer sitzt ein Mann auf einem hölzernen Stuhle. Auf dem Gesimse des einzingen Fensters liegt ein Stoß Bücher. Der einfache, ganz gleichmäßige Einband derselben und die Nummern auf dem Rücken der Bücher lassen darauf schließen, daß sie einer Leihbibliothek angehören.

Der Bewohner des kleinen Zimmers, der eben in einem der Bücher liest, scheint ein Leser von Profession zu sein. Vom Morgen bis zum Abend beschäftigt er sich mit Lectüre, dann und wann schreibt er einige Zeilen auf ein Blatt Papier. Gegen Abend kommt ein Freund, ihn zu besuchen. Bei ungünstigem Wetter spielen Beide eine Partie Schach; lockt ein schöner Abend in's Freie, so gehen sie spazieren. Die geräuschvollen, volkreichen Straßen, in die wir ihnen folgen, bilden zu der Abgelegenheit jenes Zimmers, deffen Fenster auf eine schmale, todtenstille Gasse mündet, einen grellen Contrast, denn nur wenige Schritte von dieser Einsiedelei, die man für ein ländliches Asyl halten könnte, hat man zurückzulegen, da befindet man sich mitten in dem bunten Gedränge einer Residenz. Ein Mann mit blanken Knöpfen folgt in einiger Entfernug den Beiden überall nach. Er bleibt vor der Thüre des Wirthshauses stehen, in welchem die Freunde ein=kehren; meist aber ladet ihn der Bewohner jenes stillen Zimmers ein, hereinzukommen, und läßt ihm einen Schoppen Bier geben. Endlich brechen die beiden Freunde wieder auf, der Mann mit den blanken Knöpfen folgt ihnen wieder in gemeffener Entfernung. Dem Einsiedler folgt er bis vor eine Zelle.

Dieser Einsiedler ist ein Wechselschuldner, der lange Jahre in der Residenz ein kleines Geschäft be=rieb, von allerlei Unglück verfolgt aber vor einigen Monaten seine Zahlungen einstellen mußte und von einem unerbittlichen Wechselgläubiger seiner Freiheit beraubt wurde.

Der Freund, der ihn täglich besucht, war sein ehemaliger Commis.

Eines Tages erhielt der Arrestant ein Billet vom Zellenwärter. Es enthielt Nichts, als die von einer zitternden, plumpen Hand geschriebenen Worte: „Ein alter Bekannter bittet Sie dringend, ihn heute in seiner Wohnung: Melanienstraße Nr. 8, zu besuchen."

„Wer hat das Billet gebracht?" fragte der Wechselarrestant.

„Ein Bedienter," war die Antwort des Wärters.

„Kannten Sie ihn nicht? Nannte er nicht den Namen seiner Herrschaft?"

Der Wärter verneinte.

Der Arrestant benutzte die ihm zum Ausgehen gewährte Abendstunde, jener Einladung Folge zu leisten. Sein Freund begleitete ihn bis an die Thür des bezeichneten Hauses in der Melanienstraße.

Es war ein reizendes einstöckiges Sommerhäuschen. Die offenstehende Hinterthür der Hausflur gewährte freie Aussicht in einen niedlichen Blumengarten.

Eben hatte der Arrestant den einen Fuß auf die erste Stufe der aus braunem getäfelten Holz gebauten Wendeltreppe gesetzt, da erklang aus einem der unteren Zimmer eine eigenthümliche Musik

Der Arreſtant blieb ſtehen und lauſchte, ſein muſi=
kaliſches Ohr unterſchied die Töne einer Violine und
einer Pedalharfe. Er hätte gern noch länger zugehört,
wenn er nicht geſtört worden wäre durch die Erſchei=
nung einer jungen blauäugigen Dame mit brauner
Locken, die in ſchwarzem ſeidnen Kleide eben die
Treppe herabrauſchte. Das ſchöne, von einem leiſen
Zuge der Melancholie durchzogene Geſicht der jungen
Dame war wohl werth, daß der trübe Blick des
Ankömmlings hell und ſtrahlend aufleuchtete; aber
noch etwas Anderes feſſelte ihn an dieſes Geſicht:
er war in die Züge deſſelben vertieft, wie in ein
Räthſel, deſſen Auflöſung er ſchon einmal gefunden
und wieder vergeſſen hatte. Mechaniſch griff er in
ſeine Bruſttaſche, nahm das Billet heraus und über=
reichte es der jungen Dame.

Sie nickte, als ſie es geleſen hatte, langſam
mit dem Kopfe, ſah ihn mit geſpannter Theilnahme
an und führte ihn hinauf in ein kleines, freundliches
Gemach, wo auf einem Sopha ein alter Mann ſaß.
Sie ließ Beide allein.

Die Fenſter des Zimmers waren geöffnet, man
hörte genau jeden Ton der von unten heraufrau=
ſchenden Muſik. Der alte Mann auf dem Sopha

hatte schneeweißes Haar. Er lächelte mit halb=
geöffnetem Munde vor sich hin, doch war dies Lächeln
nur das leere Strombett längst versiechten Humors.
Er hielt die Hände über der Brust zusammengefaltet
und schien andächtig der Musik gelauscht zu haben.

Als der Arrestant eintrat, stand er auf, ging
auf ihn zu und sah ihm lange und fest in das
Gesicht.

„Ich glaube doch, daß Sie es sind," sagte er,
„derselbe Senftenberg, der früher bei Locke und
Sohn war."

Senftenberg erkannte jetzt an der Stimme sei=
nen früheren Principal, Herrn Locke. Er wollte
Etwas sagen, aber Herr Locke entband ihn aller
Worte durch ein Kopfnicken und eine Handbewegung,
welches Beides ausdrückte: „Ja, ja — der bin ich
und Sie erkennen mich wieder."

„Ich las dieser Tage in der Zeitung," sagte
Herr Locke, seinen früheren Commis nöthigend, sich
neben ihm niederzusetzen, „daß über Ihr Vermögen
Concurs verhängt worden ist; ich erfuhr Ihre trau=
rige Lage und schickte nach Ihnen. Es thut mir
weh, wenn es guten Menschen, die einst meinem
Hause angehörten, übel ergeht. — Wohl verstanden,

guten Menschen, um die bösen kümmere ich mich nicht. — Haben Sie schon meine Clara gesehen?"

Noch ehe Senftenberg antworten konnte, war Herr Locke aufgestanden und hinausgegangen. Senftenberg hörte ihn auf der Treppe den Namen Clara rufen, dann unten im Hause, zuletzt im Garten. Er benutzte die Abwesenheit des alten Herrn, sich im Zimmer umzusehen. Auf einem Pfeilertischchen stand Herrn Locke's Hut, mit einem Trauerflor umwunden, daneben lag ein Buch mit Goldschnitt. Senftenberg warf einen flüchtigen Blick hinein, es war ein Gebetbuch.

Herr Locke kehrte jetzt mit Clara zurück.

Es war dieselbe junge Dame, der Senftenberg schon auf der Treppe begegnet war.

„Das ist Herr Senftenberg," sagte Herr Locke zu seiner Nichte, „derselbe, von dem ich Dir er= zählt habe."

Senftenberg fand jetzt die Auflösung jenes Räth= sels wieder, das ihm bei seinem Eintritte in dies Haus entgegengetreten war. Er wollte nach Meyerhoff fragen, allein die eigenthümlichen Verhältnisse und Umgebungen, in denen er diese Leute in einer ganz andern Stadt und doch, wie der Augenschein lehrte, in vollständig heimischer Einrichtung wiederfand, machten ihn so unsicher, daß er keine Frage wagte.

„Ja!" sagte Herr Locke, die Hand seiner Nichte mit seinen beiden magern Händen umschließend, „Clara ist mir treu geblieben. Die Anderen sind alle fortgegangen. — Alle fort! Mein Sohn Daniel ist vor einem Jahre gestorben. Sie werden davon gehört haben?"

Senftenberg hatte nie eine Silbe von Daniel gehört. Aber er nickte bejahend.

„Bald darauf folgte ihm meine Frau. — Daher habe ich auch die alte Firma Locke und Sohn be= graben, lebendig begraben. Ich wollte von Ge= schäften nichts mehr wissen und habe mich hierher zurückgezogen. — Die Herren, die in meinem Comp= toir arbeiteten, sind alle gut untergebracht. Der alte Mühlbach besorgt vollends die Abwickelung der Geschäfte und bezieht eine Pension. — Clara, gieb Herrn Senftenberg von unserm alten Moselwein zu kosten."

Als Clara das Zimmer verlassen hatte, zog Herr Locke hastig ein amerikanisches Zeitungsblatt aus der Tasche, zeigte auf eine Stelle darin und sagte, während Senftenberg las:

„Der hier ist untergebracht, wie er es verdiente!"

Senftenberg wurde aus dem Zusammenhange nicht klug; das Blatt berichtete, daß ein gewisser Flottwell in einem der nordamerikanischen Freistaaten der Falschmünzerei überwiesen und gehängt worden sei.

„Das war Meyerhoff," erklärte Herr Locke; „Gott sei seiner Seele gnädig!"

Aus Rücksicht für Clara, die soeben zurückkehrte, bekämpfte Senftenberg sein Erstaunen.

„Clara," sagte Herr Locke nachdenkend, „besorge für mich auch ein Glas, und eins für Dich und für Anna auch eins, und für den Geigenvirtuosen, den Tausendkünstler, den Karl — auch eins. Rufe sie herauf, wir wollen schnell ein kleines Fest feiern. Deswegen habe ich ja Herrn Senftenberg holen lassen."

Während Clara hinauseilte, sagte Herr Locke zu Senftenberg fast in einem Athem:

„Ihre Gläubiger werde ich befriedigen, Sie kehren nicht wieder in das Schuldgefängniß zurück. Sie etabliren ein neues Geschäft und ich gebe Ihnen die Fonds dazu. Und", fügte Herr Locke bewegt hinzu, noch ehe Senftenberg zur Besinnung kommen

konnte, und ergriff dessen Hand, „nicht wahr, Sie
verzeihen mir alles Unrecht, das ich Ihnen einst an=
gethan habe? Nicht wahr?"

In Begleitung Clara's erschien jetzt eine andere
junge Dame, ebenfalls schwarz gekleidet, mit schwar=
zem Haar und braunen Augen. Ein munterer, etwa
zwölfjähriger Knabe folgte den Beiden.

„Das ist Anna," sagte Herr Locke ernst und
mit tiefbewegter Stimme und wies mit Ehrfurcht
auf das braunäugige Mädchen, „mein Schutzengel,
Gottes zerschmetternder Blitz, der die Luft von meinen
Sünden reinigte und im reinen Dufte meines neu
aufathmenden Lebens versöhnt neben mir einhergeht."

Senftenberg fühlte das Mystische dieses Augen=
blicks nicht. Die Gruppe, die ihn umgab, ver=
schwamm in den aus seinen Augen brechenden
Thränen, mit denen sich die Leiden und Kümmer=
nisse vieler Jahre wohlthuend von ihm loslösten.

Senftenberg hat in der Residenz eine große
Fabrik etablirt. Clara ist seine Gemahlin, und so
ist Meyerhoff's Prophezeiung, daß Senftenberg einst
ein Wesen finden werde, welches ihn wahrhaft liebe,
ein Wesen, das ihm eine Stütze sein werde und
keine Last — doch in Erfüllung gegangen, und in
diesem Sinne könnte Senftenberg allerdings an ihn
zurückdenken und mit seinen eignen Worten aus=
rufen: „Der Meyerhoff hat doch Recht gehabt!"

Senftenberg ist nicht alleiniger Inhaber des
Geschäfts. Er theilt den Gewinn freiwillig mit
einem Compagnon, und das ist derselbe, der in frühe=
ren Zeiten sein Commis und während der Haft im
Schuldgefängnisse sein einziger Freund war. Wir
werden den jungen Mann, der von Charakter sehr
ernst und gesetzt ist, und zu unsern alten Bekannten
zählt, kaum wiedererkennen, kannte ihn doch Herr
Locke selbst nicht wieder — seinen ehemaligen lusti=
gen Lehrling — Karl!

Karl's einziger Kummer ist Anna, die ihr Leben
in stiller Entsagung hinbringen will und Karl's
heiße Bewerbungen um ihre Hand ablehnt.

Wenn einst der alte Mann die Klarheit seines
Geistes wiedererlangt hat und zur ewigen Ruhe ein=

gegangen ist — wird es vielleicht Clara's Vermitte=
lung gelingen, die Schwester und Freundin, an
welche die Bande des Schmerzes sie inniger gekettet
haben, als alle Bande der Liebe es vermögen —
mit Karl zu vereinen.

Anna's Brüder sind alle glücklich versorgt. Der
jüngste ist einer der talentvollsten Zöglinge eines be=
rühmten Conservatoriums.

Druck von C. Blochmann und Sohn in Dresden.

Kaufmännische Carrieren.

934.

Wahrheit und Dichtung
aus dem Geschäftsleben.

Von

Gustav Höcker.

So geht's!

Die heirathslustige Firma.

Dresden.
Rudolf Kuntze's Verlagsbuchhandlung.
1862.

II.

$\mathfrak{So}$ $\mathfrak{geht's!}$

—

Ein Stillleben.

Höder, Kaufmännische Carrièren. II.

I.

Herr Brunner ist in der wahrhaftigen Be=
deutung des Wort's ein Buchhalter geworden. Wir
werden später sehen, wie er sich als solcher ausnahm;
vor der Hand haben wir es mit einem hoffnungs=
vollen Jünglinge zu thun, der in einem bedeutenden
Handlungshause bald seine Lehrzeit bestanden haben
wird. — Der junge Brunner ist noch unschlüssig, ob
er von hier aus seine Schritte nach London, Paris
oder nach Italien lenken wird. Er hat in allen
drei Zungen gründliche Studien gemacht und glaubt
in der Ferne Ehre damit einzulegen. — Mit großer
Gewissenhaftigkeit hat Herr Brunner in der letzten
Zeit vermieden, ein Liebesverhältniß anzuknüpfen,
weil es sich mit der Ehrlichkeit seiner Gesinnungen nicht
vertrüge, daß er — mit Auswanderungsplänen um=
gehend — ein schwaches Herz an sich fessele, um sich

1*

dann von dem weinenden Mädchen wieder loszu=
reißen und in die graue Ferne hinaus, einer glänzen=
den Zukunft entgegen zu eilen. Der edlen Charakter=
stärke jedoch, die dieser Zug verrieth, fehlte noch eine
wichtige ergänzende Eigenschaft: die Entschlossenheit.
— Wie gesagt, der hoffnungsvolle junge Mann
schwankte noch zwischen Italien, Frankreich und
England; ja! diese Schwankungen wurden noch ver=
mehrt durch den plötzlich auftauchenden Wunsch, Be=
wohner eines der großen Handelsplätze jenseits des
Meeres zu werden. Mitten in diesen schwindelnden
Plänen überraschte Herrn Brunner das Anerbieten
eines Handlungshauses der kleinen Nachbarstadt,
welches ihn für das Comptoir engagiren wollte; der
gebotene Gehalt war lockend; die Firma besaß, wie
Herr Brunner wußte, ausgedehnte Verbindungen
mit dem geliebten Auslande. — Herr Brunner schwankte
— schwankte so lange, bis er dem Chef dieses Hauses
persönlich gegenüberstand und vor Schreck und Staunen
über die Eleganz des Zimmers, in welchem er em=
pfangen wurde, über die Intelligenz des kleinstädtischen
Großhändlers und über die eigne Kleinheit — vor
der Hand alle seine wirren Pläne fallen ließ und
das Anerbieten annahm. —

Herr Brunner bedurfte nun allerdings der in einer fantasiereichen Abendstunde für das Localblatt entworfenen Annonce nicht, in welcher er „bei seiner Abreise nach London (oder Paris) allen Freunden und Bekannten ein herzliches Lebewohl zurief," — auch hatte er nicht nöthig, sich von Kopf zu Fuß zweimal (ganz in Schwarz) neu zu kleiden und eine warme Reisemütze zu kaufen. — Er packte eines Tages seine Habseligkeiten in einen Koffer, machte einige wenige Abschiedsvisiten, bei welcher Gelegenheit man überall seine Freude aussprach, daß Herr Brunner in der Nähe bliebe — und endlich bestieg der junge Commis den Postwagen, der ihn nach wenig Stunden in der neuen Heimath absetzte. — —

Mehr als sechs Jahre sind vergangen, seitdem Herr Brunner im Comptoir der Firma T. W. Rauh arbeitet. Für die jungen Damen der Stadt aber ist Herr Brunner verloren; noch immer dämmern in ihm Ideen von einer Carrière, die in fernen Landen seiner wartet, und er will kein Mädchen unglücklich machen. Daher beschränkt er sich darauf, den Damen ein angenehmer Gesellschafter zu sein, und an diese Form des Umgangs hat er sich so gewöhnt, daß er sie auch den jungen Damen gegenüber beibehält, die er mit dem Kober unter'm Arme noch hat zur Schule wandern sehen. — Mehr als einen Mitarbeiter hat Herr Brunner kommen und wieder gehen sehen und sich deshalb oft mit einem Thorwächter verglichen. Herr Brunner ist ferner mit Interesse dem Entwicklungsgange des jungen Alwin Rauh gefolgt, von der Zeit an, wo der kleine muntre Knabe in unschuldiger Selbstüberhebung den Leuten weiß zu machen versuchte, er gehe bereits in die Schule — bis zu der Zeit, wo Herrn Brunner's Wissen die Thränen des Kleinen trocknete, wenn es galt, eine schwere Schulaufgabe zu lösen, welcher die Fassungskraft des Knaben nicht gewachsen war. —

Und Herr Brunner saß noch auf demselben Schemmel und vor denselben Büchern, als Alwin ein hochaufgeschossener Bursch' geworden war und von ihm zärtlich Abschied nahm, um am nächsten Morgen in Begleitung des Vaters nach Hamburg zu reisen und in einem der Firma T. W. Rauh befreundeten Hause die Handlung zu erlernen. —

Unser Freund hat endlich auch Geschmack am Kartenspiel gefunden, und die Bekanntschaft dreier Herren gemacht, mit denen er sich mehrere Abende der Woche am Scattische amüsirt. — Die Theegesell-

schaften in der Familie eines Herrn Anders sind
ebenfalls recht anziehend — und auf der andern
Seite der Straße, in die das Fenster, an welchem
Herrn Brunner's Pult steht, ausmündet, steht ein
alterthümliches Gebäude, welches dem Comptoiristen
in den Momenten der Rast viel Unterhaltung ge=
währt. — Das in die Mauer gemeißelte Wappen
über dem Mittelfenster der ersten Etage sieht dem
Wappen über dem Mittelfenster der zweiten Etage
verzweifelt ähnlich, und doch gewinnt jedes eine
ganz abweichende Physiognomie, wenn man die
Einzelheiten beider Wappen vergleicht. Vor der
Hausthür dieses merkwürdigen Gebäudes tummelt
sich ein Hund und eine Katze, und Herrn Brunner
amüsirt die Wahrnehmung, daß der überlegene Hund
sich vor der Katze fürchtet. Auch die Fenster der
ersten Etage bieten Herrn Brunner reichlichen Unter=
haltungsstoff; die Zimmer sind von einer kleinen ge=
müthlichen Familie bewohnt. Die Tochter, ein nied=
liches Kind, kleidet am Fenster ihre Puppe an und
aus. Mitunter begegnet ihr schwarzes Auge dem
Blicke des Buchhalters, dann versteckt sie sich schnell
hinter den Vorhang; plötzlich erscheint der Locken=
kopf wieder, ein herzliches Lachen, das Herr Brunner

durch die Fensterscheiben und über die Straße hinweg
fast zu hören vermeint, geht über ihr liebliches Antlitz;
sie nickt mit dem Kopfe und Herr Brunner nickt
wieder.

Herr Brunner ist nun sehr lange schon im Hause
T. W. Rauh, aber er hat nie Langeweile gehabt.
Seine Unterhaltung hat sich nicht nur auf die Erscheinungen des Nachbarhauses beschränkt, er fand
sie auch hauptsächlich in seinem Wirkungskreise selbst.
Es sind Menschen an die schwarze Comptoirtafel herangetreten, mit deren geheimsten Interessen er allmählich
vertraut wurde. — Bekanntschaften anzuknüpfen ist
bei ihm förmlich zur Leidenschaft geworden, und er
besitzt darin eine wahre Virtuosität. — Ein Fremder
tritt ein, der gebrochen deutsch spricht. Er ist auf dem
Cap der guten Hoffnung zu Hause und erhielt von
einem Geschäftsfreunde ein Empfehlungsschreiben an
die gut renommirte Firma T. W. Rauh.

„Wie geht es Ihnen, Herr — äh —?" fragt
Herr Brunner mit herzlicher Freundlichkeit, reicht dem
Afrikaner die biedre Rechte — und ist glücklich, um
eine Bekanntschaft reicher zu sein. — Jedes neue Ge-
sicht, das Herr Brunner sieht, gehört für immer seinem
Gedächtnisse an, und so ist es erklärlich, weshalb

faſt jeder Blick, den er durch's Fenſter auf die Straße
wirft, ein Kopfnicken mit ſich führt, welches irgend
einem vorübergehenden Bekannten gilt. — Herrn
Brunner's Gedächtniß bewährt ſich noch auf andere
Weiſe. Er bedarf keines Regiſters, um die Conti
in ſeinem Hauptbuche zu finden. Ferdinand Buxs
baum & Co. in Lübeck haben ihr Conto auf Folio
260 des Hauptbuchs. Wenn Herr Brunner die Zahl
260 hört, ſo denkt er an Ferdinand Buxbaum & Co.
in Lübeck, denn dieſe Firma hängt mit jener Nummer
unzertrennlich zuſammen. Endlich iſt das Conto des
Lübecker Geſchäftsfreundes bis zur letzten Linie volls
geſchrieben. Es muß daher transportirt werden und
erhält ſeinen neuen Platz auf Folio 389. — Das
iſt ein kleines Ereigniß! Während Herr Brunner im
Begriff iſt, das neue Conto mit Rieſenbuchſtaben
und nicht ohne eine gewiſſe Feierlichkeit mit den
Namen: Ferdinand Buxbaum & Co. in Lübeck zu
überſchreiben, geht Herr Anders am Hauſe vorüber,
am benachbarten Fenſter, gegenüber, erblickt Herr
Brunner ein fremdes Kind, und während des Weiters
ſchreibens fällt ein Sonnenſtrahl ſo grell auf das
Conto, daß Herr Brunner mitten im Worte Lübeck
innehalten muß, um das Rouleau herabzulaſſen.

Diese Einzelheiten weichen nie wieder aus der Er=
innerung des Buchhalters, sie bilden einen Moment
in seiner Selbstbiographie, und sobald Herr Brunner
das fremde Kind am Nachbarfenster wiedersieht, Herr
Anders grüßt oder von der Sonne geblendet wird,
denkt er immer an Ferdinand Buxbaum & Co. in
Lübeck. — Auf einem gewissen Folio des Hauptbuches
befindet sich ein großer Wasserfleck im Papier, und
dieser ist in Brunner's Gedächtniß so gewissenhaft
verzeichnet, wie eine alte berühmte Eiche auf einer
Spezialkarte. —

So ist Herrn Brunner's geistiges Leben, so seine
Gefühlswelt beschaffen. — Das Gedächtniß des
Buchhalters erstreckt sich auf alle möglichen Geschäfts=
vorfälle, und es kann somit nicht fehlen, daß er
seinem Prinzipale höchst wichtige Dienste leistet. —
Herr Rauh hat gelernt, sich an das Außerordentliche
dieser Leistungen zu gewöhnen, mit großer Sicherheit
darf er Herrn Brunner zu den Seinigen zählen, und
wie man ein Bild, das an einem Nagel schon hinläng=
lich sicher hängt, nicht noch durch einen zweiten be=
festigen zu müssen glaubt, so thut auch Herr Rauh
nichts, um seinen Buchhalter mit neuen goldnen
Fesseln noch inniger an sein Haus zu ketten. Herrn

Brunner's ganze Erscheinung, wie er während des
Nachdenkens mit der Uhrkette spielt, oder wie er,
auf dem hohen Drehschemmel sitzend, die herab=
hängenden Beine unten umeinander zu schlingen
pflegt; wie er im mündlichen Verkehr den Daumen
der rechten Hand in die Westentasche steckt und die
übrigen Finger lang herunterspannt, oder wie er
nach einer anstrengenden Arbeit mit großen Schritten
im Comptoir auf= und abgeht — Alles das ist so
eng mit dem Leben und der Bewegung im Comptoir
verbunden, daß Herr Brunner unzertrennbar davon
erscheint, wie die Büste vom Postament. —

So ist es nun schon seit langer Zeit gewesen,
und so wird es wohl bleiben. — Manchmal denkt
Herr Brunner an seine früheren Pläne zurück, und
er gesteht sich selbst, daß er sie aufgegeben hat. —
Herr Brunner hat in Sachen der Firma T. W. Rauh
mit Häusern in Paris und London und andern Me=
tropolen correspondirt; seine Handschrift und sein ge=
wandter Briefstyl sind vielen dortigen Comptoiren
alte Vertraute geworden; wenn er einst schriebe:
„nehmt mich als Euern Mitarbeiter auf; mit den=
selben Eigenschaften, die Euch an mir gefallen, will
ich fortan für Euer Interesse eintreten," — wohl

keiner der spekulativen Chefs würde sich bedenken, dem bekannten Unbekannten zuvorkommend die Hand zu bieten. — Aber würde dann Herr Brunner noch der Alte sein, wenn er das Haus gegenüber mit den zwei alterthümlichen Wappen und die vielen bekannten Gesichter nicht mehr sähe; — wenn er sich zum Scat= spiel erst neue Theilhaber suchen müßte, deren Ma= nieren und Gewohnheiten er von Neuem zu studiren hätte? — Würde er noch der Alte sein, wenn er gar vor einem fremden ungewohnten Hauptbuche säße, von dessen 260sten und 389sten Folio eine ganz andre Firma Besitz genommen hätte, als Fer= dinand Buxbaum & Co. in Lübeck?! — Diese neue Welt würde ihn tödten, und Herr Brunner ist, so oft er sich solchen Gedanken hingegeben hat, stets so er= schüttert, daß er sich mit verdoppelter Liebe an seine alte Umgebung klammert, und Herrn Rauh mit flehender Gebehrde ansehen und fragen möchte: „Nicht wahr, Du stößest mich nicht von Dir?" —

Es ist abgemacht, Brunner bleibt da! — Nun könnte er sich wohl umsehen unter der weiblichen Flora des Städtchens, und mehr als eine zarte Hand würde sich ihm entgegenstrecken, denn überall weiß man, daß Herr Brunner eine bescheiden anständige Haus=

haltung auf sich zu nehmen vermag. — Würde aber
auch die gute silberhaarige Alte, in deren Hause er
seit so vielen Jahren wohnt, die ihn pflegt und liebt,
wie ihren Sohn, die ihn von allen Menschen in der
Welt das Kopfkissen am bequemsten zu legen versteht,
und mit der er den ganzen Sonntagsmorgen zu ver=
plaudern pflegt — würde diese gute alte Frau den
Augenblick wohl überleben, wo sie aus seinem Munde
hören müßte, daß er nun heirathen und eine andere
Wohnung beziehen werde? — Und würde ihm ferner
der Ehestand einen Ersatz bieten für die Momente,
wo er des Morgens am Tische sitzt und in die Spiritus=
flamme schaut, welche wie ein flatternder Geist um
den Bauch der blechernen Kaffeemaschine tanzt, für
diese Augenblicke des Träumens und endlich für den
Genuß selbstbereiteten Kaffee's? — Ehe Herr Brunner
des Abends ausgeht, raucht er in seinem Zimmer eine
Pfeife Tabak — da muß er ganz allein sein und
schon das Bewußtsein, daß noch ein menschliches
Wesen den Zimmerraum mit ihm theile, würde ihm
die Hälfte dieses Genusses rauben. Dürfte er seiner
Frau einst zumuthen, ihn auf diese Stunde der Be=
schaulichkeit zu verlassen? — Von diesen Gewohn=
heiten kann sich Herr Brunner nicht auf Einmal

trennen — eine nach der Andern — und nächstes
Jahr soll wenigstens mit einer derselben der erste
Verzichtleistungsversuch gewagt werden. Natürlich ist
es dann wieder auf das künftige Jahr verschoben
worden und endlich hat Herr Brunner gar keinen
derartigen Vorsatz wieder gefaßt, denn die Damen,
denen er den Vorzug gegeben hatte — ach! sie haben
sich inzwischen an Andre verheirathet! — —

Die Figuren in den beiden Wappen am Nach=
barhause schmelzen noch immer mit ungezähmtem
Uebermuthe zusammen und gehen wieder auseinander,
Katze und Hund aber sind gestorben, und das kleine
Mädchen am Fenster ist eine heirathsfähige Jungfrau
geworden, die jetzt mit ernster Freundlichkeit mit dem
Kopfe nickt, wenn Herr Brunner hinaufgrüßt; und
Herr Rauh ist ein alter Mann geworden, der oft
von der Gicht heimgesucht wird und böse Launen
hat. Oben in seinem Familienkreise läßt sich Herr
Rauh weniger von seinen Launen überraschen, aber
unten im Comptoir, mitten auf dem Schauplatz der
Geschäftssorgen, da muß sich der Funke der Ver=
stimmung entzünden. Nun, in der That, es kommt
dem alten Herrn Rauh jetzt sehr langweilig vor,
daß Herr Brunner sich nach jeder anstrengenden Arbeit

die Hände reibt und wie ein Husaren=Oberst im
Zimmer auf= und abgeht! Es ist unhöflich von Herrn
Brunner, daß er, wenn man mit ihm spricht, den
Daumen der rechten Hand in die Westentasche steckt
und ewig mit der Uhrkette spielt. — Zudem wird
Herrn Brunner's Handschrift immer unsichrer, seine
Buchstaben sind wahre Carricaturen, er darf die
Conti im Hauptbuche nicht mehr überschreiben. Und
jetzt geht er gar mit der Absicht um, seinen Schemmel
neu polstern zu lassen! Dieser Mann wird Herrn
Rauh lästig; er leistet nicht mehr das, was er sonst
geleistet hat, und bezieht doch noch immer den früheren
Gehalt!

Herr Rauh beschäftigte sich eben mit der Frage,
ob das Geschäft gegen Herrn Brunner Verbindlich=
keiten habe, weil er ihm so lange gedient, oder ob
Herr Brunner dem Geschäfte verpflichtet wäre, weil
es ihn so lange behalten habe — da wurde er in
seinem Selbstgespräch von etwas Unerwartetem unter=
brochen: vom eignen Tode. — — — — — —

„Der alte gute Herr hat in der letzten Zeit fast
keine frohe Stunde mehr gehabt, er war immer ver=
drießlich und fand keine Freude am Leben mehr —
nun ist er gestorben!" So sagte Herr Brunner zu

seinem Nachbar, an dessen Seite er hinter dem Sarge einherging, und seit langen Jahren flossen die ersten Thränen wieder über seine Wangen und gruben sich eine neue Spur um die schon recht hervorstehenden Spitzen und Ecken. — — —

II.

Herr Alwin Rauh ist der neue Chef des Hauses. Er wurde aus weiter Ferne hierher gerufen, und ist in der Fremde ein tüchtiger Kaufmann geworden. Dieser große Mann mit dem schwarzen Backenbarte und dem scharf beobachtenden Blicke der Augen ist derselbe Alwin, der als kleiner Knabe bei Herrn Brunner Trost und Hülfe suchte, wenn er um die Lösung einer Schulaufgabe verzweifeln wollte! Der Buchhalter erinnerte ihn lächelnd an jene Zeiten, und der junge Herr Rauh sagte, daß er sich zwar auf sein Verhältniß zu ihm, wie es in jenen Jahren bestanden habe, nicht mehr erinnern könnte, er zweifle aber nicht, daß Herr Brunner Herr Brunner sei. — Herr Brunner beugte sich tief auf sein Hauptbuch herab und nahm sich vor, seinen Chef mit solchen Vertraulichkeiten nicht wieder zu belästigen. —

Auch ohne diesen Vorfall hätte der alte Buchhalter von früheren Zeiten schweigen müssen, denn es zeigte sich bald, daß Herr Rauh jun. überhaupt nicht der Mann war, der mit einem seiner Untergebenen über etwas anderes, als Geschäftsangelegenheiten sprach. Herr Brunner zieht sehr höflich seinen Hut vor Herrn Alwin und benimmt sich höchst artig und zuvorkommend gegen ihn, wie dieß einem Gebieter gegenüber erforderlich ist. Der junge Herr Rauh wird nicht von der Gicht geplagt, er hat auch keine üble Laune, aber er ist sehr scharf und streng und wird oft sehr ungeduldig darüber, daß Herr Brunner so viel Zeit braucht, um ein Conto im Hauptbuche aufzusuchen. —

In der That! Brunner ist alt geworden. — Er hat nur noch sehr wenige Folien des Hauptbuchs im Gedächtniß und bedarf des Registers, um irgend ein Conto aufzuschlagen. Ferdinand Buxbaum & Co. in Lübeck existiren schon längst nicht mehr; die Zahlen 260 und 389 und noch viele andere haben für Herrn Brunner gar keine Bedeutung mehr, an den Wasserfleck in einem Blatte des alten ausgeschriebenen Hauptbuches hat Herr Brunner seit langer Zeit nicht wieder gedacht. —

Ach! längst schon ist der Scattisch im „grünen Reiter" aufgehoben. Der eine der Spielgenossen starb, den andern hat das Schicksal in ein fernes Land getrieben und der dritte hat ein Weib genommen und verbringt die Abende in seiner Familie. — Nur der alte Brunner, der ergraute Buchhalter der Firma I. W. Rauh, sitzt noch zuweilen Abends in einer Ecke der gemüth= lichen Gaststube, ganz allein an einem Tische, und wirft wehmüthige Blicke nach dem alten Scattische, an welchem sich jetzt die neue Generation amüsirt. „Es ist leer um mich her geworden!" sagt er oft vor sich hin und seufzt. Wenn er dann auf dem Nachhausewege, auf seinen dicken Stock gestützt, an das Haus seines Chefs kommt, bleibt er vor jedem der Comptoirfenster stehen und untersucht mit seiner knochigen Hand, ob auch die eisernen Laden wohl= verschlossen sind, während aus der hellerleuchteten ersten Etage die Töne eines Pianoforte herunter rauschen und der liebliche Gesang der jungen glück= lichen Madame Rauh. — Herr Brunner lauscht eine Weile und dann geht er. Er hätte gern noch länger zugehört, aber der Nachtwind weht ihm kalt in's Gesicht. — Herr Brunner steht vor seinem Hause, aber es kommt keine alte, gute Frau mehr aus dem Par=

2*

terreſtübchen, um dem Miethsmanne die Treppe
hinauf zu leuchten und nach traulichem Geplauder
ihm gute Nacht zu wünſchen. Ach! ſie iſt ſchon längſt
todt, und fremde Leute ſind ſeine Vermiether geworden.

Das Comptoirperſonal der Firma T. W. Rauh
iſt um einen Mitarbeiter vermehrt worden. Der
neue College iſt ein ſtattlicher Herr mit vornehmen
Manieren, ignorirt die übrigen Herren ſo viel als
thunlich, ſteht mit Herrn Alwin auf du und du,
obwohl Beide dem andern Perſonal gegenüber ſo
wenig wie möglich Gebrauch davon machen, und
iſt oft oben zu Tiſche und zu Soiréen geladen, wo
er den Geſang der jungen Madame Rauh am Piano
begleitet. — Herrn Brunner iſt von ſeinem Chef der
Auftrag geworden, den neuen Collegen in ſeine Pflichten
und in alle Geſchäftsverhältniſſe einzuweihen, und
dieſe Aufgabe erfüllt er auf's Redlichſte. — Der neue
College hat bald ſolche Fortſchritte gemacht, daß
Herr Alwin Rauh ihn für reif hält, Herrn Brunner
einen Theil ſeiner eignen Arbeiten abzunehmen, und
Herr Brunner ſieht ſich infolge deſſen von mancherlei
Berufspflichten befreit, die er ſeit länger als einem
Vierteljahrhundert in gewohntem Kreislaufe erfüllt
hatte. — Sein Amt iſt ihm bedeutend erleichtert, und

er kann sich zu den Arbeiten, die ihm nun noch ob-
liegen, Zeit nehmen. — Der neue College arbeitet
sich immer besser ein und bald hat er in Allem eine
noch größere Sicherheit erlangt, als sie der alte
Buchhalter selbst haben kann. — Herr Brunner darf
dem Collegen von seinen Arbeiten noch mehr über-
tragen, und endlich hat er nur noch wenige Conti
des Hauptbuches zu überwachen, — und das sind
die schwächsten.

Herr Brunner hat tagelang die Feder hinter'm
Ohre, ohne sie zu gebrauchen. Er sitzt an seinem
Pulte, sieht nach den alten Wappen hinüber, wendet
das Auge wieder weg, und begegnet dem lauernden
Blick des Herrn Alwin Rauh. — Er will schnell in
seiner Arbeit fortfahren und besinnt sich dann erst,
daß er nichts zu arbeiten hat. — Der neue College
hat von all' seinen Büchern und auch von dem
guten alten Hauptbuche Besitz genommen, und Herr
Brunner wird von der Langeweile gemartert. — Er
liest die Correspondenzen durch, bis in die Zeiten zurück,
da noch das kleine Mädchen mit dem Lockenkopfe
aus dem Fenster des Nachbarhauses herüberwinkte. —
Er spitzt den Bleistift und bricht die Spitze wieder
ab, um ihn von neuem spitzen zu können; er geht

und wäscht sich allstündlich die Hände, und wenn
die Fülle dieser kleinen Thätigkeiten erschöpft ist, so
flüchtet er in die Packkammer und unterhält sich mit
den Markthelfern, bis der neue College kommt, und
den Markthelfern einschärft, daß sie zum Arbeiten
und nicht zum Schwatzen hier seien. —

Da eines Tages schauen die Wappen des Nach=
barhauses ganz eigenthümlich zum alten Brunner
herüber; ihre Figuren fließen nicht mehr ineinander,
sie stehen mit klarer Bestimmtheit vor des Buchhalters
Blicken, als wären sie ihres neckischen Spieles endlich
müde; aber am Fenster drüben liegt ein Etwas,
das eine Form annimmt, als wäre es das Gesicht
und der Lockenkopf des kleinen Mädchens, und Herr
Brunner schaut d'rein und denkt an die alten Zeiten
und dann wieder an die Gegenwart. — Ach! wie
soll er den heutigen Tag verbringen, und die ganze
Woche, und den ganzen Monat! Und so wird es
fortgehen, so lange er Buchhalter im Hause T. W.
Rauh bleibt, so werden die Stunden eines jeden
Tages langsam dahinschleichen, so wird er jede
Viertelstunde schlagen hören, so wird er sich, wenn
er dem lauernden Blicke des Herrn Alwin Rauh
begegnet, noch oft schämen müssen, daß er nichts

weiter thun kann, als die Hände in den Schooß
legen. —

Herr Alwin sitzt am Pulte und schreibt eifrig.
Es ist gerade Niemand weiter im Comptoir. Alles
ist still, nur die Comptoiruhr läßt ihr nimmer rastendes
Tick = tack vernehmen und die Feder des Herrn Rauh
hört man über das Papier rascheln. Da unterbricht
Brunner die Stille und sagt in recht herzlichem
Tone:

„Herr Rauh, — ich habe nichts, auch gar nichts
mehr zu thun!" Es lag in dieser Anrede ein leiser
Vorwurf und eine innige Bitte.

„Ich sehe es wohl," antwortete Herr Alwin
achselzuckend und die Stirn in Falten legend.

„Wird es —" Herr Brunner hält inne — „wird
es nun immer so bleiben?"

Das Zittern der Stimme, das diese Worte be=
gleitete, der Ausdruck von Wehmuth, Bangen und
Vertrauen, der auf dem alten ehrlichen Gesicht des
Fragenden lag, wurden Herrn Rauh's Beobachtung
entzogen, — denn all sein Augenmerk gehörte der
Frage selbst. Er richtete sich empor, wie man es
thut, wenn man plötzlich etwas ganz besonders In=
teressantes um sich vorgehen sieht.

„Herr Brunner," sagte er endlich, „ich kann Ihnen beim besten Willen keine Beschäftigung mehr geben, — ich denke, Sie sehen es selbst ein."

Herr Brunner schwieg, — schwieg sehr lange. Endlich stand er auf, ging auf Herrn Rauh zu, nickte leise und nachdenklich mit dem Kopfe und sagte seufzend: „Ja, ich sehe es ein, — und so will ich denn von Ihnen und von diesen alten vertrauten Wänden scheiden. — Der neue Herr College wird meinen Platz einnehmen; es war ein hübscher lieber Platz am Fenster, und das Pult ist das bequemste im Comptoir, denn es hat die meisten Fächer und sie sind alle, wie man sie braucht. Gleich will ich gehen und das Pult ausräumen, einige Bücher, die mein Privateigenthum waren, will ich meinem Herrn Nachfolger darin zurücklassen, sie werden ihm manchmal nützlich sein. — Wenn ein Mal eine Zeit kommen sollte, wo es so viel zu thun giebt, daß Sie nicht fertig werden können, so lassen Sie mich rufen; meine Hand steht Ihnen zu Diensten, Herr Rauh; sie ist alt und unsicher geworden, aber es ist noch dieselbe Hand, von deren ehemaliger bescheidner Kraft und Ausdauer alle die ausgeschriebnen Bücher im Schranke dort Zeugniß ablegen können." —

Herr Alwin Rauh verlor auf einen Moment die Sicherheit seines Blickes und über sein Antlitz zuckte ein Zug der Verlegenheit. Aber es war nur vorübergehend.

„Es thut mir leid," entgegnete er, „herzlich leid, Herr Brunner, daß wir uns trennen müssen; aber ich kann wirklich keinen andern Ausweg finden. Die Aufgabe unsres Wirkungskreises ist größer geworden, Ihre Kräfte nehmen ab, und es würde mir wehe thun, Ihnen das Leben und den Aufenthalt bei uns durch erhöhete Anforderungen verkümmern zu müssen." —

Herr Brunner räumte sein Pult aus, reihete den Schlüssel von dem Schlüsselringe los, um ihn nun für immer zu vermissen, und übergab ihn dem neuen Collegen, der mit ablenkendem freundlichen Humor die originelle Form des Schlüssels und die Sicherheit des Schlosses bewunderte. — Dann warf Herr Brunner noch einen Blick nach den ehrwürdigen Wappen des Nachbarhauses, noch einen langen schmerzlichen Blick nach den Hauptbüchern, die von seinen Schriftzügen angefüllt waren und den größten Theil seiner Erinnerungen in sich bargen, und dann gab er Jedem die Hand, und zuletzt auch Herrn Alwin Rauh, der ihn bat, die Firma T. W. Rauh nicht

ganz zu vergessen, und ihn mitunter einmal zu
besuchen. — Auch würde er ihm, wie er hinzufügte,
jederzeit mit Empfehlungen zu Diensten stehen, wo
er ihrer bedürfe, und endlich drückte Herr Rauh dem
Ex=Buchhalter ein Billet in die Hand. Es enthielt
den Gehalt für das eben begonnene Halbjahr.

Herr Brunner ging zur Thür hinaus, wie er
mehr denn dreißig Jahre lang hinaus gegangen war, —
aber es war dieß Mal ein großer Gang. — Er
war fort, um nimmer wiederzukommen. — Herr
Alwin Rauh beugte sich auf seinen Briefbogen und
schrieb eifrig weiter; der Nachfolger des Ausgeschie=
denen probirte den Schlüssel am Schlosse des erober=
ten Pultes, und Niemand war da, der die Wucht
der Scheidestunde hätte empfinden können, — Nie=
mand, als die grünen Wände, die hohen Briefschränke,
das Pult und die Wandkarten! — —

III.

Herr Brunner saß nun zu Hause. — Der Preis für seine lange Thätigkeit, der Preis für die Aufopferung seiner besten Kräfte, der Preis für den gekrümmten Rücken und das graue Haupt — war ein Nothpfennig, welcher von dem Gemisch von Mühe und Arbeit als Bodensatz zurückgeblieben war. Herr Brunner sah den Nothpfennig genau an und versuchte den Rest seines Lebens in einen Divisor zusammenzufassen. Diese Aufgabe war entsetzlich, und er beschloß die Lösung zu verschieben. Einstweilen bemühete er sich, irgendwo in der Stadt eine kleine bescheidene Stellung zu erhalten. Er besuchte nur an zwei Abenden in der Woche den „grünen Reiter" und vertauschte den für seine jetzigen Verhältnisse zu kostspieligen Mittagstisch mit einem andern, der ihm die Bekanntschaft eines Colporteurs, mehrerer

Gerichtscopisten und vorübergehend auch die einiger
anständigern Fuhrleute verschaffte. — Herrn Brunner's
Bemühungen um eine bescheidene Stelle blieben er-
folglos, denn überall schrack man vor seinem Alter
zurück. Daher hielt es Herr Brunner für nothwendig,
noch weitere Einschränkungen eintreten zu lassen.
Er speiste von jetzt an nur einen Tag um den andern
warm zu Mittag und trennte sich für immer von
dem „grünen Reiter" und vom geliebten Bier. Er
unterdrückte den letzten Rest von Eitelkeit, indem er
im fadenscheinigen Rocke und mit abgegriffenem Hut
auf der Straße erschien, und fügte sich erst dann in
die eiserne Nothwendigkeit, ein Paar neue Stiefel
zu bestellen, als das alte, von zahllosen Reparaturen
absorbirte Stiefelpaar keiner Ausbesserung mehr fähig
war. — Ungeachtet aller dieser Einschränkungen und
Entbehrungen wurde doch der Nothpfennig immer
kleiner. Zudem besaß Herr Brunner nicht einen einzigen Verwandten, von dem er eine Unterstützung
hätte erwarten dürfen, selbst wenn er den Stolz, der
bei diesem Gedanken sich heftig in ihm zu regen begann, unterdrückt hätte. — — —

So kam ein harter Winter heran, und mit ihm
begann das Jahr, mit welchem der Nothpfennig zu

Ende gehen mußte. Herr Brunner fühlte daher wirk=
lich etwas wie Erleichterung, als er gewahrte, daß
sein Husten zunahm, daß ihm das Athmen schwerer
wurde und eine Krankheit zu ihm herangekrochen
kam, die ihn in das Bett hineintrieb. — Die Wirths=
leute unten trugen Sorge, daß Herr Brunner eines
Tages, wo die Wintersonne etwas freundlicher schien,
noch tiefer in die Betten hineingepackt und, wie ein
Wickelkind, die Treppen hinab in einen Wagen ge=
schafft wurde, der den Alten nach dem Stadtkranken=
hause brachte. Dort lag er in einem großen Saale
unter vielen andern Kranken. — Es war eine lange,
böse Krankheit, die über ihn hereingebrochen war;
sie drang bis in das Heiligthum der Seele und störte
dort Gefühle und Erinnerungen aus ihrem Schlafe,
die sich in Fieberfantasien Bahn brachen. Wider
Erwarten des Arztes aber legte sich das Fieber; Herr
Brunner fühlte sich von Tag zu Tag wohler; er ge=
naß, und als der Frühling in's Land gekommen war
und die grünen Blätter der Bäume sich dunkler
färbten; als die Kanarienvögel wieder draußen vor
den Fenstern schmetterten, und in dem zum „grünen
Reiter" gehörigen Garten Abend=Concerte abgehalten
wurden — da wankte der alte Brunner an seinem

Stocke wieder hinaus in's Freie, blieb stehen und
hustete, und ging wieder weiter. — Seine zahlreichen
Bekannten in der Stadt, welche erst durch den Arzt
des Krankenhauses die wahre unglückliche Lage des
alten Buchhalters erfahren hatten, veranstalteten zu
seinem Besten eine Collecte, an der sich auch die
Firma T. W. Rauh mit zwanzig Thalern betheiligte.
Aber dies stimmte den alten Brunner noch trauriger,
und auch der Frühling mit seiner duftigen Frische
vermochte nicht die Nebel seines Kummers zu zer-
streuen. Kein Lächeln schlich sich auf die bleichen
Züge des Alten. —

Eines Tages war er auf seinem gewöhnlichen
Spaziergange wieder bei seinem Lieblingsplätzchen
angekommen. Es war der Ausgang eines Gehölzes,
der dicht an einen Fluß führte. Hier ruhete er auf
einem Baumstumpfe aus und blickte den Wellen des
Stromes nach. Dabei dachte er an die Pläne, die
er einst gehegt hatte, an die großen volkreichen
Städte in der Ferne, in denen er einst seine Heimath
hatte aufschlagen wollen, an die Hoffnung der Jugend
und an die Hinfälligkeit des Alters. Es kam ihm
vor, als wäre sein Schicksal verwechselt worden, als
hätte er nach einem falschen Glase gegriffen und stat

des Weines, den Essig getrunken. Sein Gemüth
wurde von einer plötzlichen Bitterkeit erfüllt, daß
keine freundliche Macht den Menschen auf seinen
Irrwegen aufhalte. — Er sah tief, tief in die Wellen,
und die Bitterkeit verschwand, und Ruhe und Frieden
zog in das alte Herz ein. — „Es muß noch ein anderes Leben geben, als das hier, unter Zahlencolonnen
und staubigen Büchern," dachte er, und sah in das
Spiegelbild der Sonne im Wasser. Der Strom
spielte im Blau des Aethers, und das Gras und die
Blumen des Uferrandes erschienen im Wasser wieder,
und streckten sich im Aetherblau und winkten herab und
herauf. Er hatte die Natur noch nie so schön gesehen
und dazu strich ein wohlthuender Hauch durch die Luft,
ihm an das Herz. — Hier wollte er bleiben, nie
wollte er wieder diesen Ort verlassen; er braucht
sich um keinen Nothpfennig mehr zu kümmern und
wird nie Gebrauch von der mitleidigen Collecte machen
müssen, die in der Stadt für ihn gesammelt wird. —
So, wie es jetzt ist, wird es nun immer bleiben, wenn
er sich von seinem Baumstumpfe herab nur etwas
tiefer nach den Wellen neigt. — Lebe wohl, du wun-
derliche Welt! je näher dem blauen Aether, der sich
hier unten in der Tiefe ausdehnt und wieder zusam-

menfährt, je wunderlicher erscheint Einem diese Welt.
Ach! und diese Sonne, die in dem blauen nassen
Aether zuckt, blendet das Auge nicht, — man könnte
ruhig im Hauptbuche schreiben, ohne das Rouleau
herabzulassen — doch wer wird jetzt noch an das
Hauptbuch denken! — es gilt, die neue Sonne zu
erreichen. — — Wie sie in dem blauen nassen Aether
zuckt und spielt, — wie sie plötzlich weit auseinander-
fährt — wie die Wellen emporschlagen und dem
weißhaarigen Kopfe ehrerbietig Platz machen — wie
es endlich wieder still wird — und wie ruhig das
Spiegelbild der Sonne wieder auf dem blauen Wellen-
äther steht! — — —

Niemand wußte, wohin der alte Buchhalter gekommen war, bis nach einigen Tagen ein Fischer
eine Leiche aus dem Flusse zog, in der man Brunner
erkannte. — —

Ganz spät, in der Dunkelheit der Nacht, wurde
er begraben. Sein Sarg schwankte am Hause T.
W. Rauh vorüber. Aus der obern hell erleuchteter
Etage rauschen die Töne eines Piano's herab und
darunter mischt sich der liebliche Gesang der jungen
glücklichen Madame Rauh. Am Fenster des gegen-

überliegenden Hauses sitzt die herangewachsene Tochter mit ihrem Bräutigam, und Beide sprechen von der Zukunft.' — Die alten Wappen nur sehen den Sarg vorübertragen, und ihre steinernen Physiognomien scheinen sich zu bewegen; hinter den eisernen Läden im Comptoir von T. W. Rauh ist alles finster und todtenstill, — die ausgeschriebenen Bücher stehen fest in ihren gedrängten Reihen, — nur das Pult knarrte, in welchem der Todte den größten Theil seines Lebens verbracht hatte. — So geht's! — — —

III.

Die heirathsluſtige Firma.

———

Komiſche Erzählung.

Capitel 1.

Junge Anfänger.

Druck und Leidlich, zwei Freunde, und seit Jahren an ein und demselben Comptoir als Commis thätig, sind eben mit den Vorbereitungen zur Gründung einer eignen Firma beschäftigt. Beide haben das abhängige Leben satt, und stehen überdieß in dem Alter, wo es Zeit wird, eine selbstständige Stellung in der Welt einzunehmen, und dieß ist das Ziel eines jeden strebsamen Menschen, vor Allem aber das eines Merkurjüngers, wie die täglich überhandnehmenden neuen Firmen beweisen.

Vermögen, wenigstens was man Vermögen nennen könnte, hat Keiner von den Beiden, aber Jeder verfügt über eine Reihe langjähriger Erfahrungen und einflußreicher Connexionen. Leidlich besitzt einige hundert Thaler, die er in dem Unter=

nehmen anlegen wird, Druck dagegen schießt seine
praktische Geschäftsgewandtheit als Capital ein, die
dem mehr theoretisch gebildeten, hinter Strazzen auf=
gewachsenen Leidlich abgeht.

Es giebt so allerhand kaufmännische Existenzen,
die keinen Capitalaufwand erfordern, artige Hand=
langer= und Eckensteherposten im großen Weltverkehr.

Unsere Freunde werden ein „Commissions= und
Speditionsgeschäft" gründen und damit eine Tabaks=
niederlage verbinden. Druck hat nämlich einen aus=
wärtigen Tabaksfabrikanten zum Freunde, der dem
zukünftigen Handlungshause ein kleines Commissions=
lager anvertrauen wird.

Je nach den verschiedenen Richtungen hin, in
welchen jeder der unternehmenden jungen Leute seinem
Etablissement vorstehen wird, treffen beide Theile
jetzt ihre Vorbereitungen.

Der praktische Druck macht kleine Reisen, um
Geschäftsverbindungen anzubahnen, Agenturen zu
erwerben und dergleichen mehr.

Druck fand auf diesen Reisen mannigfache Ge=
legenheit, seine Menschenkenntniß zu erweitern; er
hätte sie, wie mancher gelehrte Tourist die seinigen,
empfindsame" Reisen nennen können. Wer nie selbst=

ständig war, wer mit der Welt nur immer für fremdes Interesse verkehrte, der kennt sie erst halb.

Druck warb für die künftige Firma um Credit. Er suchte seine zahlreichen Freunde auf, mit denen er in früheren Jahren gezecht und gearbeitet, gelebt und geliebt hatte.

Sie waren inzwischen selbstständig und wohl= habend geworden, sie freuten sich herzlich, daß er kam, der alte, ergötzliche Spaßmacher, wünschten ihm Glück zu seinem Unternehmen, luden ihn zu Tische und versäumten seinetwegen wohl auch ihre Geschäfte. Aber dem neuen Etablissement ihre Kundschaft zu= zuwenden oder Commissionslager anzuvertrauen, — das konnten sie nicht versprechen. „Wenn du nur einen Tag früher gekommen wärest," hieß es hier, „wenn du für dich allein wärest und nicht einen mir wildfremden Menschen zum Associé hättest," ent= schuldigte sich ein Anderer, und ein Dritter zeigte nach dem trüben Gewölk am politischen Horizont, — den er bei derartigen Gelegenheiten schon seit zehn Jahren als Vogelscheuche benutzte, und wahrscheinlich noch lange wird benutzen können.

Auf seiner Reise besuchte Druck auch einen alten Schulkameraden, nicht zu geschäftlichem Zwecke, sondern

nur, um ihn nach langen Jahren der Trennung
wiederzusehen.

Der Mann war Handelsgärtner, und es wurde
ihm gar sauer, sich und seine zahlreiche Familie zu
ernähren, und dabei die Schulden abzutragen, die
noch auf dem kleinen Grundstücke lasteten. Seine
Freude über das Wiedersehen war unaussprechlich,
und als er hörte, daß Druck sich in nächster Zeit
etabliren werde, jubelte er laut auf.

In seiner Einfalt glaubte er, ein Kaufmann sei
schon ein „gemachter Mann," sobald er sich nur
etablire, und sein Freund Druck stehe jetzt nahe vor
einem durch jahrelange Mühen erreichten Ziele.

Als er freilich erfuhr, wie jetzt erst die schwersten
Sorgen des Lebens für Druck beginnen würden und
welche bittere Erfahrungen dieser bereits habe machen
müssen, da schüttelte er traurig das Haupt und war
so von herzlichem Mitleid erfüllt, daß er in dieser
Stunde kaum wagte, dem Freunde eine angenehme
Ueberraschung zu bereiten, mit der er sonst, wenn
ihn Jemand besuchte, nie lange hinter dem Berge
zu halten vermochte.

Nächst Weib und Kindern nämlich war noch ein
Drittes vorhanden, das des armen Gärtner Lebens=

glück ausmachte. Seine holde Gönnerin, die Mutter
Natur, hatte ein Fleckchen Erde in seinem Garten
ausersehen, der Tummelplatz einer ihrer lieblichsten
Launen zu sein; es war eine Ausnahme von der
Regel und deshalb ein kleines Wunderwerk, und der
Gärtner war dazu gekommen, wie mancher Andere
zum Genie. Auf einem der Beete wuchs nämlich
eine Riesen=Nelke. Auf einem förmlichen Busche
staudenartiger Blätter, mit leisem Silberscheine über=
haucht — als hätte die Nacht dort aus Vergeßlich=
keit den Mondschein zurückgelassen — schwankte, groß
wie Sonnenrosen, ein Nelkenflor, von dem tiefglühenden
Rothe der Feuernelke bis zu dem schneegleichen Weiß,
das vor Zartheit an hundert Punkten leicht zu er=
röthen scheint.

Schon mannichfach war der seltenen Pflanze in
den Zeitungen gedacht worden; es verging fast keine
Woche, wo nicht Durchreisende kamen, um das Wunder
in Augenschein zu nehmen, und einzelne wohlhabende
Blumenfreunde hatten dem armen Gärtner schon
nahmhafte Summen geboten. Aber die Riesen=Nelke
war ihm nicht für Geld feil, er betrachtete sie als
ein Sinnbild seines Berufs, als ein Geschenk der

gütigen Natur, wie ihm das Leben Weib und Kind geschenkt hatte.

„Ja, man sollte wahrhaftig nicht mehr an Freundschaft glauben," rief der ehrliche Gärtner, als Druck seine Erzählung von der Treulosigkeit seiner Freunde beendet hatte, „wenn ich Dir nur helfen könnte, wenn ich im Stande wäre, zu Deinem Glücke Etwas beizutragen, es sollte gewiß geschehen. Ritze mir eine Ader," fügte er hinzu, indem er den Hemd=ärmel in die Höhe streifte und dem ehemaligen Schul=kameraden den kräftigen Arm entgegen hielt, „wenn Dir mein Blut nützen kann — Du sollst es haben."

„Ich weiß! — ich weiß!" entgegnete Druck, dem Freunde auf die Schulter klopfend.

Druck mußte bei seinem Freunde über Nacht bleiben. Als er am nächsten Morgen Abschied nehmen wollte, sagte der Gärtner treuherzig zu ihm: „Du weißt, ich bin ein armer Teufel und kann für Dich nichts thun, aber Eins mußt Du von mir annehmen. Es ist nicht viel und Du wirst mich auslachen, aber thu' mir's zu Gefallen — nimm die Riesen=Nelke mit und schmücke damit Dein Geschäftslokal aus."

Frau und Kinder standen dabei, als der Gärtner so sprach. In Aller Augen spielte der Ausdruck der reinſten Freude, der Gärtner hatte ſeine beiden Hände treuherzig auf Druck's Schultern gelegt.

Hätte er ihm Geld angeboten — Tauſende, Druck wäre davon nicht ſo gerührt worden, als von dieſem gutgemeinten kindlichen Anerbieten. — Er konnte die Rieſen=Nelke nicht brauchen, und gerade darin lag der eigenthümliche Werth des Opfers. Hat doch die wahre Liebe oder Freundſchaft oft nichts anderes zu verſchenken, als Blumen!

Druck dachte mit einem wehmüthigen Lächeln an ſeine übrigen Freunde.

Er lehnte das großmüthige Opfer ab, und wie ernſt es dem Gärtner damit geweſen war, bewies die tiefe Niedergeſchlagenheit, mit welcher dieſer von Druck endlich ſchied. —

Inzwiſchen kauft Leidlich daheim Stahlfedern und Papierproben ein, beſtellt Handlungsbücher, läuft bei allen Graveurs in der Stadt herum und läßt ſich Proben zu Petſchaft und Stempel vorlegen, um Bei= des zuletzt doch noch von einem Auswärtigen anfer= tigen zu laſſen; geht in alle Auctionen, wo Pulte, Tafeln und andere Büreauutenſilien zur Verſteigerung kommen; klügelt Rechnungs= und Wechſelformulare aus, beſieht ſich lithographiſche Schriftproben zu ge=

schmackvollen Empfehlungskarten; entwirft das Circulair, an dem er täglich etwas ändert, und übt sich
eine kühn verschlungene Unterschrift ein, die eben so
schwer nachzumachen als zu lesen ist.

Das Circulair übrigens mußte eines Tages end=
lich der Gegenstand einer delikaten Unterredung zwi=
schen Beiden werden. Es frug sich nämlich, ob die
Firma „Leidlich und Druck" oder „Druck und Leidlich"
heißen solle.

Leidlich war im Stillen der Ansicht, daß er, als
der Aeltere, und ferner als derjenige, welcher das Geld
hergab, voranstehen müsse.

Druck dagegen hatte das Bewußtsein, daß ihm,
dem praktischen, agirenden und dirigirenden Kopfe,
als der Seele des Ganzen, der Vortritt gebühre.

Doch war Keiner von Beiden so unbescheiden,
diesen Expectorationen Worte zu verleihen; sie sahen
sich, als sie fast zu gleicher Zeit einander die Frage
vorlegten, an und schwiegen.

Jeder hatte die Stirn in Falten gelegt, Jeder
that — wie dieß bei Erörterungen von Lebensfragen
gewöhnlich zu geschehen pflegt, einen tiefen Athemzug.

Endlich unterbrach Leidlich die feierliche Stille
durch ein Gemurmel. Er murmelte nämlich zwanzig

Mal nach einander: „Druck und Leidlich, Druck und
Leidlich," — dann: „Leidlich und Druck, Leidlich und
Druck," — und wagte endlich unter Lächeln
und Achselzucken die Behauptung: „Leidlich und Druck
klingt besser, als Druck und Leidlich."

Druck meinte, das sei Geschmacksache.

Leidlich entgegnete, es schwebe ihm noch aus
seiner Gymnasiastenzeit vor, wo er sich mit der Pro=
sodie beschäftigt habe, daß es ästhetisch richtiger sei,
wenn die lange Sylbe zuerst abgethan würde und
dann die kürzeren nachfolgten.

Der einsylbige Theil der Firma versicherte, von
Prosodie nichts zu verstehen, gab aber dem Zwei=
sylbigen, den er als einen Pedanten kannte, nach,
und so wurde die Firma „Leidlich u. Druck" ge=
tauft, so daß auch wir, lieber Leser, uns nun nicht
mehr die Freiheit nehmen dürfen, den einen oder den
andern der Namen nach Willkühr voran= oder nach=
zustellen.

Druck schlug vor, die Taufhandlung durch eine
Flasche Wein zu feiern; Leidlich war der Ansicht,
daß Bier dieselbe Wirkung thäte, und setzte seinen
Antrag ohne Widerspruch durch.

Eines Morgens wurde das neue Geschäft er=
öffnet, aber so prunklos, daß der alte Mohrenhaupt,
der in der ersten Etage eines sehr eleganten Hauses
gegenüber wohnte, und, da er sonst nichts Wichtigeres
zu thun hatte, halbe Tage lang mit der Pfeife zum
Fenster heraus sah, die neue Firma erst am vierten
Tage bemerkte.

Druck hatte ein großes, in die Augen fallendes
Schild heraushängen wollen, auf welchem mit mäch=
tigen Buchstaben zu lesen sein sollte:

Commissions= und Speditionsgeschäft

von

Leidlich & Druck.

Außerdem sollte sich die Tabaksniederlage speziell
auf einer besonderen Blechfirma empfehlen, die quer
in die Straße ragen und sich, wie eine Wetterfahne,
vom Winde schaukeln lassen sollte.

Leidlich aber hatte dagegen protestirt und ge=
äußert, die Mode großer und vielsagender Aushänge=
schilder sei veraltet und überdieß nicht nobel. Er
hatte eine ganz kleine blaue Firma anfertigen lassen,
auf welcher mit ganz kleinen goldnen Buchstaben weiter
nichts stand, als:

Leidlich und Druck.

Diese Firma, ein schmaler Streifen nur, wurde neben der Ladenthür befestigt, so daß man sie kaum sah, und dann war es schwer, sie überhaupt zu lesen, denn sie war ausschließlich nur aus großen Anfangs= buchstaben zusammengesetzt, und diese wiederum mit einem solchen Luxus von Arabesken und Verschlin= gungen umgeben, daß sie förmlich maskirt waren.

Diesem Aushängeschilde, das dem Muster welt= berühmter Banquiersfirmen nachgebildet war, ent= sprach auch die Comptoireinrichtung Leiblich's voll= kommen.

Die Lokalität des Comptoirs, das an den klei= nen Laden stieß, war zwar eng, auch herrschte darin zu jeder Tagesstunde, wo die Lampe nicht brannte, totale Finsterniß, denn es hatte ein kleines Fenster nach dem Hofe, der erst von der Comptoirbeleuchtung sein Licht empfing, — indessen hätte die Einrichtung innerhalb der engen vier Wände dem größten Hand= lungshause keine Schande gemacht: da war Alles vorhanden, was sich das Herz eines Buchhalters, der hinter seinen Contobüchern ergraut ist, nur wünschen kann. Ein großes Doppelpult, dessen eine Hälfte Druck zu vermiethen vorschlug, was aber Leiblich ab= lehnte; eine Lampe, deren Eleganz um so schwerer

in's Gewicht fiel, als sie nur zur Aushülfe diente;
bis eine Gasröhre in's Comptoir geleitet sein würde;
eine große Landkarte, welche die ganze eine Wand
einnahm und sich bereits trefflich bewährt hatte, indem Leiblich Veranlassung nahm, einen Ort aufzusuchen, von wo der jungen Firma eine unfrankirte
Offerte zugekommen war; sämmtliche für doppelte
Buchführung unerläßliche Handlungsbücher, in Leder
gebunden und mit goldnen eingepreßten Titeln auf
dem Rücken; Briefpapier, Schemas zu Wechseln,
Rechnungen, Quittungen, Frachtbriefen u. s. w. in so
hohen Stößen, daß der Vorrath für ein halbes Jahr-
hundert damit gedeckt schien, — und überall war
die Firma aufgedruckt oder eingepreßt — der Name
manches Autors ist nicht so oft gedruckt worden.
Auch ein Briefschrank mit fünfundzwanzig leeren
Fächern, sämmtlich nach dem Alphabet geordnet, war
vorhanden. Und unter vielen andern Dingen sei
hier nur noch die eiserne Kopirpresse angeführt, die
vorläufig mehr zur Ruhe als zur Arbeit berufen
schien. — Diese ganze reiche Ausstattung, in dem
kleinen Raum zusammengedrängt, nahm sich aus,
wie eine Titel=Vignette zu einem kaufmännischen
Roman.

Die ganze Tabaksniederlage war bei Weitem nicht das werth, was die Einrichtung des Comptoirs kostete. Erstere bildete die Quintessenz des kleinen Gewölbes, welches mit dem Comptoir durch eine große Glasthür verbunden war. Auf der Ladentafel stand ein großer Glaskasten mit vielen Fächern, und diese enthielten, nach Qualität und Preis geordnet, ein wohl assortirtes Cigarrenlager.

Die eigentlich größere Niederlage bestand in einzelnen Probekisten, welche im Gewölbe zerstreut umherstanden, aber geschickt vertheilt, wie das spärliche Theaterpublikum an einem schwülen Juniabend. —

Am zweiten Tage nach Eröffnung des Etablissements glaubte Leiblich, der in seinem Comptoir eifrig schrieb, das erste Anzeichen des erwachenden Geschäftsganges zu vernehmen. Der metallene Puls des jungen Daseins, der an der Gewölbethüre in Gestalt einer Glocke angebracht war, that seinen ersten Schlag.

Leiblich hielt den Athem an und lauschte. Er hörte seinen Associé Druck in lautem Gespräch mit einem Fremden, doch konnte er den Inhalt nicht verstehen; er unterschied nur einzelne Worte, wie

Cigarre — junge Anfänger — Kundschaft — schönes Wetter.

Der Fremde verweilte lange in angelegentlichem Gespräch mit Druck, der — wie Leiblich durch die Glasthüre beobachtete — sehr artig und zuvorkommend war, und dem Anderen jetzt eben ein brennendes Schwefelholz überreichte, woran dieser seine Cigarre anzündete, um sich zu empfehlen.

Druck bat um baldige Wiederholung des Besuches, und rieb sich vergnügt die Hände.

Leiblich stürzte in den Laden.

„Das erste Geschäft wäre gemacht!" rief ihn Druck lachend entgegen.

Dabei deutete er auf eines der sortirten Cigarren fächer im Glaskasten und auf einen auf dem Laden tische liegenden funkelneuen Zweipfenniger.

Leiblich machte, ohne ein Wort zu sagen, schnell Kehrt und zog sich im Sturmschritt wieder hinter seine Strazzen zurück.

Das Verhältniß zweier Compagnons hat viel Aehnlichkeit mit der Ehe, besonders was die Schatten seiten anlangt. Mit der Ehe hört die schwärmerisch Liebe, mit einer Association die schwärmerische Freund schaft auf, die zwei solche Menschen zusammengefüh

und mit einander verbunden hat. Da entdeckt der
Eine am Andern neue Eigenschaften, die er bisher
nicht herausgefunden hat, und über alte Eigenheiten,
die man sonst belächelte oder gar liebenswürdig fand,
runzelt man jetzt die Stirn. Zwei Associés ge=
hören einander Tag und Nacht an, der Eine muß
sich nach dem Andern richten, sie überwachen gegen=
seitig ihre Privatbeziehungen und ihren Aufwand,
und wenn sie verheirathet sind, so thun dieß mit
noch schärferem Blick ihre Frauen.

Von unsern beiden Freunden stand zwar Keinem
eine Lebensgefährtin zur Seite, sie hatten vorläufig
an sich selbst genug. Namentlich war Leidlich be=
müht, seinen Associé unter den Pantoffel zu bringen,
und dieß führte nach den kurzen Flitterwochen zu
kleinen Differenzen und Verstimmungen, während
welcher die Beiden oft mehrere Tage lang kein Wort
zusammen sprachen. Leidlich schrieb dann vom
Comptoir aus Herrn Druck lange Briefe, die dieser
vom Laden aus beantwortete, indem er sie, mit
Bleistiftbemerkungen versehen, Jenem zurückgab.
Kleine Erinnerungen, die man sich dann gegenseitig
in Betreff der laufenden Geschäfte zu machen hatte,
wurden mit Kreide auf die schwarze Tafel geschrieben,

4*

und dann — zum Zeichen, daß man sie gelesen
habe — durchstrichen.

Gewöhnlich endete derartige stumme Zerwürf=
nisse eine einlaufende Correspondenz, die demjenigen,
der sie zuerst las, je nachdem ihr Inhalt angenehm
oder unangenehm war, einen Ausruf entlockte. Der
Andere wurde dann neugierig und frug, was es
gäbe. Damit war das tagelange Schweigen ge=
brochen.

Leidlich hockte den ganzen Tag hinter seinen
Büchern. Druck flankirte in der Stadt herum und
versäumte keine Gelegenheit, wo ein Geschäft zu
machen war. Er war immer vergnügt und freute
sich über die abgeschlossenen Geschäfte.

Leidlich fand sie nie groß genug und unter=
suchte vor Allem, ob Druck unterwegs eingekehrt sei
und nach Bier rieche, was sich sehr häufig bestätigte.

Leidlich hatte alle alten Kleider, die er früher
abgelegt hatte, wieder hervorgesucht, um sie vollends
abzureißen, so daß er hinter seinem Pulte wie ein
Lumpenkönig anzusehen war.

Druck hatte sich zur Feier seiner Selbstständig=
keit von Kopf bis zu Fuß neu gekleidet und bediente
die Kunden im Frack.

Leidlich verzichtete, seit er die Ketten der Knecht=
schaft abgeschüttelt hatte, auf den Genuß der Cigarre
und begnügte sich mit der Pfeife, die er mit dem
wohlfeilsten Taback stopfte.

Druck dagegen kostete das ganze Cigarrenlager
durch und entschied sich für eine der feinsten Sorten,
mit deren angenehmem Duft er fleißig die Gewölben=
luft schwängerte.

Leidlich machte seinem Associé Vorwürfe, daß
er sich so selten im Comptoir sehen ließe und ihn
in den mannichfachen schriftlichen Arbeiten nicht
unterstütze.

Druck dagegen lachte über Leidlich's überflüssige
Vielschreiberei, bespöttelte den Luxus, den dieser mit
bronzenen Briefbeschwerern trieb, und bediente sich
selbst zu gleichen Zwecken eines großen Steins, den
Leidlich täglich mehrere Mal zum Fenster hinaus=
warf. Besonders war die Copirpresse ein Gegen=
stand für Druck's Spottsucht. Es machte ihm
Freude, Rostflecke daran zu suchen, wegen allzu=
seltenen Gebrauchs, und wenn sich trotzdem die
Copirpresse bewährte und er im Laden hörte, wie
Leidlich, um einen zweizeiligen Brief zu copiren,
daran herumschraubte und mit den Preßbengeln

klapperte, so war dieß für Druck's Lippen erst recht
ein Grund zu einem sarkastischen Lächeln. —

Der Gang der Geschäfte machte mit der Zeit
eine dritte Arbeitskraft nöthig, die nicht gerade mit
akademischer Bildung, wohl aber mit einem Paar
kräftiger Fäuste ausgerüstet sein mußte. Druck schlug
daher vor, einen Markthelfer zu engagiren.

Leiblich aber stimmte entschieden für ein anderes
Auskunftsmittel, durch welches, anstatt Geld auszu=
geben, vielmehr Geld gewonnen würde.

Am nächsten Tage las man im Inseratentheile
des Anzeigers, daß „für den Sohn rechtlicher Eltern,
der die Handlung erlernen wolle, unter günstigen
Bedingungen durch die Herren Leiblich und Druck ein
passendes Unterkommen nachgewiesen werden könne.‟

Es stellten sich in der That genug Bewerber
ein. Einem Vater, der seinen wohlgearteten, mit
den trefflichsten Schulkenntnissen versehenen, aber
körperlich sehr schwächlichen Sohn den Herren vor=
stellte, — wurde mit Bedauern gesagt, daß die Lehr=
lingsstelle bereits vergeben sei. Einige schriftliche
Bewerbungen, die in verschiedenen Sprachen abge=
faßt waren, blieben unerwiedert. Einem großen,
stämmigen Burschen endlich, der Herrn Leiblich um

einen Kopf überragte und die ganze Welt mit auf=
gesperrtem Maule anlächelte, als wäre er eben erst
aus dem Ei gekrochen, — war das Glück vorbe=
halten, die Lehrlingsstelle auszufüllen, nachdem ihm
in Gestalt eines höchst unorthographischen Briefes
bereits die beste schriftliche Empfehlung voraus=
gegangen war. Er war der Sohn eines vermögenden
Lohgerbers, und der Vater verstand sich herzlich gern
dazu, die bedungenen 200 Thlr. Lehrgeld zu zahlen,
da der hoffnungsvolle junge Mann seiner Dumm=
heit wegen bereits von einem andern Lehrherrn fort=
gejagt worden war und schwerlich wieder ein Unter=
kommen gefunden hätte.

Eines Morgens begann der neue Jünger Merkur's
seine Thätigkeit damit, daß er bei Leiblich und Druck
die Läden aufstieß und festkettete, die Pulte und
Tafeln, sowie die Landkarten abstäubte und mit
einem handfesten Besen die Diele kehrte. Bald darauf
sah man ihn mit einer stattlichen Kiste auf den
Schultern für die Firma Leiblich und Druck seinen
ersten Geschäftsgang antreten.

Ein Philosoph und ein großer General dienen
der Welt nicht in ungleichartigerer Weise, als die
beiden Associé's ihrem Geschäft. Während Leiblich

vom frühen Morgen bis zum späten Abend, bis an die Ohren in Papiere vergraben, calculirt, correspondirt, scontirt und copirt, daß ihm die Schweißtropfen von der Stirn herablaufen, sieht man unsern Freund Druck vorn im Gewölbe mit graciösen Handbewegungen seine Cigarre zum Munde führen und behaglich den blauen, gekräuselten Wölkchen nachblicken, oder man sieht ihn auf der Promenade oder in den Straßen in anscheinend müssigem Geplauder mit Andern.

Selten nur nimmt er eine Feder zur Hand, und mit einer Bereitwilligkeit, die an Schnelligkeit grenzte, hat er dem neuen Lehrlinge seinen jeweiligen Platz am Doppelpulte gänzlich zur Verfügung gestellt.

Und dennoch ist er keinen Augenblick müßig, denn während er den blauen Rauchwolken nachschaut, entwirft er in Zeit von wenig Sekunden oft einen Plan, dessen glückliches Gelingen seinem schwerfälligen Associé auf Wochen Stoff zum Schreiben giebt, und was den schwülstigen vielseitigen Briefen Leidlich's mit ihren langathmigen Perioden und dringenden Postscripten nicht gelingt, das vermag Druck's persönliche Liebenswürdigkeit und seine überzeugende Suade.

Dennoch betrachtet sich Leidlich als das Faktotum. Jedes Stückchen Papier, das er beschreibt, verwandelt sich in seinen Augen in eine Banknote, — seine complicirte doppelte Buchführung hält, wie er glaubt, allein das Ganze zusammen, und was Druck's persönliche Erfolge betrifft, so ist er der Meinung, daß diese durch seine herzgewinnenden Briefe zum mindesten erst vorbereitet sind.

Unternehmungen, die Druck ohne Leidlich's Hinzuthun zuwege bringt, werden von diesem stets gering geschätzt.

————————

Capitel 2.

Eine Entdeckung.

Es wurde in der Nachbarschaft von Leidlich und Druck viel musicirt. Wenn Druck rauchend und combinirend im Gewölbe saß oder vor der Thüre stand, da rauschten von allen Seiten Pianotöne in sein Ohr. Es schienen fast sämmtlich sehr genügsame Musiker zu sein, denn mit Ausnahme eines einzigen kam keiner über die drei oder vier verschiedenen Stücke, die er täglich spielte, hinaus. Einen Tag wie alle Tage derselbe Tanz aus diesem, dasselbe Potpourri aus jenem Fenster u. s. w.

Bald kannte Druck den Ton eines jeden Claviers, wie er die Stimmen seiner Freunde kannte, obwohl die ersteren keineswegs seine Freunde waren, am wenigsten, wenn sie alle zu gleicher Zeit erklangen, und das Füllhorn ihrer Potpourri's, Walzer, Ouverturen

und Lieder ohne Worte auf einmal, wie einen wahren
Wolkenbruch, herabschütteten. Das schlechteste Clavier
bei deſſen Tönen man ſogleich Verdacht ſchöpfte, es
habe noch ſchwarze Unter= und weiße Obertaſten,
erklang aus einem Dachſtübchen.

Aber Druck lauſchte den heiſern Tönen gern,
denn ſie erklangen unter der virtuoſen Hand eines
armen Conſervatoriſten, der ihnen täglich neue Me=
lodien aufdrang.

Ein volltönender, gewaltig brauſender Flügel
dagegen verſauerte unter dem Geſtümper des un=
geſchickteſten Dilettanten, und Druck ärgerte ſich im
Geheimen oft darüber, daß der arme Conſervatoriſt
nicht den Flügel und der unwürdige Dilettant nicht
deſſen Hackbrett beſaß. Er knüpfte hieran eine Be=
trachtung, in der er ſich ſelbſt als einen Leidensgenoſſen
des Conſervatoriſten wiederfand. Wie Jener ein
tüchtiger Clavierſpieler, ſo war Druck ein tüchtiger
Kaufmann; aber wie Jener ſich mit einem elenden
Organ behelfen mußte, das ihn an der vollen Aus=
übung ſeiner Kunſt verhinderte, ſo war auch Druck
auf einen engen Wirkungskreis beſchränkt, und es
fehlten ihm die Mittel, mit denen ſein Unternehmungs=
geiſt ſicherlich Großes hervorgebracht haben würde.

Auch der Dilettant war für diesen Vergleich in der Nachbarschaft vorhanden: das war der alte Mohrenhaupt gegenüber, der Tag und Nacht müßig auf seinen Geldsäcken saß; und mit Einem dieser Geldsäcke nur hätte Druck die halbe Welt in Bewegung setzen können!

Gar oft ruhte sein Blick wehmüthig und neidisch auf dem fetten Rentier, wenn dieser die Blumenstöcke, mit denen alle Fenster seiner Wohnung besetzt waren, mit seinen plumpen, langsamen Händen bei Seite schob, um den Kopf mit dem silberbetrottelten Käppchen auf einige Stunden zum Fenster herauszustecken, oder wenn er aus der Hausthür getrippelt kam, um seinen runden Bauch, von welchem — wie eine Art Unterleibs-Civilverdienstmedaille — das schwere goldene Uhrgehänge strahlte, nach einem Austernkeller zu tragen. —

Eines Tages glaubte Druck die Beobachtung zu machen, daß sich unter das musikalische Treiben der Nachbarschaft ein fremdartiges Element eingeschlichen haben mußte: der arme Conservatorist schien auf dem volltönenden Flügel zu spielen, und doch war es nicht ganz derselbe Ton und auch nicht ganz dieselbe geübte Hand.

Nach vielem Hin= und Hersinnen fand Druck
einen Mittelweg: es war ohne Zweifel ein neuer
Spieler und ein neues Instrument hinzugekommen.
Ein günstiger Luftstrom gab noch einen weitern
Aufschluß: die neuen fremden Töne kamen aus der
Wohnung des Rentiers Mohrenhaupt.

Druck hatte keine Veranlassung, die lieblichen
Harmonieen der ungeschlachten Hand Mohrenhaupt's
selbst zuzuschreiben, ebensowenig der alten Haus=
hälterin, die er in ihrer weißen Nachthaube, wie
zwischen ein Paar Elephantenohren, zuweilen an
den Fenstern bemerkt hatte. Es mußte demnach eine
dritte Person hinzugekommen sein.

Druck entsann sich, wenn er zuweilen die Wirth=
schafterin bei offnen Fenstern die Möbel abstäuben
und die Zimmer reinigen gesehen, öfters gewisse
Pianotöne vernommen zu haben, als glitte die Hand
eines Kindes täppisch über die Tasten. Jetzt ging
ihm ein helles Licht auf; das war Niemand anders
als die alte Häushälterin selbst gewesen, die mit
dem Tuche die Tastatur eines von Druck bisher
ungeahnten Pianofortes abgestäubt und dabei einzelne
Tasten angeschlagen hatte. Für wen hielt Mohren=
haupt ein Instrument? War es vielleicht eine Erin=

nerung an seine verstorbene Frau? Besaß er einen
Sohn, der auswärts studirte oder eine Stellung be=
kleidete? Besaß er — — —

Soeben erschien der Rentier selbst am Fenster.
Er sprach mit Jemandem, den Druck nicht sehen
konnte, er nickte mit dem Kopfe, er schlug ein lustiges
Gelächter auf, erhob die eine Hand und schien sie
Jemandem auf Haupt oder Schulter zu legen. Dann
verschwand er, wie der Mann im Wetterhäuschen,
und, wie dort, so kam auch hier jetzt die andere,
bisher unsichtbar gewesene Person zum Vorschein,
eine Erscheinung, die für Druck an den Fenstern des
alten Rentiers etwas Unerhörtes war und ihm das
stille Geständniß abnöthigte, daß er den Mann bis=
her verkannt und unterschätzt habe, wie einen grünen
Strauch etwa, den man von Weitem für Unkraut
hält, bis sich aus seinem wuchernden Grün eines
Tages verlockende Erdbeerblüthen entfalten.

Mit wenig Worten, Druck erblickte an dem
Fenster eine junge Dame. Sie besaß nicht die zaube=
rischen Reize einer Romanheldin, die den Helden so=
fort packen, sein Herz zu prasselnden Flammen ent=
zünden und den Dichter, der es nicht liebt, die
Feuersbrunst, welche er schildern will, bis auf den
ersten glimmenden Funken zurückzuführen, als vor=

fäßlichen Brandstifter mit Schwefel und Pech auftreten lassen.

Die Dame an Mohrenhaupt's Fenster hatte hell-
blondes, sorgfältig frisirtes Haar, blaue Augen und
auf den Wangen das Incarnat einer vornehmen Gesundheit. Ihr Gesicht war regelmäßig, aber nicht
einschläfernd, sondern es erhielt wach wie ein Thee-
gespräch über Musik, Poesie und Pariser Moden unter
gleichverwandten Geistern.

Ihr Teint war von jener Zartheit, die wohl
verdient, unter Sonnenschirm und Schleier conservirt
zu werden. Wenn im übrigen auf die junge Dame
von der Polizei vigilirt worden wäre, so hätte man,
selbst nach dem genauesten steckbrieflichen Signalement,
unter sechs Dutzend Blondinen gewiß einundsiebzig
unschuldige aufgegriffen.

Wenn sich aber, lieber Leser, eine solche Blondine
dir gegenüber auf eine Entfernnng, die so zu sagen
„über Schnupftuch“ ist, plötzlich einquartirt, eines
Tages zum Fenster heraussieht und dir plötzlich auch
einen zufälligen Blick zuwirft, — so wirst du mindestens angenehm überrascht sein. Du wirst im Laufe
des Tages sehr häufig nach jenem Fenster hinauf-
sehen, wirst, wenn du es leer findest, dich nicht sehr

angenehm enttäuscht fühlen, und — so oft du ein ge=
wisses Geräusch hörst, als würde eben ein Fenster=
flügel geöffnet, wirst du dich angelegentlich danach
umsehen!

Gerade so erging es unserm Freunde Druck,
der außerdem noch von der lebhaftesten Neugier er=
füllt war, in welchem Verhältniß die unbekannte
Schöne zu dem bekannten Rentier eigentlich steht.
Dazu durchzitterte ihn eine geheimnißvolle Ahnung,
die sich schwer beschreiben läßt und über welche er
sich selbst keine klare Rechenschaft abzulegen vermochte;
aber in der folgenden Nacht träumte Druck, an Moh=
renhaupt's Fenster ständen dessen festgenähte Geld=
säcke und einer derselben habe, trotz der tüchtigen
Naht, ein großes Loch und schüttete durch dasselbe
seinen Inhalt auf die Straße — in Druck's Hut
hinein. — Und als Druck den Hut näher betrachtete,
war es ein großer eiserner Kochtopf. —

Als Leidlich am folgenden Morgen, von einem
kleinen Geschäftsgange zurückkehrend, in das Comp=
toir trat, blieb er wie versteinert an der Thür stehen;
der Gegenstand seines Erstaunens aber sah noch
viel mehr als Leidlich einer Versteinerung ähnlich,
denn er saß nicht nur in zurückgelehnter Haltung

bewegungslos auf einem Stuhle, sondern er schien auch zum Theil wirklich aus weißem Marmor gemeißelt zu sein. Der Meister Bildhauer stand daneben, warf zuweilen einen prüfenden Blick auf sein Werk und wetzte dabei ein blinkendes Messer.

„Aber, lieber Druck," redete Leiblich, der die eine Hand noch immer auf der Thürklinke hielt und mit der andern die Hutkrämpe erfaßt hatte, die Marmorstatue an, „Du hast Dich doch bisher immer selbst rasirt?!"

Druck vermochte nicht zu antworten; er war bis an die Nase eingeseift.

„Und mein Comptoir ist doch wahrhaftig keine Barbierstube," grollte Leiblich mit einem stechenden Seitenblick auf seinen Schemmel, auf welchem der Barbier sein gelbmessingenes Becken und seinen Scheerbeutel ausgekramt hatte.

„Ja, das ist ein alter eingefleischter Geldmann," fuhr der Barbier, unbekümmert um die Dazwischenkunft Leiblich's, in seiner Unterhaltung fort, „wer kein Geld hat, der ist in seinen Augen ein Lump. Ich bediene ihn seit fünf Jahren, aber ich möchte es nicht wagen, ihn um ein Darlehn von nur einem Thaler anzugehen, er würde mir schön heimleuchten."

Druck zuckte mit den Augenbrauen, da er nicht sprechen durfte, denn der gewandte Barbier schabte und mähete eben zwischen Mund und Nase, daß der Bart in Garben herabfiel.

„Es ist überhaupt ein schwerer Umgang mit diesem Manne," fuhr der Bartkünstler fort, „er hört schwer, als hätte er mit den Ohren sein Geld verdient und brauchte diese nun nicht mehr. Bei übler Laune hört er am schwersten. Einmal bat ich ihn, mir einen Pfeifenkopf zu schenken, der mir sehr gefiel und den er nicht mehr brauchte, — da war er gar taub!"

„Ja, ja," sagte Druck, der jetzt den Mund frei bekommen hatte, „so ein alter Junggeselle hat seine Eigenheiten."

„Junggeselle?" rief der Barbier, „weit gefehlt! Er hat ja eine erwachsene Tochter."

„So, so, hat er eine Tochter? Das ist etwas Andres, dann ist er am Ende gar auch schon Großvater?!"

„Sie ist ja noch unverheirathet."

„So, so, ist sie noch unverheirathet? Aber wenigstens doch Braut, nicht wahr?"

„Auch das noch nicht. Sie ist vollkommen frei, wie mir die alte Haushälterin gesagt hat."

„Die Haushälterin? Was weiß die, wie es in Fräulein Minna's oder Anna's oder Clara's Herzen —"

„Mathilde heißt das Fräulein."

„Oder in Mathilde's Herzen aussieht, sie kann ihr doch nicht auf Schritt und Tritt nachgehen oder heimlichen verliebten Blicken in Theater und Concerten Fuchseisen stellen, oder —"

„Fräulein Mathilde ist ja erst seit zwei Tagen in der Stadt, in so kurzer Zeit knüpft sich kein Verhältniß an."

„Erst seit zwei Tagen in der Stadt? desto schlimmer; so hat sie vielleicht schon längst eine Liebe auf dem Lande. — Was hat sie denn auf dem Dorfe gethan? Feldwirthschaft erlernt?"

„Sie war nicht auf dem Dorfe, sondern bei Verwandten in der Schweiz und ist nach einjährigem Aufenthalte daselbst jetzt zurückgekehrt, um den Zudringlichkeiten eines jungen Mannes zu entgehen, den sie nicht wiederlieben konnte. Ich denke, daraus läßt sich mit Sicherheit schließen, daß die Hand der jungen reichen Erbin noch frei ist. — Gehorsamer Diener."

5*

„Da haben Sie Recht!" sagte Druck, während
er sich die Seife aus dem Gesichte wusch. „Sie dürfen
mich übrigens nun regelmäßig die Woche zweimal
rasiren."

Der Barbier empfahl sich, nachdem ihm Druck
eine feine Cigarre zum Geschenk gemacht hatte. —

Leiblich hatte eine eigenthümliche Gewohnheit,
seine innere gereizte Stimmung an den Tag zu legen.
Er wußte sich in solchen Fällen schwer mit Worten
auszudrücken, weil er stets um den Anfang verlegen
war, und so lange er noch keine passende Phrase,
die den Gegner gleich niederschmettern sollte, gefunden
hatte, begnügte er sich damit, an allen beweglichen
Gegenständen, die ihm unter die Hände kamen, un=
ruhig umherzurücken.

Ehe er daher jetzt in salbungsvoller Rede seinen
Associé darauf hinwies, wie unpassend es sei, die
ernsten Räume eines Comptoirs wöchentlich zweimal
in eine Barbierstube zu verwandeln und mit einem
Bartscheerer ein so vertrauliches Gespräch zu führen,
hatte er zuvor die Landkarte gerade gerückt, den
Docht der Lampe ein wenig höher gedreht und zwei
Bleistifte so aneinander gelegt, daß sie einen rechten
Winkel bildeten.

„Du kannst Dich ja zu Hause rasiren lassen.“ äußerte Leidlich am Schluß seiner Rede.

„Das geht unmöglich,“ entgegnete Druck, „dann käme statt dieses jungen Mannes, der nur die Kunden dieser Straße besorgt, ein anderer Barbier, und das Rasiren hätte für mich denselben Nutzen, wie für jenen ungewöhnlich dicken Postpassagier die beiden Plätze, die er für seine eigene Person bestellte und wovon sich der eine im Hauptwagen, der andre in der Beichaise befand. Denn Du mußt wissen, daß ich gerade dieses jungen Bartkünstlers bedarf. Er geht in einem Hause ein und aus, für das ich mich sehr lebhaft interessire, und stattet mir Berichte ab.“

„War das ein solcher Bericht? Und von wem war eigentlich die Rede?“

„Von unserm Nachbar drüben, dem alten Mohrenhaupt.“

„Er besitzt eine Tochter, die ihn beerben wird?“ frug Leidlich plötzlich sehr freundlich.

Druck war inzwischen in den Laden gehüpft und kam mit der Nachricht zurück, daß sie eben zum Fenster heraus sähe.

Er nahm seinen Associé am Aermel und dieser ließ sich nachziehen.

„Die einzige Tochter," — sagte Leiblich unter=
wegs, sich das vorhin Gehörte in's Gedächtniß zu=
rückrufend, — „Mathilde heißt sie — noch unver=
heirathet — noch nicht verlobt — nicht einmal die
Möglichkeit eines Verhältnisses. — Druck ich habe
eine Idee, eine großartige Idee!"

Inzwischen waren Beide an der Ladenthür an=
gekommen und Leiblich warf einen vorsichtigen Blick
nach der jungen Schönen empor.

Er betrachtete sie nur flüchtig, wie eine Woh=
nung, die man beim ersten Anblick gleich zu miethen
entschlossen ist.

„Druck, ich habe eine Idee!" rief er wiederholt,
und dann flüsterte er diesem heimlich in's Ohr:
„Einer von uns muß das Mädchen heirathen."

Dabei schlug er mit der geballten rechten auf
die flach geöffnete linke Hand, drehte sich um und
schritt nach dem Hintergrunde, als wollte er sich dem
Ausbruch eines ungeheuren Beifalls entziehen.

Plötzlich schlug er sich mit der Hand vor die
Stirn, stemmte die Linke in die Seite und kam wie=
der zurück.

„Ich habe bei den Damen unverschämtes Glück."
sagte er mit einem feinen Lächeln, „gieb Acht, heute

über's Jahr spätestens heißt diese da drüben Madame Leiblich. — Fahre hin, glückliches Junggesellenthum, wir nehmen jetzt ein Weib! — Aber —" Er sah Druck bedeutungsvoll an, drohte ihm mit dem Finger und deutete damit auf seinen Mund, dem ein langes, geheimnißvoll warnendes „Pst!" entströmte.

Capitel 3.

Ein optisches Capitel.

Mathilde Mohrenhaupt hatte ein Paar Augen von wunderbarer Klarheit. Sie waren so scharf, daß sie den feinsten Seidenfaden in das zarteste englische Nadelöhr fädeln konnte, ohne erst das Wachs anwenden zu müssen und ohne auch nur ein einziges Mal danebenzufahren. Sie konnte die kleinste Schrift lesen, in der je ein Buch gedruckt worden ist, und das wurde ein neuer Vortheil für die Literatur, denn seitdem Mathilde in's väterliche Haus zurückgekehrt war und Mittags und Abends ihrem Papa Geschichten vorlas, war dieser in der Wahl seiner Lectüre bei Weitem anspruchsloser geworden und schob dem Bibliothekar nicht mehr die kleingedruckten Romane als unnützes, dummes Zeug zurück.

Aber es giebt nichts Vollkommenes in der Welt, und auch Mathilden's Auge hatte seine Mängel. Es war ein Auge, das so zu sagen hinter'm Ofen

hockte, ein Stubengelehrter, — es reichte kaum bis
über die Straße, und so vertraut es auch war mit
seinen nächsten Umgebungen, so hielt es doch die
Cigarrenkisten im Schaufenster des gegenüberliegen=
den Ladens eine Zeit lang für Pfefferkuchen, die ge=
schnörkelten Schriftzüge der kleinen blauen Firma
für gemalte Brezeln, und in logischer Folgerung
hiermit den Mann, der öfters an der Thür stand,
für einen Conditor. Sie hatte daher eines Tages
ihre elegante Perlmutterlorgnette zur Hand genom=
men und richtete diese zunächst auf den vermeint=
lichen Schweizerbäcker, der gerade den Kopf so ge=
wendet zu haben schien, daß er die Prüfung, welcher
er im Stillen unterworfen werden sollte, nicht be=
merken konnte. Ein Schanzengräber aber, der vom
Festungswall eine Kanonenmündung aufblitzen sieht,
kann sich nicht schneller bücken, als Mathilde die
Lorgnette wieder von den Augen riß, um sich er=
röthend abzuwenden. Sie hatte unserm Freunde
Druck schnurgerade in die braunen Augen geschaut
und diese hatten durch ein plötzliches Aufleuchten
deutlich genug zu erkennen gegeben, wie sehr sie sich
durch diese Ehre geschmeichelt fühlten. Denn Druck's
Auge besaß die entgegengesetzten Eigenschaften. Wenn

Druck keine Brille aufhatte, so übertraf ihn jeder
Schuljunge im Lesen und Schreiben. Dagegen be=
saß sein Auge für die Ferne die Schärfe eines Falken.
Bei klarem Wetter vermochte er von seiner Laden=
thüre aus das Bild des Kaisers Napoleon zu er=
kennen, das bei Mohrenhaupt über der Zimmerthür
hing, und aus diesen widersprechenden Eigenschaften
der beschriebenen beiden Augenpaare entwickelte sich
jetzt ein stilles Verhältniß, bei welchem Druck einen
großen Vortheil vor seiner Nachbarin voraus hatte.

Seitdem Mathilde ihren Nachbar durch die
Lorgnette kennen gelernt hatte, gleichsam wie man durch
einen aufflammenden Blitz sich über einen finstern
Ort orientirt, — fühlte sich ihr Auge, so oft sie
an's Fenster trat, ganz unwillkürlich von der Laden=
thür gegenüber angezogen, und noch ehe sie selbst
es dachte, kehrte ihr Blick drüben ein und hielt vor
dem liebenswürdigen Nachbar still, wie ein treu be=
währtes Roß, das aus alter Gewohnheit vor einem
gewissen Gasthause auf der Landstraße regelmäßig
von selbst Halt macht.

Und das kurzsichtige Auge sah jetzt ohne Lorgnette
deutlich das etwas gelbliche Gesicht des Nachbars,
mit seiner humoristischen Physiognomie und den

satyrischen dunklen Linien der Augenbrauen und des
Schnurrbartes, denn das einmal geschaute Bild lebt
in der Erinnerung des Auges fort, und diese ergänzte
mit scharfen Zügen die matten Conturen der Sehkraft.
Menschen mit kurzsichtigen Augen aber verlieren leicht
den Maßstab für den weiterdringenden Blick Anderer,
sie glauben wie der Vogel Strauß, der beim Heran=
nahen des Jägers den Kopf in den Sand steckt, der
Beobachtung entzogen zu sein, wo ihre eigne Seh=
kraft selbst nicht ausreicht.

Während Mathildens Blick oft auf dem Nach=
bar drüben weilte, ahnte sie nicht, daß dessen ver=
rätherisches Falkenauge wie ein Spion jene Blicke
belauschte. Sie war mit ihrem heimlichen Interesse
verrathen und verkauft, wie jenes Liebespaar im ein=
samen Kornfelde, das von einem fernen Gartenhause
aus von einer zahlreichen, lachenden Gesellschaft durch
den Tubus beobachtet wird.

Wie Druck bei hellem Wetter das Bild über
der Zimmerthür zu erkennen vermochte, so sah er jetzt
auch häufig seine Nachbarin im Gefühle ihrer Sicherheit
mitten im Zimmer stehen, wie sie durch die Lorgnette
die Firma buchstabirte, die Cigarrenkisten am Schau=
fenster betrachtete, überhaupt vollständige Musterung

hielt und dabei aus ihrem Hinterhalte kecke Streif-
blicke auf Druck schoß, der eben tief in die Lektüre
der Zeitung versenkt zu sein schien.

Aber mit diesen Triumphen begnügte sich Druck
keineswegs. Er stellte hierzu dem armen Auge drüben noch allerhand Fangnetze, Schlingen und Leim-
ruthen, in Gestalt von Cigarrenkisten, die er syme-
trisch am Fenster aufbaute und durch deren Zwischen-
raum er nach der Nachbarin hinüber schielte. Und
da sah er gar oft, wie sie ihr Auge von den vor-
überpassirenden Menschen und Carossen plötzlich aufschlug und es nach der Gewölbenthür richtete, und
wie es dort Etwas suchte und nicht fand, und wie
es sich wieder abwandte, und wie es immer wieder
zurückkam, um zuletzt, wenn in der Person Druck's
der gesuchte Gegenstand endlich hervortrat, mit Blitzes-
schnelle zu entfliehen, wie ein Vöglein an einer Sei-
denschnur. Oft auch ging sie vom Fenster hinweg,
weil dieser Mann — nach welchem Ende der Straße
sie auch hinabschaute, wie weit sie auch eine modisch
gekleidete Dame verfolgte, sich doch immer als Staf-
fage in den Rahmen ihres Gesichtskreises hinein-
drängte. Dann schloß sie wohl auch beide Flügel
zu, stellte die gehäkelten Vorsetzer vor, und wenn sie

recht unwillig war, so ließ sie zuweilen gar das
Rouleau herab.

Und das Alles nannte Druck bereits ein stilles
Verhältniß, ein stummes Interesse, ein verheißungs=
volles Augenspiel, troß daß sein Nebenbuhler Leiblich,
wie dieser sich selbst ausdrückte, die Sache mit beiden
Händen erfaßt hatte, so zu sagen mit gleichen Beinen
bereits in ein zärtliches Verhältniß hineingesprungen war.

Leiblich war nämlich mit Energie und zwar
so verfahren: er hatte sich eines Morgens breit vor
die Ladenthür gepflanzt; als Mathilde sich am
Fenster gezeigt, hatte er im Fluge einen ihrer Blicke
erhascht und die Nachbarin mit einer tiefen Verbeu=
gung und durch Abnehmen des Huts, den er eigens
zu diesem Zwecke aufgeseßt, höflich gegrüßt. Der
Gruß war natürlich erwiedert worden.

Die Folgen dieses entschiedenen Schrittes spra=
chen sehr zu Leiblich's Gunsten. Während Fräulein
Mohrenhaupt für Druck, mit dem sie noch nie einen
Gruß getauscht hatte, nur auf wenige Augenblicke
am Fenster erschien, ja durch seinen bloßen Anblick
oft verjagt wurde, blieb sie, so oft der legitime
Nachbar Leiblich an der Thüre stand, ganz ruhig
im Fenster liegen, ließ ihre Blicke unbefangen die

Straße hinauf= und hinabgleiten, ja es geschah so=
gar einige Mal, daß sie mit festem Auge Leiblich's
kleine Gestalt von Kopf bis zu Fuß musterte, so daß
dieser über solch rasches Vorgehen seiner Künftigen
fast verblüfft war und, halb überrascht, halb trium=
phirend, zu Druck äußerte, es sei ein wahres Blitz=
mädel!

So großartig nun auch die Erfolge sein mochten,
die ein Jeder erzielt zu haben vermeinte, so graciös
Leiblich auch täglich seinen Hut schwenkte, so schön
auch Druck eines Tages die Nachbarin hatte erröthen
und das Auge auf den Busen senken sehen, als er
gewagt hatte, ihr leise zuzunicken — an einem
schwülen Sommermorgen sahen beide Rivalen ihre
Illusionen plötzlich erbarmungslos zerstört.

Der treue Barbier nämlich, der eben vom alten
Mohrenhaupt kam, erzählte, während er Druck ein=
seifte, daß er den Rentier heute bei sehr guter Laune
gefunden habe. Wie der Brocken bei heiterem Him=
mel, sei das sonst schwer zugängliche Ohr des Alten
heute ebenfalls von der Nebelkappe ganz befreit ge=
wesen, und der Barbier hatte diese Gelegenheit be=
nutzt, das Gespräch auf die jungen Anfänger im
Laden gegenüber zu lenken.

„Ein flottes Geschäft da drüben," hatte der
Barbier geäußert, „sehr thätige junge Leute, die
werden's noch zu etwas Großem bringen!"

Der Rentier wollte das jedoch nicht einsehen,
er sprach von einem sehr kleinen, engen Laden, von
einem Tabakskram in einer Bude.

„Die Firma macht nur Engros-Geschäfte," ent=
gegnete der Barbier, „braucht zu Hause wenig Platz,
Alles in der weiten Welt, am Bahnhofe, — auf
dem Meere!"

Darauf der Rentier:

„Was das Auge sieht, — glaubt das Herz, —
ärmliche Winkeljuden — Schwindel — unbegreiflich,
wie sich zwei Menschen davon ernähren können."

Der Barbier hatte Einiges erwiedern wollen,
aber der Alte war wieder schwerhörig geworden,
hatte keine Antwort mehr gegeben und keine Frage
mehr vernommen.

Als der Hiobsbote fort war, überschüttete Leid=
lich seinen Associé mit Vorwürfen, daß er diesen
Barbiergesellen überhaupt zur Mittelsperson gemacht
habe. Obwohl er (Leidlich) nicht daran zweifele, daß
der rohe Klotz von Rentier sich wirklich in jenen
verächtlichen, gemeinen Ausdrücken über die Firma

ergangen habe, so sei dies immerhin eine Schande, derartige Sachen aus dem Munde eines Barbiers zu hören. Die Anfängerschaft einer kaufmännischen Firma stehe noch so unendlich hoch über der vollendeten Meisterschaft eines Bartkünstlers, daß der Letztere sich nicht einmal erkühnen dürfe, ein nur gehörtes frem= des Urtheil über das Erstere überhaupt wiederzugeben. Druck's Barbier aber, der in seiner Kunst nicht ein= mal Meister sei, habe dieß sogar mit großer Frech= heit gethan, und es sei ihm (Leidlich) sogar vor= gekommen, als wären die Mittheilungen des Barbiers von einer gewissen triumphirenden Schadenfreude begleitet gewesen.

Während Leidlich sich von seiner angreifenden Rede dadurch erholte, daß er den Wandkalender gerade rückte und die Drehscheibe seines Schemmels höher schraubte, entgegnete Druck:

„Wenn der Barbier in der Lage gewesen wäre, uns Angenehmes zu berichten, statt des Gegentheils, so hättest Du nichts dagegen einzuwenden gehabt, nun aber willst Du die Bitterkeiten des alten Ren= tiers dem armen Burschen entgelten lassen; ich kenne Dich, Leidlich!“

„Nein," widerſprach dieſer, „ich finde es unter unſrer, wenigſtens unter meiner Würde, einen Bar-biergehülfen zum Zwiſchenträger, reſpective zur Baſis eines Heirathsabſchluſſes machen zu wollen."

„Und wenn auf dieſer Baſis dennoch ein Hei-rathsabſchluß zu Stande käme," ergriff Druck wieder das Wort, „ſo würdeſt Du die Hand unſerer liebens-würdigen Nachbarin und ihre Mitgift obendrein zu guter Letzt doch nicht von Dir weiſen. — Uebrigens bin ich dem Barbier für ſeine aufrichtigen, wenn auch unangenehmen Mittheilungen ſehr zu Danke verpflichtet, ſie werden dazu beitragen, dem fetten Rentier drüben eine beſſre Meinung von uns beizu-bringen, da er's nun einmal mit dem Grundſatz hält: „Was das Auge ſieht, glaubt das Herz."

„Willſt Du ihn etwa einladen, herüber zu kommen, um Einblick in unſere Bücher zu nehmen?" frug Leidlich ſpöttiſch, „willſt Du ihm Bewunderung vor meiner doppelten Buchführung abzwingen —"

„Oder ihn mit der Lectüre Deiner klaſſiſchen Briefe beglücken?" fuhr Druck fort, „oder ihn um der bewunderungswürdigen Mechanik der Copirpreſſe wegen für Dich oder mich um die Hand ſeiner Tochter bitten? — Nein, ich weiß einen beſſern

Rath. Der Rentier hat uns Schwindler genannt;
das ist eine krankhafte Ansicht, von der wir ihn
heilen müssen, und zwar durch Homöopathie, die
Aehnliches durch Aehnliches heilt. Denn — wie
heißt doch das eine Deiner lateinischen Sprüchwörter,
die Du so gern citirst — mundus vull thee —"

„Mundus vult decipi", berichtete Leidlich würdevoll, und mit stolzer Befriedigung an seine Gymna-
sienzeit zurückdenkend. —

Die beiden Associé's hatten an diesem Tage
lange und geheimnißvolle Conferenzen, die damit en-
digten, daß Druck einen gewissen Antrag, den er gestellt hatte, und welcher der Gegenstand der Unterhandlungen war, siegreich durchsetzte.

Capitel 4.

Baucapitel.

Eines Morgens sah man vor dem Hause, in wel=
chem sich die Geschäftslocalität unserer Freunde be=
fand, gewisse Leute in ledernen Schurzfellen, aus=
gerüstet mit Kelle, Hammer und Richtschnur — ge=
wisse Vorrichtungen treffen, die deutlich darauf hin=
wiesen, daß der bisherigen alten Ordnung ein Um=
sturz bevorstehe. Ein elegant gekleideter Herr stand
mit den beiden Associé's vor der Thür und schien
ihnen etwas auseinander zu setzen. Er beschrieb, in=
dem er immer nach der Parterrefront des Hauses
deutete, mit gelenkiger Hand große Bögen, hob den
Zeigefinger hoch empor und ließ ihn dann wie ein
Fallbeil herabsinken, als wollte er das ganze Ge=
bäude zerspalten, hielt die linke Hand flach ausge=
streckt in senkrechter Richtung vor sich hin und streifte

6*

sie mit der flachen Rechten, als wollte er die Be=
wegung eines Beckenschlägers nachahmen, trat bald
einige Schritte vorwärts, bald einige Schritte zurück,
stellte sich mit weitgespreizten Beinen und in die
Seite gestemmten Armen vor der Ladenthür auf
und bog, in die Höhe blickend, den Kopf mit dem
Hute so weit hintenüber, daß beides Aehnlichkeit
mit dem herabgelassenen Schlot eines Dampfbootes
hatte, welches eben unter einem Brückenbogen hin=
segelt.

Die beiden Associé's nickten fortwährend bei=
stimmend mit den Köpfen, und Druck bot dem Frem=
den eine Prise an, die dieser lange zwischen den bei=
den Fingern festhielt und, gleich einer Katze, die im
Ballon eine Luftreise macht — demonstrirend und er=
läuternd in seinem Dunstkreis umherführte, ehe er sie
einschnupfte, um dann die auf den Busenstreifen etwa
herabgefallenen Körnchen sauber mit den Fingern
wegzuschnippen.

Der Fremde ertheilte den Maurern Instructio=
nen, nahm einem derselben die Richtschnur aus der
Hand und begann nun Vermessungen vorzunehmen,
mit der ganzen Hingebung eines Baumeisters, der
daran gewöhnt ist, seinen Beruf wie ein florenti=

nischer Schuhflicker auf öffentlicher Straße auszuüben
und sich den Teufel um die gaffenden Zuschauer
scheert, die zu erwarten scheinen, daß er sich nun
bald auch den feinen Rock ausziehen und in Hemd=
ärmeln und Schurzfell, gleich den Maurergesellen,
auf dem Pflaster herumrutschen werde.

Im Laufe des Tages kam ein Wagen langsam
angefahren, der vor der Hausthür sich einer Ladung
Sand entledigte. Ein mit Kalk besprützter Maurer
begann mit einer Schaufel das rothbraune, spitz zu=
laufende Gebirge zu untergraben, indem er den Sand
durch ein Sieb warf.

Damit die Arbeiter mit ihren Karren bequem
von der Straße nach dem Hofe gelangen konnten,
wurde vom Trottoir bis auf die obere Stufe der
Hausthür eine Bohle gelegt. Vorüberkommende ge=
riethen nun in Zweifel, was sie thun sollten, ob
es nämlich besser sei, über die Bohle hinweg zu
steigen oder dieselbe zu umgehen; Kinder entschieden
sich stets für das Erstere, da dies ihnen den Vor=
theil gewährte, sich auf dem schwankenden Brett
ein wenig zu schaukeln.

Bretter und Balken und Ziegelsteine wurden
vor dem Hause abgeladen; eine Ladenthür neben

dem Gewölbe unsrer Geschäftsfreunde wurde durch
Balken gestützt und von unten herauf vermauert, weil
sie zu einem Fenster degradirt werden sollte. Das
Trottoir war mit Kalk besprützt und mit rothem Ziegel-
staub bedeckt, auch war daselbst ein großer Schutthaufen
aufgethürmt, von welchem bei windigem Wetter
eine förmliche Rauchsäule emporwirbelte, daß vorübergehende harmlose Personen oft stehen bleiben
mußten und sich die thränenden Augen rieben, als
schienen sie bitterlich zu weinen. Dieser Schutt kam
von einer Mauer, die das Gewölbe unsrer Freunde
von einem Nachbargewölbe getrennt hatte und jetzt
niedergerissen wurde. Wenn man zur Gewölbenthür
herein sah, erblickte man jetzt statt der früheren Ta-
pete nur noch ein alterndes Rohrgeflecht, das aber
auch endlich verschwand.

Bald gewöhnte sich die Nachbarschaft so an
diese Unordnung, daß sie dieselbe ganz in der Ordnung fand; es schien Jedem, als wäre es immer
so gewesen, als hätten von jeher die Mäurer an
diesem Hause gearbeitet, als wäre man von jeher
gewöhnt, in müßigen Augenblicken zuzusehen, wie
sie die Kelle in das Kalkfaß tauchten, wie sie auf
ihren Schurzfellen die Ziegelsteine bearbeiteten oder

diese einander zureichten; wie sie des Mittags im
leeren Gewölbe auf dem Boden saßen und aus ihren
Töpfen das Mittagsbrod aßen, wie sie in maler=
ischen Gruppen umherlagen und ein Mittagsschläf=
chen hielten, wie die Kinder ihre Lust daran fanden,
auf dem Schutthaufen Festungen zu bauen oder
Höhlen zu graben und abwechselnd die Schuhe aus=
zogen, um die hineingerathenen Sandkörner heraus=
zuschütteln; wie jeden Abend vor die nackten Fen=
sterhöhlen ein Bretterverschlag genagelt wurde, der
dann jeden folgenden Morgen wieder abgerissen
werden mußte, und wie der Baumeister täglich nach
dem Fortschreiten der Arbeit sah und sich unter leb=
haften Gesticulationen mit den beiden Associé's un=
terhielt.

Endlich lichtete sich das Chaos von Schutt,
Balken und Ziegelsteinen; die Nebel zertheilten sich
und aus dem Wirrwar trat langsam und majestä=
tisch eine bestimmte Grundidee hervor. Der kleine
enge Laden unserer Firma war zu einem breiten,
geräumigen Gewölbe angeschwollen, in welchem
jetzt Gerüste und Farbentöpfe umherstanden und
langstielige Pinsel an den Wänden in die Höhe
liefen. Immer neue Personen wurden in die Hand=

lung verflochten, als hätten sie bisher hinter den
Coulissen gestanden und auf ihr Stichwort gewartet.
Da kam der Glaser, und als die Gerüste und Far=
bentöpfe entfernt waren, erschien der Tischler mit
mehreren Gesellen und führte rings an den Wänden
große Regale mit zierlich gedrechselten Säulen auf,
die weiß lackirt wurden. Und die ganze Umgegend
duftete nach Firniß, und Vorübergehende fanden
Veranlassung, über diesen Geruch, den der Eine
liebte, der Andre verabscheute, gegenseitig ihre Mei=
nungen auszutauschen; und Unvorsichtige streiften
an frischlackirte Latten und Säulen, die zum Trock=
nen vor dem sonnigen Trottoir an die Mauer ge=
lehnt waren, und gingen mit weißen Firnißflecksen
am Rockschoß oder Ellbogen von dannen, während
neugierige Knaben sich nicht enthalten konnten, die
gefirnißten Gegenstände mit den Fingern zu berüh=
ren, die sie dann in den Hosentaschen heimlich wie=
der abwischten. Und eines Tages wurden Hobel=
späne aus dem Gewölbe geräumt und Scheuerfrauen
rutschten auf den Dielen umher oder wuschen die
Fenster. Und eines Tages waren alle Fächer des
neuen Regals bis dicht an die Decke mit Cigarren=
kisten gefüllt, obwohl die letzteren selbst fast alle bis

an die Deckel leer waren. Und eines Tages verschwand
die kleine blaue Firma und auf zwei Leitern, die
von mehreren Arbeitern gehalten wurden, stiegen
zwei Männer empor, von denen jeder, wie zwei
Ballettänzerinnen die beiden Enden eines Shawls,
ein Ende der neuen Firma angefaßt hatte, die so
gigantisch war, daß sie an einem Stricke, der aus
einem Fenster des oberen Stockwerks heraushing,
empor gewunden werden mußte. Und dort oben, in
einer majestätischen Fronte, prangte die neue Firma
und ihre goldenen Buchstaben blitzten im Strahle
der Sonne; eine Heerde Kinder und Erwachsener
blickte hinauf, und die Nachbarn sahen aus ihren
Fenstern herab, und die beiden Associé's stahlen sich
abwechselnd über die Gasse, um von der andern
Seite mit eitlem Behagen die goldene Wahrheit —
ihrer Namen zu lesen.

Als an dem darauf folgenden Morgen der alte
Mohrenhaupt zum Fenster heraussah, hatte sich vor
dem großen neuen Schaufenster des Tabakladens
eine ziemliche Menge Menschen versammelt. Wenn
Einzelne sich entfernten, wurden die Lücken sogleich
wieder durch Andere ausgefüllt; ein vorüberfahren=
der Droschkenkutscher hielt sogar seinen Gaul an,

stieg vom Bock und trat an das Schaufenster, von
dem er mit lachendem Gesicht wieder zu seinem
Fuhrwerke zurückkehrte, um sich im Weiterfahren
noch einige Male nach dem Fenster umzuschauen.

Mohrenhaupt wurde neugierig und konnte kaum
erwarten, bis sich das Gedränge etwas gelichtet
hatte; viel fehlte nicht, so hätte er Hut und Stock
ergriffen, um sich ebenfalls unter die gaffende Menge
zu gesellen.

Wie sich manche Menschen vor Verrichtung einer
schweren Körperarbeit erst in die Hände spucken,
oder wie ein Kegelschieber in vorgebeugter Stellung
mit zurückgestrichenem Rockschooß, und die Kugel
auf der Hand wiegend, den Augenblick erwartet,
wo der letzte Kegel aufgestellt und der Kegeljunge
hinter seinem Häuschen verschwunden ist, — so hatte
Mohrenhaupt bereits seine großrändrige Brille auf=
gesetzt und lehnte mit verschränkten Armen auf dem
Fensterbrett, gerüstet, das Phänomen im Schaufenster
mit seinem Späherblick zu erhaschen, sobald es
durch die Wolken undurchsichtiger Gaffer hervorbräche.
Und der Augenblick erschien und der Rentier erblickte
auf einer Art Piedestal, der sich langsam um sich
drehte, einen stattlichen Türken, mit rothem Turban

und weiten Pluderhosen, mit untergeschlagenen Bei=
nen auf einem Polster sitzend, und im Munde einen
langen, weit über den Piedestal hinabreichenden Tschi=
buck. Im Halbkreise um diese Figur, die sich mit
lächerlichem Phlegma gefallen ließ, daß die bewun=
dernden Zuschauer durch die Rotation der Scheibe
ihrem Gesichtskreise bald entzogen, bald zurückge=
geben wurden, — wölbte sich eine Grotte von Ci=
garrenbündeln, mit rothem und gelbem Seidenbande
umwunden, von Kautabak, Rauchtabakrollen und
Schnupftabak in Staniol verpackt. Mathilde sah
im Nebenzimmer ebenfalls zum Fenster heraus. Die
außerordentliche Erscheinung drüben entschuldigte es
gewiß, daß sie sich ohne Zurückhaltung der Lorgnette
bediente. Sie lachte über den Türken, und noch mehr,
als sich hinter diesem ein gewisses vergnügt herauf=
leuchtendes Christengesicht mit satirischem Schnurr=
bart und Augenbrauen zeigte.

Der wohlbekannte Christ beeiferte sich, der
Nachbarin ein kleines Kunststück zum Besten zu ge=
ben, oder vielmehr diese günstige Gelegenheit zur
Einweihung einer von ihm selbst erfundenen Vor=
richtung am Schaufenster, die sich dem Publikum
noch nicht präsentirt hatte, zu benutzen. Er blies

den von seiner Cigarre im Munde gesammelten
Rauch in einen dünnen Guttaperchaschlauch hinein,
dessen Ende wie ein Klingelzug am Fenster hing,
und, wie sich der muhamedanische Glaube aus der
Christenlehre entwickelt hat, so entstiegen jetzt die
christlichen Rauchwolken dem Munde und dem Tschi=
buck des Türken, daß der Letztere fast ganz eingehüllt
wurde und die Zuschauer am Fenster, die wirklich
einen Augenblick glaubten, der Türke sei lebendig,
in ein verwundertes Ach! ausbrachen.

An diesem Tage aber waren die Blicke, die Druck
nach der Nachbarin schweifen ließ, gezählt. Seine
Zeit war vollständig in Anspruch genommen durch
das Publikum, das sich massenhaft in den verlocken=
den Laden drängte, um zu kaufen.

Der Andrang ließ in den darauf folgenden
Tagen freilich nach, doch blieb, nachdem der Storch=
schnabel der Befriedigung den großen Schattenriß
der Neugier verkleinert hatte, dennoch eine beträcht=
liche Anzahl neuer Kunden als dauernde Silhouette
zurück, und Druck hatte jetzt oft mehr Geld in der
kleinen Casse, der ein bescheidenes Schubfach im
Ladentische angewiesen war, als Leidlich in der
großen, welche er alle Abende in einer polirten Scha=

tulle mit nach Hause nahm, um sie während der
Nacht im Bettstroh zu verwahren. Diese Vorsicht
war indessen nicht mehr lange vonnöthen, da Leiblich
zu dem Neubau und den übrigen Verschönerungen
des Gewölbes nur unter der Bedingung seine Ein=
willigung gegeben hatte, daß das Comptoir endlich
durch ein höchst nothwendiges Inventarstück bereichert
werde, gegen dessen Anschaffung sich Druck bisher
immer leidenschaftlich gewehrt hatte, — nämlich
einen eisernen feuerfesten Geld= und Documenten=
schrank.

Es läßt sich leicht denken, daß durch alle diese
Neugestaltungen die Mittel unserer Firma nicht we=
nig erschöpft worden waren, und während Druck im
guten Vertrauen darauf, daß der beabsichtigte Zweck
gewiß erreicht werden würde, sich mit großem Be=
hagen in seiner neuen Umgebung bewegte, stellte
sich bei Leiblich eine Art Katzenjammer ein, der auch
dann nicht gehoben wurde, als der eiserne, kostspie=
lige Geldschrank anlangte: und doch behauptet man,
daß ein Glas von demselben Getränk, von welchem
man am Abend zuviel genossen hat, als Morgentrank
das beste Gegengift sei!

Leidlich fühlte sich unter all den neu angeschafften
Gegenständen so unheimlich, wie ein von Gewissens-
bissen gequälter Mörder in den Kleidern des Erschla-
genen. Wenn er durch das Gewölbe ging, so vermied er sich umzublicken und hätte sich am liebsten
die Augen verbunden; selbst den Geldschrank schloß
er nur mit zagender Hand auf und zu. Die schwere
eiserne Thüre, die ehernen Wände, die riesigen Schlös-
ser schienen ihn, wenn er seine geringe Baarschaft
hineinlegte, vorwurfsvoll anzublicken, wie ein junges
Weib, das er geheirathet und dadurch unglücklich gemacht hätte.

Leidlich wurde tiefsinnig, melancholisch; er hatte
des Nachts schreckliche Träume. Er arbeitete jetzt
mit verdoppelter Ausdauer, indem er sich die über-
flüssigsten Arbeiten aufbürdete, er schrieb jetzt noch
einmal so lange Briefe, als früher. Er zog vor
der Nachbarin den Hut jetzt täglich zwei Mal ab
und schwenkte ihn tiefer, als je vorher, und schaute
zu ihr hinauf mit dem Blicke jener gehetzten Hindin,
die zitternd zu den Füßen der Braut von Mes-
sina lag.

Mit Spannung hingen Leidlich's Augen jetzt
oft an den Lippen des Barbiers, der die Aussprüche

des alten Rentiers über die neuen Einrichtungen
rapportirte. Sie lauteten in der That äußerst günstig,
aber was konnte unsrer heirathslustigen Firma die
bloße gute Meinung des Nachbars nützen, der ohne=
hin nach einigen Tagen, da die Sache den Reiz
sehr bald bei ihm verlor, gar nicht mehr darüber
sprach.

„Ich bin nur neugierig,“ seufzte Leiblich, „was
aus der ganzen Geschichte noch werden wird; ich
sehe schon kommen, daß Alles beim Alten bleibt.
Dann schlage aber ein heiliges Kreuzdonner —“

„Beruhige Dich,“ fiel ihm Druck in's Wort,
„wir müssen uns vor allen Dingen mit unserm Nach=
bar nun persönlich bekannt machen. Wenn er sich
nur erst herbeiläßt, unser Kunde zu werden, dann
haben wir schon viel gewonnen. Ich werde ihn
mit einer Liebenswürdigkeit behandeln, daß die ge=
schäftlichen Beziehungen bald in freundschaftliche
übergehen sollen.“

„Das Letztere nehme ich auf mich,“ versetzte
Leiblich schnell, „wenn nur der alte Dachs erst aus
seiner Höhe gelockt ist.“

„Zu diesem Zwecke habe ich bereits einen Schritt
gethan,“ ergriff Druck wieder das Wort. „Ich habe

von unfern feinſten Cigarrenſorten eine Probetiſte zuſammengeſetzt und ihm dieſe nebſt einem ſehr ſchmeichelhaften Handſchreiben heute früh zugeſchickt. Ich ſah ihn vorhin aus ſeinem Frühſtückskeller heim= kehren; in dieſem Augenblicke wird ihn wohl unſere Beſcheerung bereits beſchäftigen."

„Ein ſehr entſcheidender Augenblick!" ſagie Leiblich ſeufzend und die Hände faltend, wie er dies häufig während eines ſchweren Gewitters zu thun pflegte.

Mittlerweile hatte ſich ein Mann in einem bäueriſchen blauen Tuchrocke draußen vor dem Ge= wölbe aufgeſtellt und buchſtabirte mit weit aufge= riſſenem Munde die Firma. Er ſchien ſo eifrig in dieſe Aufgabe vertieft, daß er darüber das Schnupfen vergeſſen hatte, denn er hielt in der einen Hand eine geöffnete runde Tabaksdoſe und zwiſchen den Fingern der andern Hand ſchwebte über der Doſe noch immer die vergeſſene Priſe.

Aus dieſer Lethargie riß ihn plötzlich der laute Zuruf Druck's, der in dem Fremden ſeinen alten Freund, den Gärtner, erkannte. Er hatte in der Stadt Geſchäfte und wollte eben Druck einen Be= ſuch machen. Die Eleganz des Ladens aber hatte

hn so perplex gemacht, daß er sich erst durch wieder=
)oltes Lesen der Firma überzeugen mußte, ob Druck
uch wirklich hier wohne.

Die Bewillkommnung war die herzlichste von
er Welt, aber sie sollte durch eine schneidende Disso=
ianz gestört werden. Darunter ist jedoch nicht so=
)ohl das frostige Benehmen Leiblich's zu verstehen,
er mit vornehmer Geringschätzung auf den Gärt=
er herabblickte und ihn durch allerlei hochtrabende
Redensarten so einschüchterte, daß dieser nicht wagte,
ch auf dem Stuhle, den Druck ihm anbot, nieder=
ilassen, — als vielmehr eine gewisse Erscheinung,
elche von jenseits der Straße her sich jetzt dem
)ewölbe näherte.

Die Glocke der Ladenthür erschallte und herein
at — der Rentier, unter dem Arme die Cigarren=
ste.

Was jetzt vorging, das war für Druck so über=
schend und so nebelhaft, daß er es eben so wenig
greifen konnte, als man die Speichen eines sich
)nell drehenden Rades zu zählen vermag. Denn
um war der Rentier in den Laden getreten, da
h Druck seinen Freund, den Gärtner, mit Hinten=
isetzung aller Schüchternheit, wie ein scheu geword=

ner Gaul, Reißaus nehmen und durch die Comptoir
thüre verschwinden. Das setzte ihn so in Erstaunen
daß er gar nichts von dem kurzen Gespräch zwischen
Leidlich und dem Rentier vernahm; er sah nur, wie di
Cigarrenkiste aus den Händen des Rentiers in Leid
lich's Hände changirt war, und wie dieser sechs bi
sieben Verbeugungen machte, und wie der Rentie
wieder zur Thüre hinausging.

„Da haben wir's!" rief Leidlich bitter, „er be
dauert von unserer Offerte keinen Gebrauch mache
zu können. Und da haben wir nun gebaut," fuh
er halb weinend, halb lachend vor Wuth fort, währen
er die Probekiste wie ein Wickelkind noch auf beide
Armen wiegte, „und haben den Türken und wa
weiß ich Alles noch angeschafft. —"

Während Leidlich fortfuhr in klagenden Töne
die kostspieligen Verschönerungen des Etablissemen
einzeln aufzuzählen und nach jedem dieser Gegen
stände mit der Hand deutete, wie ein Bänkelsäng
nach den verschiedenen bildlichen Darstellungen d
Schaudergeschichte, die er eben absingt, eilte Dru
in das Comptoir.

Der Lehrling stand da mit dem dummen E
staunen eines Ziegenbocks, dem eine Ratte in d

Stall gefahren ist. Der Gärtner hockte unter dem Doppelpulte und kam auf Druck's wiederholten Zuruf endlich hervorgekrochen.

„Ist er fort?" frug der Gärtner, sich die Knie abstäubend.

„Wer denn?"

„Der dicke Kerl, der Mohrenkopf, oder wie er heißt."

„Also vor dem bist Du so weit gelaufen?"

„Vor diesem Menschen laufe ich noch weiter, wenn sonst nicht die Welt mit Brettern vernagelt ist, wie hier bei Euch."

„Also kennst Du ihn?"

„Versteht sich, kenne ich ihn; er verfolgt mich wie der böse Feind; er drückt mich wie der Alp. — Es vergeht kein Monat im Jahre, wo er mich nicht in meinen friedlichen vier Pfählen heimsucht. Ge= sprochen hab' ich ihn nur zweimal, seitdem aber ver= krieche ich mich in den Keller, sobald er kommt, oder laufe, so weit mich meine Beine tragen, sonst be= schwatzt er mich noch. Muß der auch gerade zu Euch kommen, wo ich da bin!"

„Was will er denn von Dir? Hat er eine Hypothek auf Deinem Grundstücke stehen?"

7*

„Wenigstens scheint er sich's einzubilden. Solche reiche Leute denken, für ihr Geld können sie Alles haben und Jeder muß ihnen zu Willen sein. Er will mir durchaus meine Riesen=Nelke abkaufen —"

„Die Riesen=Nelke?!"

„Und obwohl ich ihm mit einem Eide versichert habe, daß sie für Geld nicht feil ist, so läßt er sich doch nicht abhalten, immer wiederzukommen. Er ist zähe wie eine Wanze, er wühlt an mir herum wie ein wildes Schwein an einem Baume, auf dem Jemand sitzet, den es gern herunter haben möchte."

Druck hatte seinen Freund längst an beiden Schultern gepackt und schüttelte ihn jetzt so tüchtig, daß der Gärtner kirschbraun im Gesicht wurde.

„Mensch!" rief Druck, „sage um Gotteswillen nicht, daß Du die Riesen=Nelke inzwischen verschenkt hast, oder daß sie von Raupen zerfressen und ein= gegangen ist —"

„Gerechter Himmel!"

„An Deiner Riesen=Nelke hängt jetzt mein ganzes Glück, in ihrem Kelche verbirgt sich ein Honigsaft, den Du selbst nicht ahnst und der in dem Saugrüssel der Biene, Leidlich und Druck genannt, zu purem Golde werden kann!"

„Die Nelke ist noch da," warf der verwunderte Gärtner dazwischen.

„Wer hätte damals geahnt, als Du sie mir großmüthig zum Geschenke machen wolltest, daß durch diese Nelke dennoch einst mein Glück begründet werden könnte. Ja, es ist wahr, was der große Dichter sagt: Gar tiefer Sinn liegt oft im kind'schen Spiel! — Sei offen, Freund, bist Du jetzt noch bereit, mir dieses Opfer zu bringen?"

„Von ganzem Herzen, aber sage mir nur —"

„Das sollst Du Alles erfahren; schicke mir die Riesen-Nelke her, und was später mit ihr geschieht, das wird sich finden. Du sollst dabei auch nicht zu kurz kommen; wenn uns das Glück wohl will, so mache ich Dir mindestens Dein kleines Grundstück schuldenfrei!"

„Aber wenn der dicke Rentier nun die Nelke sieht und —"

„Den bist Du für alle Zeiten los, dafür sorge ich."

Die Sache war abgemacht. Der Gärtner versprach, den Transport der Riesen-Nelke persönlich zu überwachen und, nachdem Druck ihm die Taschen voll Schnupftabak gepfropft und ihn mit einem so

reichen Cigarrenvorrath verſehen hatte, als der Gärtner
auf beiden Armen tragen konnte, gingen beide
Freunde fort, um beim Korbmacher einen Blumen-
tiſch zu beſtellen, und ließen Leiblich im Zuſtande
gerechter Verwunderung allein zurück.

Capitel 5.

Mancherlei Räthselhaftes.

Als nach einigen Tagen der zierlich geflochtene Blumentisch kam, ward Leiblich über diesen Zuwachs zu den ohnehin verfehlten mannichfachen Neuerungen sehr unwillig. Er verlor, wenn eine Unternehmung nicht gleich günstig ausschlug, schnell das Vertrauen dazu und pflegte stets auf halbem Wege wieder umzukehren.

Als die Riesen-Nelke wirklich ankam, würdigte er sie kaum eines Blickes, und die Geringschätzung, die er neulich dem Gärtner fühlen ließ, ging bei diesem zweiten Besuche in feindselige Verachtung über.

Daß die Nelke ein Geschenk sei, wollte er nicht glauben; um sich zu vergewissern, daß Druck hinter seinem Rücken nicht heimlich Geld dafür ausgäbe,

leerte er die „kleine Kasse“ aus und ließ nur die
nothdürftigste Baarschaft darin.

Am Eingange der geöffneten Ladenthür prangte
nun das Riesengewächs in seiner ganzen wunder-
baren Schönheit. Und wieder stand vor dem Gewölbe
der orginellen Tabakshändler eine gaffende Volksmenge, und diesmal hielten nicht nur Droschkenkutscher an und stiegen vom Bock, sondern es fuhren
sogar elegante Kutschen dicht bis an das Trottoir
vor dem Laden und die vornehmen Insassen beugten
sich weit heraus, um das Wundergewächs zu betrachten.

Jetzt ging der Rentier in die Falle.

Es giebt Leute, denen es förmlich zum Bedürfniß
geworden ist, bei Allem was sie thun, mit einer
gewissen Schlauheit zu verfahren, selbst wenn sie
nicht absehen, was ihnen ihre Verschlagenheit in
diesem oder jenem Falle nützen soll.

Druck hatte Gelegenheit, diesen Zug an dem
Rentier zu beobachten. Hätte er die nahen Beziehungen, die zwischen der Riesen-Nelke und dem
Rentier bereits bestanden, nicht vorher gekannt, er
hätte sie nimmermehr geahnt.

Er bemerkte sehr wohl, wie der Rentier von
seinem Fenster aus mittelst der Brille die Riesen-

Nelke sofort erkannte; er wußte sehr wohl, wie es
zuging, daß der Rentier, der soeben noch im Schlaf=
rock und Morgenkäppchen einhergegangen war, eine
Minute später vollständig angekleidet aus der Haus=
thür trat.

Druck lächelte, als der Rentier am Laden ganz
gelassen vorüber ging und erst nach einigen Schritten
wieder umkehrte, als hätte er die Bagatelle vergessen
gehabt.

Der Rentier trat in den Laden, ohne die Riesen=
blume zu bemerken; er hatte, wie er sagte, seine
Schnupftabaksdose vergessen und wollte sich nur eine
Düte Schnupftabak mitnehmen, um nicht erst wieder
die Treppe zu seiner Wohnung hinaufsteigen zu
müssen.

Erst im Hinausgehen bemerkte er die Nelke; er
fand sie sehr bewunderungswürdig. fragte nach ihrer
Herkunft, roch an jede einzelne Blume, ließ sich dann
auf einen Stuhl nieder, den Leidlich ihm förmlich
unterschob, und verlor sich in tiefes Anschauen.

Am andern Morgen kam er wieder, und da er
sich im Geheimen mit dem Projecte trug, den Leutchen
nach und nach die Wunderblume abzuschwatzen, so
kam er täglich. Auch gefiel ihm der Aufenthalt in

dem Gewölbe; er konnte hier bequemer noch, als
aus seinen Fenstern, die Leute vorüberpassiren sehen.
Druck war ein sehr gesprächiger und gemüthlicher
Mann, der nicht nur den Alten unterhielt, sondern
auch an dessen Späßen Gefallen fand und sich darüber
halb todt lachen wollte. Es wurde ihm endlich zum
Bedürfniß, jeden Morgen nach dem Frühstück ein
halbes Stündchen im Laden zu verplaudern, er wurde
der „Hausfreund" der neuen Firma, der „Cicisbeo"
der Riesen=Nelke. Er fand Gefallen daran, zuzusehen,
wenn Druck verkaufte, auf der Leiter auf= und ab=
kletterte, einpackte und andere Geschäfte verrichtete, und
begönnerte die Firma, indem er in humoristischer
Weise den Käufern die Güte der Waaren anpries
und sie zu öfterem Wiederkommen einlud, als wäre
er am Geschäft betheiligt.

Viele hielten auch wirklich den dicken imposanten
Herrn, der mit großem Behagen sich auf dem Sessel
wiegte, für den Prinzipal.

Auch verschmähte er nicht, mit jungen, hübschen
Dienstmädchen, die in den Laden kamen, seine Späße
zu treiben und sie dann und wann in die Wangen
zu kneifen.

Es ging Alles so gut, daß Leidlich zuletzt über=
müthig wurde und den Alten häufig zum Besten
hielt.

Der Rentier sprach gern in Sentenzen, wie:
„Das Leben ist ein kostbares Gut. — Die Liebe ist
eine Zauberin. — Durch Ausdauer gelangt man zum
Ziele. — Die Weiber sind launisch, wie Aprilwetter,"
u. s. w. Er pflegte diese Aussprüche mit einer Salbung
zu thun, als enthielten sie die tiefsten Lebenswahr=
heiten. Leidlich hörte ihn dann stets sehr aufmerksam
an und schob diese Aussprüche den größten Philosophen
unter. Sagte z. B. der Rentier: „Es ist schwer,
ein Mensch zu sein," so rief Leidlich seufzend: „Ja,
das ist sehr wahr, — diesen Ausspruch hat Sokrates
gethan."

Zuweilen freilich geschah es auch, daß der Rentier
seinen Nachbar darauf mit mißtrauischer Miene von
der Seite ansah und zur Antwort gab:

„Und wenn ihn Purzpichler gethan hätte, er ist
doch wahr! Was gehen mich Eure Stubengelehrten
an; ich bin so klug und so alt, daß ich mir das
Alles selbst sagen kann."

Auch konnte sich Leidlich nicht enthalten, dem
Rentier gelegentlich den „Tabakskram," die „Bude"

und die „Winkeljuden" unter die Nase zu reiben,
womit dieser einst gegen den Barbier das Unternehmen bezeichnet hatte.

Glücklicherweise aber konnte Mohrenhaupt sich
nicht mehr darauf besinnen, und Leidlich's Anspielungen
blieben ihm daher unverständlich.

Ueberhaupt war das Gedächtniß des Alten
ziemlich stumpf geworden, ähnlich wie sein Gehör.
Obwohl er die Firma täglich vor Augen hatte, so
war es doch nur ein Zufall, wenn er sie richtig,
nämlich „Leidlich und Druck," nannte, in den meisten
Fällen aber sagte er zu Leidlich's Aergerniß bald:
„Druck und Leidlich," bald „Druck und Compagnie"
und dann wieder „Leidlich und Comgagnie." Auch
die Namen die beiden Associé's selbst verwechselte er
fortwährend: wenn er mit Druck sprach, so redete er
ihn mit Herr „Leidlich" an, und diesen umgekehrt.

Mittlerweile setzten beide Associé's natürlich auch
ihr stummes Verhältniß zu Fräulein Mathilde eifrig fort.

Seitdem der Papa zu den Nachbarn in nähere
persönliche Beziehungen getreten war, zog die Tochter
den Schleier der Befangenheit allmälig von ihrem
Fenster weg. Sie flüchtete sich nicht mehr vor Druck

und rauschte mit ihm mitunter wohl auch ein Lächeln. Auch hatte sie in Begleitung ihres Vaters dem Nachbarladen bereits einen Besuch gemacht, um die Riesen=Nelke in der Nähe zu sehen.

Leidlich triumphirte, denn alle Fragen in Betreff der Blume hatte sie an ihn gerichtet, ja sie hatte Druck kaum eines Blicks gewürdigt, und Leidlich hatte genau beobachtet, wie sie sogar absichtlich vermieden hatte, Jenen anzusehen.

Daß Druck ebenfalls um die Gunst der Nachbarin buhlte, konnte er ihm nicht verwehren, doch hielt Leidlich es für seine Pflicht, seinen Associé durch hingeworfene Aeußerungen vor der bitteren Enttäuschung verschmähter Liebe zu warnen. Als er einst Druck in dem Augenblicke überraschte, wo dieser ein Kußhändchen hinüber warf, nahm er sich im Stillen ernstlich vor, ihn nie zu seinem Hausfreund zu machen.

Indem eines Tages Druck's Blicke suchend nach dem Nachbarfenster schweiften und mit großem Wohlgefallen auf dem weißen Antlitz, das sich hinter den Scheiben zeigte, ausruhten, schüttelte Mathilde plötzlich den Kopf. Er bemerkte genau, daß ihre Augen dabei auf ihn gerichtet waren, daß sie schelmisch

blinzelten, daß sich dazu um ihren Mund ein lieb=
liches Lächeln verbreitete, kurz, es war die liebens=
würdigste Verneinung, die durch Mienenspiel jemals
ausgedrückt worden ist, und Druck durfte keinen
Augenblick zweifeln, daß das Zeichen ihm selbst gelte,
obwohl er sich bewußt war, der Nachbarin niemals,
weder mit Worten, noch durch Zeichen, eine Frage
vorgelegt zu haben. Er wußte nicht, welche Be=
deutung er diesem stummen, räthselhaften Vorgange
unterlegen sollte und war darüber ganz untröstlich.

Mit verlegenen Blicken prüfte er seine ganze
nächste Umgebung und es schien, als wollte er von
der Wölbung der Ladenthür bis herab zur Schwelle
jedes Atom fragen: was hat sie gesagt?

Er vergegenwärtigte sich mit ängstlicher Ge=
nauigkeit bis zum Kleinsten herab alle Umstände,
die dem räthselhaften Kopfschütteln vorangegangen
waren. Er rief sich in's Gedächtniß zurück, daß kurz
vorher ein Wagen mit weißem Sand vorübergefahren,
daß fast gleichzeitig der gelbröckige Briefträger in's
Gewölbe getreten, von Leidlich abgefertigt, und dann
hinüber in das Haus des Rentiers gegangen war,
wie dieß fast täglich geschah. Er hatte den Briefträger
wieder aus dem Hause treten und dann eben am Fenster

die Nachbarin erscheinen und den Kopf schütteln
sehen. Druck hielt eine förmliche Criminaluntersuchung,
aber sie ergab Nichts.

Da sich in Mathilden's Benehmen, die den
Tag über noch häufig an's Fenster trat, überdieß
nichts zeigte, das auch nur den geringsten An=
knüpfungspunkt an jenes verneinende Zeichen dar=
geboten hätte, so beruhigte sich Druck.

Nach einigen Tagen hatte er den kleinen Vor=
gang fast gänzlich wieder vergessen, denn schon wurde
sein Interesse von einem andern Gegenstande in
Anspruch genommen.

Unter den ausgesucht seltenen Blumen, die vor
dem Fenster des Rentiers standen, war die plötzliche
Hinzukunft eines gewöhnlichen Rosenstocks eine auf=
fallende Erscheinung. Und einen solchen gewahrte
Druck eines Tages — zu seiner Verwunderung; aber
auch der Rentier schien verwundert, und offenbar
fragte er jetzt eben die Tochter, wo dieser Rosenstock
hergekommen sei, und offenbar brachte diese Frage
Mathilden in Verlegenheit, denn ihr Antlitz glühte
auf einige Augenblicke in noch dunklerem Rothe als
die Rose. Dann bewegten sich ihre süßen Lippen in
holder Beredtsamkeit auf und nieder, indem sie dem

Papa etwas höchst Glaubwürdiges zu erzählen schienen, und als der Alte vom Fenster verschwunden war, hob sie den Rosenstock empor, als preßte sie ihn an ihr Herz, und sog den Duft der Knospen ein, so langsam träumerisch, so tief athmend, daß Druck ihren Busen auf= und niederwogen sah.

Sie schien den Rosenstock mit besonderer Vor= liebe zu pflegen, und so oft sie daran roch, was täglich mehrere Male geschah, warf sie einen Blick auf Druck herab und lächelte, und der Blick und das Lächeln galten ihm und standen doch gleichzeitig auch in Beziehung zu dem Rosenstocke.

Das konnte dem scharf beobachtenden Druck nicht entgehen, aber es war ein neues Räthsel für ihn. Und er gerieth immer tiefer in die Räthsel hinein, ohne nur eines davon lösen zu können, und ihre Zahl häufte sich, wie unbezahlte Rechnungen, — denn noch waren Druck's Gedanken mit dem Geheimniß des Rosenstocks beschäftigt, da sandte die Nachbarin eines Tages plötzlich wieder ein lang an= haltendes liebenswürdiges Kopfschütteln herab, welches für Druck so überraschend kam, daß er in diesem Augenblicke die Entfernung vergaß, welche ihn von der Nachbarin trennte, und indem er das eine Ohr

mit der Hand umbog, ein lautes „Wie?" herausstieß.
Aus Verzweiflung schüttelte er ebenfalls den Kopf,
und damit hatte er, wie Göthe's Zauberlehrling, der
die leichtbeschworenen Geister nicht wieder zu bannen
vermag, das Mißverständniß nur noch mehr ver=
wickelt, denn Mathilde ging auf Druck's Kopfschütteln
ein und wiegte von Neuem verneinend das Haupt.
Und wer weiß nun, was das wieder zu bedeuten
hatte?!

Druck betrachtete seine Weste, seine Ellbogen,
seine Hände und jeden Finger daran, und schien
wiederum alle stummen Zeugen zu fragen: was hat
sie gesagt?

Und wiederum saß er zu Gericht über alle Vor=
gänge, um vielleicht den Ansteckungsstoff zu finden,
aus dem sich jene Symptome erklären ließen, und
wieder fand er nichts, als daß der Briefträger im
Laden gewesen, von Leiblich abgefertigt und dann
in Mohrenhaupt's Haus gegangen war.

Endlich nahte ein Tag, der alle Räthsel zu
lösen, alle Zweifel zu heben versprach. Die beiden
Compagnons wurden vom Rentier auf einen Sonntag
zum Diner eingeladen.

An diesem Tage wetteiferten vier Menschen mehr als sonst, sich selbst zu übertreffen.

Der sauertöpfische Leiblich war ganz überzuckert; sein nüchternes, trockenes, blondes Haar war heute pomadetrunken, sein stumpfer Schnurrbart war in zwei scharfe Spitzen geschliffen, der ganze Mensch glich einem schulmeisterlich gehaltenen Liebesliede.

Er ließ Mathilde keinen Augenblick aus den Augen, und er, dessen Mund sonst so wortkarg war, wußte ihr tausend schöne Dinge zu sagen und hundert niedliche Geschichten zu erzählen. Leiblich schwitzte förmlich und sein Antlitz glühte; die Spannung in seinen Mienen verrieth den höchsten Grad von Geistes=thätigkeit, als legte er eben sein Examen ab.

Auch Mathilde ging heute aus sich heraus: sie machte sich mehr in der Küche zu schaffen, als sonst, setzte ihrem zarten Teint den Feuergluthen des Heerdes aus, klimperte mit dem Schlüsselbunde, wirth=schaftete und half kochen und unterstützte die Haus=hälterin beim Auftragen der Speisen mit solchem Eifer, daß die Alte ganz erstaunt darüber war.

Sie sprach nur sehr wenig mit Druck und ver=mied seine Blicke; ihre blauen Augen schienen mit Aufmerksamkeit an Leiblich's Lippen zu hängen, ja,

sie schüttelte überhaupt den ganzen reichen Zauber
ihrer Liebenswürdigkeit auf den blonden Nachbar aus,
und Leiblich feierte einen vollkommenen Triumph.

Druck war deshalb verstimmt und insofern ging er
ebenfalls aus sich heraus, denn er war heute zum
ersten Male in seinem Leben bei übler Laune und
ärgerte sich.

Der alte Mohrenhaupt ging heute nicht minder
aus sich heraus, indem er, gegen seine sonstige Ge=
wohnheit, sein Mittagsschläfchen opferte, worüber sich
die drei jungen Leute im Stillen ärgerten. —

Mohrenhaupt führte seine Gäste nach Tische in
den Garten, und in einer Laube wurde der Kaffee
eingenommen. Der Garten war klein, aber so reich
an den verschiedenartigsten Pflanzengattungen, daß
er als ein lebendiger botanischer Bilderatlas gelten
konnte.

Der Rentier kam auf die Riesen=Nelke zu sprechen,
und überredete die jungen Leute dahin, daß sie ihm
die Wunderblume, die in dem dumpfen Gewölbe
sich unmöglich erhalten könne, zur Pflege übergäben
und ihm gestatteten, sie in seinen Garten zu versetzen.

Damit war für die beiden Associé's kein kleiner
Vortheil verknüpft: sie durften den Garten des

Rentiers wie den ihrigen betrachten, sie durften frank
und frei in des Rentiers Hause ein= und ausgehen, wie
eine Mutter ihr Kind besucht, das sie fremden Leuten
zur Erziehung übergeben hat, und damit war ihnen
der Eintritt in die Bannmeile der schönen Nachbarin
zu jeder Tageszeit eröffnet.

Leiblich nahm das Anerbieten des Rentiers sehr
bereitwillig an. Nur Druck schwankte. Einen Augen=
blick wiegte er sich in dem triumphirenden Bewußtsein,
daß nur ihm allein das Recht zustehe, über die Riesen=
Nelke zu verfügen; einen Augenblick dachte er daran,
die Blume an seinen Freund, den Gärtner, zurück=
zuschicken, ehe ein Anderer ihren Honigsaft aussauge —
aber als er den leisen Schatten der Trauer sah, der
über Mathilden's Antlitz flog, indem er in Begriff
war, sein entscheidendes „Nein!" herauszustoßen, als er
sah, daß er ihr eine Freude dadurch zerstören würde,
da verzieh er ihr die bittere Täuschung, die sie ihm
heute bereitet hatte, und uneigennützig brachte er die
blühende Kupplerin, die Nelke, fremdem Glücke zum
Opfer. Und wenn er es noch nicht gewußt hatte,
so wußte er es jetzt: daß er Mathilden liebe. Und
jetzt dehnte sich sein Herz plötzlich weit aus und schrumpfte
wieder zusammen, und er unterdrückte den schwersten

Seufzer, der jemals seiner Brust entstieg. Und wie ein lichter magischer Mondstrahl ergoß es sich über alle die vergangenen Minuten, wo er über die Straße hinweg mit der Nachbarin Blicke und Grüße getauscht und in ihr nur die reiche Erbin erkannt hatte. Wie sie ihm jetzt in der Laube gegenüber saß, da schien ihm ein Schleier von dem Gesichte gezogen; ein Etwas an ihr hatte sich verändert, wie der Ton eines Saiteninstruments, wenn der Dämpfer weggenommen wird; es war ihm als sei mit einem Male sein geistiges Ohr von einem alten fortwährenden Ohrenbrausen befreit, — Mathilde hatte sich plötzlich in nie erkannte Reize gekleidet, ihr ganzes Wesen schien geadelt. Und sie sollte für ihn jetzt verloren sein! —

Es war Abend geworden und die kleine Gesellschaft in der Laube erhob sich.

Der Rentier wollte in's Casino gehen und die beiden Compagnons schickten sich zum Heimwege an.

Mohrenhaupt ging voraus und war bereits in der Hausthüre verschwunden, als Mathilde in Begleitung der Gäste noch über den weißen Gartenkies wandelte.

Alle drei hatten sich ein gutes Stück von der Laube entfernt, da entsann sich plötzlich Mathilde, daß sie ihr Schlüsselbund dort zurückgelassen habe.

Noch ehe Druck sich umdrehen konnte, war Leid=
lich nach der Laube gesprungen, um seine Cavalier=
pflicht zu erfüllen.

Druck war mit Mathilde allein. Es war der
erste unbelauschte Augenblick zwischen Beiden, und
ein jedes von ihnen fühlte das.

Mathilde warf einen einzigen leuchtenden Blick
auf Druck, aus welchem diesem ein ganzer Himmel
entgegenstrahlte, und mit schnell zu Boden geschlagenen
Augen sagte sie leise: „Der Rosenstock ist mir über
Alles theuer.“

„Welcher Rosenstock?“ fragte Druck.

Aber statt der Antwort drohte ihm Mathilde mit
dem Finger, und da man bereits Leidlich’s Schritte
sich nahen hörte, so fügte sie hastig hinzu: „Und die
Briefe aus der Schweiz kommen von meiner Cou=
sine, von Niemand anderm.“

„Welche Briefe?“ wollte Druck fragen, aber
in demselben Augenblick war Leidlich, der sich sehr
beeilt hatte, schon wieder bei dem Paare angelangt,
und Druck mußte die geheimnißvollen Andeutungen
unentziffert mit nach Hause nehmen.

Aber so dunkel diese waren, so hell strahlte ihm
doch die Hoffnung, daß Mathilde für ihn fühlte;
denn ihre ganze offene Liebenswürdigkeit gegen Leidlich
wog die stille Innigkeit nicht auf, mit welcher sie
jenes kurze, geheimnißvolle Gespräch geführt hatte. —

Von diesem Tage an erwähnte Leidlich gegen
seinen Associé der Nachbarin mit keinem Worte mehr.
Und das war das sicherste Zeichen, daß Leidlich das
Spiel bereits gewonnen zu haben glaubte, denn es
lag in seiner Art Etwas, wie in der eines Hundes,
der um einen glücklich erwischten fetten Bissen kein
großes Rühmen macht, sondern ihn in aller Stille
in einem verborgenen Winkel verzehrt. Er buk seinen
Glückskuchen für sich allein und ließ Andere nur so
lange daran Theil nehmen, als es Rosinen zu lesen
und Mandeln zu schälen gab.

Druck kannte seinen Associé zu genau, als daß ihm
dieses Merkmal entgangen wäre. Er ertrug Leidlich's
gespreizte Schweigsamkeit mit Geduld; aber bedeutend
schwerer kam es ihm an, gleichzeitig auch die liebens=
würdige Sonntagsstimmung zu ertragen, der sich
Leidlich von nun an hingab, und in welcher er
Druck täglich mehre Male umarmte.

Zu allen diesem gesellte sich noch ein Umstand, der geeignet gewesen wäre, Druck mit Besorgniß zu erfüllen: Leiblich hatte einen jungen Mann zum Freunde, der einer auswärtigen, sehr reichen Kaufmannsfamilie angehörte und in einem hiesigen Geschäft als Volontair fungirte. Der reiche Kaufmannssohn war im Vorübergehen mitunter zu Leiblich in's Geschäft gekommen und hatte sich mit beiden Associé's unterhalten. Jetzt kam er fast täglich, aber er schien in seinem Benehmen gegen Druck plötzlich befangen und hielt sich nie mehr im Gewölbe auf, sondern begab sich gleich zu Leiblich in's Comptoir. Auch bemerkte Druck, daß Leiblich dann stets unter irgend einem Vorwand den Lehrling aus dem Comptoir entfernte. Die Unterredungen wurden leise geführt, und desto lauter wurde mitunter von gleichgültigen Dingen gesprochen, so daß Druck, anstatt dadurch irregeführt zu werden, nun erst recht von Mißtrauen erfüllt ward. Durch den Vorhang beobachtete Druck zu verschiedenen Malen, daß der Volontair in den Handlungsbüchern blätterte; auch kamen ihm, wenn er mitunter unerwartet in's Comptoir trat, einzelne Aeußerungen zu Ohren. Die Worte: „meine Braut" oder: „mein Schwiegervater" waren schon zu wiederholten Malen

Leiblich's Lippen entschlüpft, obwohl er zweifelte, daß
Druck sie noch gehört habe. Und einst war Druck
unfreiwilliger Ohrenzeuge, als der Volontair gerade
äußerte: „Erst muß Alles fest und sicher sein, eher
giebt mir mein Alter keinen Pfennig."

Capitel 6.

Enthüllungen.

Die Woche, die mit jenem bedeutungsvollen
Sonntage begonnen hatte, war noch nicht zu Ende,
da saß eines Morgens Druck, gegen seine sonstige
Gewohnheit, im Comptoir am Doppelpulte, hatte
die Brille auf die Nase gesetzt und schrieb sehr eifrig.
Der Gegenstand, mit dem er beschäftigt war, fesselte
ihn so, daß er die unvermeidliche Cigarre, die neben
ihm lag, von Zeit zu Zeit in den Mund steckte und
daran zog, ohne zu bemerken, daß sie längst aus=
gegangen war. Er konnte ungestört schreiben, denn
Leiblich hatte sich diesen Morgen noch gar nicht
blicken lassen, obwohl er sonst regelmäßig der Erste
im Geschäft zu sein pflegte.

Druck fertigte, wie es schien, von einigen zer=
streut umherliegenden Blättern, die mit ihren arg
durchstrichenen Zeilen und eingeflickten Wörtern einem
Concept sehr ähnlich sahen, soeben eine saubere
Abschrift an.

Er schrieb auf einen rosenfarbigen Briefbogen,
der mit einem geschmackvollen, gepreßten Rande
eingefaßt war; eben zog die Feder langsam und
sicher, wie ein Ackerpflug, die letzten Furchen auf
der ersten Seite, und wir kommen daher gerade zur
rechten Zeit, um noch die Ueberschrift: „Hochver=
ehrtes Fräulein!" lesen zu können.

Wahrhaftig! Druck schrieb an Mathilde Mohren=
haupt: er gestand ihr seine Liebe und bat um die
Erlaubniß, bei ihrem Vater um ihre Hand anhalten
zu dürfen.

Druck hatte endlich seine Reinschrift beendet, nur
fehlte ihm noch ein passender Schluß, den er nicht
zu concipiren für nöthig erachtet hatte, so ein Schluß
z. B., wo der Briefschreiber von sich wie von einer dritten
Person spricht, um sich durch eine geschickte Wendung
erst in der Namensunterschrift zu erkennen zu geben.
Druck nahm noch ein Stück Conceptpapier zur Hand
und componirte ein effectvolles Finale, in welchem

er in die Maske eines auf Erfüllung harrenden Bettlers
schlüpfte, der aber dann plötzlich Krücken und Bettel=
stab von sich warf und sich nannte: Fräulein Ma=
thilden's „ewigergebener Florentin Druck." — —

Da tönte die Glocke an der Ladenthür und in
langsamem, schlotternden Gange kam Leidlich herein=
gewankt. Es war bereits gegen Mittag.

Druck bemerkte mit Erstaunen eine auffallende
Veränderung an seinem Associé. Seine Stimme klang
rauh und bewegte sich in einer schäbigen Baßlage;
sein Gesicht war gelb, als sei es längere Zeit schon
nicht mehr gewaschen worden; seine Augen glänzten
gläsern und hatten dunkle Ringe; — dazu plötzlich
die gebückte hinfällige Haltung des Körpers und eine
eigenthümliche Geistesabwesenheit, welche sich dadurch
kund gab, daß Leidlich denselben Rock, den er eben
auszog, um ihn mit dem Comptoirrocke zu vertauschen,
gleich darauf wieder anzog, und seinen Hut, den
er sonst in althergebrachter Ordnung an einen Haken
hing, auf einen Stuhl stellte und sich dann selbst
darauf niederließ, bei welcher Gelegenheit der feine
Castor so breit gequetscht wurde wie eine Oblate.

Zu jeder andern Zeit würde Leidlich hierüber
trostlos gewesen sein, statt dessen brach er heute

in ein lautes Gelächter aus, und sogar die Falten, die bei diesem Lachen in Leidlich's Gesicht entstanden, erschienen Druck nicht wie die gewöhnlichen, — sie waren offenbar aus ihrer sonstigen Lage verrückt, wie die Buchungen eines betrügerischen Kaufmanns, der zweierlei Bücher führt.

Endlich beantwortete Leidlich die fragenden Blicke seines Compagnons, indem er lachend sagte:

„Ich bin gestern Abend zu Gunsten des Geschäfts lüderlich gewesen und erfreue mich eben eines tüchtigen Katzenjammers. Aber er ist rein physischer Natur — was Teufel!" unterbrach sich Leidlich plötzlich, indem er über Druck's Achsel schaute, „ein Brief auf Rosenpapier? das sieht ja einem Billet doux verzweifelt ähnlich!"

„Wie ein Ei dem andern," bestätigte Druck in etwas spitzfindigem Tone, weil er über diese Einmischung sehr verstimmt war.

Aber Leidlich ging noch weiter, er schickte sich an, den ganzen Brief gemächlich durchzulesen.

„Du bist aber schön im Thrane!" rief Druck, „sogar Dein bischen Zartgefühl scheint gestern lüderlich gewesen zu sein."

„Ich bin heut nicht zurechnungsfähig," entgeg=
nete Leiblich, den Brief zerstreut weglegend, „ich
weiß effectiv nicht, was ich thue, und komme mir
wie ein Schlafwandelnder vor. Mir ist, als könnte
ich jene Wandkarte dort, die doch gewiß drei Schritte
von mir entfernt ist, mit Händen greifen; ich hätte
Lust, gleich auf der Stelle einen Purzelbaum zu
schlagen, oder Dich wie ein Kreisel herumzudrehen,
und dabei habe ich das Bewußtsein, daß ich dieß
Alles an mir so natürlich finden würde, als ver=
stände es sich von selbst!"

Druck war inzwischen beschäftigt, das Billet doux
zusammenzubrechen und einzusiegeln.

„Laß das sein," sagte Leiblich lachend, „diese
Mühe habe ich Dir erspart. Meine Indiscretion vor=
hin hat mich mit dem Inhalt dieses Briefes doch
in so weit bekannt gemacht, daß ich weiß, an wen
er gerichtet ist und was er bezweckt. — Ich habe
aber die ganze Angelegenheit inzwischen geordnet,
und Du hast nun nicht mehr nöthig, „unserem Hause"
in dieser Hinsicht ein Opfer zu bringen. — Ich bin
nämlich mit Mathilde — verlobt!"

„Mit Mathilde Mohrenhaupt?" frug Druck
gedehnt und mit einem Gesicht, wie man es eben

nicht zieht, wenn man der Nothwendigkeit enthoben
wird, ein Opfer zu bringen.

„Mit derselben Mathilde," sagte Leidlich, „an
welche Dein Brief gerichtet ist. Zerreiße ihn nur
gleich."

„Und seit wann bist Du verlobt?"

„Seit gestern Abend," gab Leidlich zur Antwort;
„laß Dir erzählen."

Mit diesen Worten ließ sich Leidlich auf einen
Stuhl nieder und Druck folgte seiner Einladung
ein Gleiches zu thun, weniger aus Gemächlichkeit,
sondern nur deshalb, weil er seinem Associé verbergen
wollte, daß er zitterte und sich kaum auf den Füßen
zu erhalten vermochte.

„Die Sache ging mir zu langsam," begann
Leidlich, „wenn ich auch von Mathilden's Neigung
zu mir längst schon die unzweideutigsten Beweise
besaß, wie Du mir selbst einräumen mußt, so blieb
doch immer die Einwilligung des Alten die Haupt-
sache. Der gute Papa aber ist ein umständlicher
schwerfälliger Bursch', er hätte sich die Geschichte
zehnmal hin und her überlegt und zu guter Letzt
am Ende gar gesagt, ich solle in einem Jahre wieder
nachfragen. Ich bin der Mann der raschen That

und daher faßte ich, als ich den Alten gestern Abend mit mehreren seiner Bekannten in einem Weinkeller traf, schnell einen Entschluß. Er hatte bereits ein Gläschen über den Durst getrunken und mit jedem weiteren Glase wurde er fideler und zugänglicher. Seine Schwerhörigkeit war fast ganz verschwunden. Es dauerte nicht lange, so ging von seinen Frunden einer nach dem andern nach Hause, und da er darauf bestand, daß ich mit ihm eine Flasche trinken müsse, so blieb er mit mir allein zurück.

„Ich sprach dem Glase fleißig zu, um Muth und Beredtsamkeit zu gewinnen, und als er sah, wie ich mir den Wein schmecken ließ, kam er auch wieder tüchtig in's Bechern hinein. Wie viele Flaschen wir Beide geleert haben, das weiß ich nicht. Ich weiß nur, daß der Alte in Form jener berühmten Sentenzen seine ganze Lebensweisheit auskramte und daß sein Gesicht immer dunkler und dunkler glühte, bis ich fast fürchtete, es möchte zerplatzen.

„Dichter bringen nur im Rausche Großes zu Stande, und einer solchen Begeisterung bedurfte es bei dem Alten auch, um einen Entschluß zu fassen, der über seine täglichen Gewohnheiten hinausging.

„Auch ich war dermaßen begeistert, daß ich heute
nicht im Stande bin, mich zu erinnern, wie ich
nach und nach das Gespräch auf seine Tochter leitete,
dann auf unser emporblühendes Geschäft, auf mein
Junggesellenthum, auf meine Sehnsucht nach einer
Lebensgefährtin, kurz und gut, die Worte flossen
mir wie Honig vom Munde, und wie ein in eine
Pastete gebacknes Bouquet kam das große Wort
mit heraus, daß ich seine Tochter zur Frau begehrte.
Halb sagte ich es, halb kam er selbst mir zuvor.
Er ließ sofort noch eine Flasche bringen, und wir
stießen darauf an. Er ärgerte sich, nicht schon längst
auf die Idee gekommen zu sein, daß Mathilde und
ich ein prächtiges Paar abgeben würden, und be=
klagte die Stumpfheit seines Alters. Dazwischen
fiel ihm auch ein Bedenken ein, ob ich nämlich von
Mathilden's Gegenliebe überzeugt sei. Als ich ihm
aber hundert kleine Züge zu erzählen wußte, welche
seine vorübergehenden Zweifel zerstreuten, da strahlte
der Alte vor Freude, nannte mich seinen Sohn,
seinen Herzensjungen und umarmte mich. Ich mahnte
endlich zum Aufbruch; er wollte noch eine Flasche
Wein kommen lassen. Dagegen legte ich aber ent=
schieden Protest ein, indem ich sagte, daß ein guter

Bürger um diese späte Stunde ohnehin im Bett liegen müsse, daß ich ein abgesagter Feind von allen derartigen Gelagen sei, und mir bereits heute eine große Ausnahme von der Regel verstattet hätte. Darauf nannte er mich einen braven, soliden Kerl, der ganz dazu geschaffen sei, eine Frau glücklich zu machen, umarmte mich und gab mir sogar einen Kuß.

„Wir gingen nun nach Hause. Er schlang unterwegs seinen Arm um meinen Hals, und ich, als der Kleinere, legte den meinigen um seine breite Taille.

„Du hättest uns sehen sollen! Keine Straße war zu breit für uns, daß nicht der Eine oder Andere bald an der rechten, bald an der linken Häuserreihe den Kalk von der Wand gerieben hätte.

„Ich schwitzte und arbeitete wie ein Markthelfer, der einen schweren Ballen zu wälzen hat. Bald blieb der Alte stehen und nannte mich seinen herzigen Schwiegersohn und seinen Goldjungen, oder nahm mein Gesicht zwischen seine beiden Fäuste und schmatzte mich ab, und dann ging es wieder im Sturme vor- wärts, und als wir endlich, ich weiß selbst nicht wie, vor seinem Hause angelangt waren, war er der

Ansicht, er habe mich nach Hause begleitet und dies
sei meine Wohnung. Es kostete mich unendliche
Mühe, ihn vom Gegentheile zu überzeugen, und nun be=
stand er darauf, mich nach meiner Wohnung zu bringen.
„Bruder,“ sagte er in näselndem Tone und drohete
mir mit dem Finger, „Du darfst nicht allein gehen,
Du hast Dir einen Haarbeutel angetrunken!“ dabei
schwankte er hin und her und der schwarze Hut saß
ihm tief in der Stirne, wie eine Sonnenfinsterniß.

„Endlich erschien die alte Haushälterin mit der
Lampe in der Hausthüre, und im Verein mit dieser
überredete ich ihn endlich, sich hinauf zu begeben und mich
meinen Weg allein gehen zu lassen. Vorher umarmte
und küßte er mich noch ein paar Male, und mit der
Versicherung, daß heute die Verlobung gefeiert werden
solle, entließ er mich.“

Leidlich hatte seine Erzählung in kurzen Sätzen
vorgetragen und oft Pausen machen müssen, theils
weil er mitunter vor Lachen nicht weiter sprechen
konnte, theils den Faden verlor und sich auf den
nächsten Verlauf lange besinnen mußte.

In der That mußte sich jetzt Druck eingestehen,
daß Leidlich nicht zu viel gesagt hatte, indem er sei=
nen heutigen Zustand unzurechnungsfähig nannte,

denn sonst hätte er ihm den Vorfall mit dem Rentier gewiß nicht erzählt.

„Und glaubst Du," frug Druck, „daß der Alte sein im Rausche gegebenes Wort halten und Dich im nüchteren Zustande mit seiner Tochter verloben wird?"

„Im Weine ist Wahrheit," entgegnete Leiblich, „und seine gestrigen Betheuerungen waren unverkennbar der Ausfluß seiner Gesinnungen gegen mich."

„Das wird sich finden," versetzte Druck, „bist Du aber auch gewiß, daß ihr Beide, Du und Papa Mohrenhaupt nämlich, die Rechnung nicht ohne den Wirth gemacht habt? denn offen gestanden — daß Fräulein Mathilde in Dich verliebt wäre, habe ich bis jetzt noch nicht gefunden."

Um Leiblich's Mund spielte ein mitleidiges Lächeln.

„So etwas läßt sich nicht beweisen," gab er zur Antwort, „das läßt sich nur fühlen, nur ahnen. Zu einer Erklärung ist es zwischen uns Beiden allerdings noch nicht gekommen; es wäre ohne Zweifel am Sonntag geschehen, wenn ich mit Mathilde nur einen Augenblick unter vier Augen hätte sprechen können, denn die Erklärung liegt in der Luft, wie ein Gewitter, das sich unter den Sonnen-

9*

strahlen von hundert verliebten Neckereien, die zwischen
Mathilden und mir schon längere Zeit spielen, zu=
sammengezogen hat."

„Verliebte Neckereien? Verstehst Du etwa darunter
die tiefen Bücklinge, die Du ihr über die Straße ge=
macht hast, oder —"

Leiblich unterbrach seinen Associé, indem er ihn
unter geheimnißvollem Lächeln am Arme nahm und
ihn in den Laden führte. Mit der Hand nach dem
Fenster deutend, frug er' ihn: „Siehst Du dort oben
den blühenden Rosenstock?"

„Den habe ich schon längst bemerkt," gab Druck
etwas stutzig zur Antwort.

„Ich habe ihn ihr heimlich geschickt; wenn sie
nicht ahnte, daß ich der Geber sei, so hätte sie ihm
schwerlich einen Platz unter den vornehmen Blumen
am Fenster angewiesen, hätte ihn schwerlich mit so
sichtbarer Sorgfalt gepflegt, ja! sie hätte ihn vielleicht
gar nicht angenommen."

Druck war nahe daran, in ein schallendes Ge=
lächter auszubrechen, aber die Macht des Zweifels, die
jeder Liebende erfahren muß, kam blitzschnell über
ihn.

„Dieser Rosenstock ist mir das Theuerste auf der Welt," hatte Mathilde zu ihm gesagt. — Jetzt schien das Räthsel gelöst, aber konnte die Lösung nicht eine falsche sein? Konnten Mathilden's Worte nicht auch zu Leiblich's Gunsten ausgelegt werden und somit für Druck eine zarte Warnung, ein delikater Korb gewesen sein?

„Schließt dieser Rosenstock sämmtliche verliebte Neckereien in sich?" frug Druck, in dem plötzlich ein ahnungsvoller Gedanke aufleuchtete.

„Ich könnte noch hundert aufzählen," prahlte Leiblich, „für jetzt nur noch dieß: Du weißt, daß der Briefträger, ehe er zu Mohrenhaupt hinüber geht, erst zu uns kommt. Da habe ich denn einige Male Briefe bei ihm gesehen, die an Fräulein Mathilde Mohrenhaupt adressirt waren und aus der Schweiz kamen."

Da fing Druck fürchterlich zu lachen an und Leiblich lachte ebenfalls und sagte:

„Der Hauptspaß bei der Geschichte kommt erst noch: Ich stellte mich eifersüchtig," fuhr er fort, „und als habe ich Mathilde im Verdachte, daß sie mit einem Andern in zärtlicher Correspondenz stehen könne, schrieb ich stets auf die Rückseite der Briefe einige bezeichnende Glossen, was mir der Briefträger, der den Scherz merkte, auch gern gestattete.“

Druck hatte auch während dieses letzten Theils der Erzählung nicht aufgehört zu lachen, und Leiblich lachte natürlich mit.

„Ist auf diese Anspielungen hin nichts erfolgt?“ frug Druck lachend.

„Die Folgen waren bedeutungsvoll genug: der Briefträger erzählte mir, daß er von dem Fräulein für jeden dieser Briefe ein reiches Trinkgeld erhalten habe.“

Druck schlug sich vor Lachen mit beiden Händen auf die Schenkel und Leiblich mußte sich den Bauch halten. .

„Du hättest Dich eigentlich dann stets vor die Ladenthür stellen sollen,“ sagte Druck noch immer lachend, „vielleicht hätte Dir Mathilde von ihrem Fenster aus ein Zeichen gegeben, daß die Briefe von keinem Geliebten kämen.“

„Ja! wie hätte sie das anstellen sollen?“

„Sie hätte z. B. einfach mit dem Kopfe ge= schüttelt.“

„Hä! hä! hä! Wahrhaftig! Das hätte sie am Ende auch gethan.“

„Ein Posten im offenen Verkaufsladen", lachte
Druck, „ist mir doch lieber als zwei im Comptoir."

Da lachte Leidlich wieder, indem er sich den
Anschein gab, als hätte er die ganze Tiefe dieser
witzigen Bemerkung ausgemessen.

An diesem Tage ließ sich Papa Mohrenhaupt
nicht sehen. Leidlich wäre gern hinübergegangen,
um sich nach seinem Befinden zu erkundigen, wenn
er nicht Mathilden's Scharfblick in doppelter Hinsicht
zu fürchten gehabt hätte. Zuerst seines „übernächti=
gen" Aussehens wegen, und dann, weil es nicht
unwahrscheinlich war, daß sie das Letztere sowohl,
als auch das Ungewöhnliche eines solchen Besuches
mit dem Unwohlsein ihres Vaters in Verbindung zu
bringen wußte.

Erst am darauf folgenden Morgen erschien
Nachbar Mohrenhaupt wieder und nahm sein gewöhn=
liches Plätzchen im Laden ein.

Sein künftiger Schwiegersohn begrüßte ihn mit
schmunzelndem Gesicht.

Der Alte ignorirte den Umstand, daß er seine
regelmäßigen Besuche einen Tag ausgesetzt hatte;
Druck wollte nicht fragen, aus Zartgefühl, und Leid=

lich wagte keine Bemerkung, aus einer gewissen ängstlichen Spannung.

Endlich sagte Mohrenhaupt:

„Ich habe nun alle Vorbereitungen getroffen,“ — hier unterbrach er sich durch ein langes Gähnen, während Leidlich mit brennend rothem Gesichte einen Blick nach Mathilden's Fenster warf, — „daß“ — fuhr der Alte endlich fort, „unserer Verabredung gemäß, heute noch die — Riesen-Nelke in meinen Garten gesetzt werden kann.“

Druck biß sich auf die Lippen, beobachtete aber fortwährend eine würdevolle Haltung.

Leidlich raffte sich zusammen und sagte mit süß flötender Stimme:

„Es trifft sich oft eigenthümlich, daß sich wichtige Ereignisse des Lebens in gleichzeitigen minder wichtigen Vorgängen symbolisch wiederholen. Wie diese Nelke jetzt in Ihren Garten verpflanzt werden soll, so stehen Sie, verehrter Nachbar, im Begriff, das herrlichste Gewächs, welches aus Ihrer sorgsamen Pflege hervorging, in meinen Garten zu versetzen.“

Der Alte, der gerade im Begriff gewesen war, eine Prise einzuschnupfen, ließ plötzlich den Tabak wieder in die Dose fallen.

„Mein herrlichstes Gewächs?" frug er, „davon
weiß ich ja keine Sylbe. Das heißt, ja! ganz recht,
wenn Sie das meinen, was ich darunter zu verstehen
glaube."

„Ganz recht so," versetzte Leidlich mit seinem
Lächeln, „das meine ich."

„Nun allerdings," sagte Mohrenhaupt, „es mag
sein, aber daß ich nun gerade mein herrlichstes Gewächs dazu hergeben soll, das sehe ich nicht ein."

„Oh! übergroße Bescheidenheit eines Vaters!"
rief Leidlich.

„Was sollen nur diese verfluchten, zuckersüßen
Redensarten?" frug der Rentier, unwillig auf seinem
Stuhle hin- und herrückend, „es versteht sich von
selbst, daß es meine Sorge ist, den leeren Platz
wieder auszufüllen."

„Papachen, Papachen," rief Leidlich schalkhaft
drohend, „ich glaube gar, Sie haben Absichten, sich
noch einmal zu verheirathen!"

„Himmelsacrament!" schrie der Rentier, „was
sind das für Späße? Wovon sprechen Sie denn?"

„Kleiner Schäker, von dem leeren Platze."

Der Rentier stand auf, ging an den Blumentisch und rief, indem er mit der Hand an das

Rohrgeflecht schlug: „Von diesem Platze rede ich, der
hier leer werden wird, wenn die Riesen=Nelke heraus
ist. Und den fülle ich Euch aus mit einem halben
Dutzend Levkojen."

Leiblich ging auf den Scherz ein, da er sah,
daß der Alte sich in Gegenwart Druck's nicht deutlich
aussprechen wollte.

Druck verstand den Wink seines Associé's und
verließ das Gewölbe.

„Nun, Papachen," sagte Leiblich mit Sicherheit,
„jetzt sind wir allein und können ungestört zusammen
sprechen."

Mohrenhaupt sah ihn mit einem gleichgültigen
Blicke an, als hielte er die Bemerkung Leiblich's für
höchst überflüssig.

Leiblich setzte sich ihm gegenüber auf einen Stuhl,
und so saßen Beide eine lange Weile in tiefem
Schweigen einander gegenüber.

Leiblich betrachtete den Rentier, und noch nie
war ihm das fleischige Doppelkinn des Alten so
bullenhaft tückisch, noch nie der Stiernacken so un-
beugsam, noch nie die Züge des Gesichts so marmor-
artig vorgekommen, wie jetzt, ja! selbst die Falten
und Runzeln erschienen ihm wie vertrocknete eiserne

Flußbetten, die nur Flammenbäche sich zu graben einst vermocht hatten.

„Wo ist denn der Andere hin?" frug nach einer Weile der Rentier verdrießlich.

„Er ist aus gewissen zarten Rücksichten hinaus= gegangen," gab Leiblich kleinlaut zur Antwort, „da= mit wir uns freier aussprechen können."

„Worüber denn?" frug Mohrenhaupt grob.

„Nun über die Angelegenheit von wegen meiner Verlobung."

„So? darf er denn das nicht hören?" stieß Mohrenhaupt rauh heraus, „er muß es doch einmal erfahren, ist ja Ihr Compagnon! Wozu denn immer diese verdammten Heimlichkeiten und verblümten Reden?"

„Herr Mohrenhaupt," sagte Leiblich würdevoll, indem er sich verletzt stellte, „die eigenthümliche Art und Weise, in welcher Sie jetzt diese eben so zarte, als erfreuliche Angelegenheit berühren, läßt mich fast vermuthen, daß Sie darüber mehr verstimmt, als erbaut sind. Sollten sich in so kurzer Zeit Ihre Gesinnungen gegen mich geändert haben, nun wohl= an! so bin ich nicht der Mann, der sich Ihnen unter so bewandten Umständen mit Gewalt aufdrängt."

Mohrenhaupt stieß mit seinem Stock ungeduldig auf den Boden.

„Nehmen Sie mir's nicht übel, Herr Nachbar," rief er, „aber Sie sind mir wahrhaftig ein langweiliger Gesell. So rücken Sie doch einmal mit der Sprache heraus!"

„Nun, ohne Umschweife," ermannte sich Leiblich zu sagen, „wann soll die Hochzeit sein?"

Der Rentier sah den Nachbar eine kleine Weile mißtrauisch an, dann bewegte sich sein dicker Bauch, wie ein schwellendes Polster, in einem gemüthlichen, langathmigen Tacte auf und nieder, und er lachte aus voller Kehle, daß die Wände des Gewölbes wiedertönten.

Leiblich hielt es für das Gerathenste, sich geduldig in die rauhe Art dieses Mannes zu fügen. Er ließ den Alten erst zu Athem kommen und dann wiederholte er seine Frage.

Und wieder erhob sich jenes fürchterliche Gelächter, und auf seinem Stuhle arbeitete der Alte mit Nacken, Armen, Bauch und Kopf, als säße er auf einer Draisine und wollte zwei Meilen in einer Stunde zurücklegen.

Und wieder mußte Leiblich den Sonderling zu
Athem kommen lassen. Er krauete sich in den Haaren
und blickte d'rein wie ein Kutscher, wenn der schwere
Wagen, den er eben in die Remise schieben will, von
der Schwelle wieder zurückprallt, so daß er nun einen
neuen Anlauf nehmen muß.

Endlich hatte sich der Alte wieder erholt, aber
er athmete schwer, wie ein Fieberkranker. Er sah es
Leiblich an, daß dieser von Neuem fragen wollte, und
weil er an den beiden heftigen Erschütterungen schon
genug hatte, so winkte er ihm abwehrend mit der
Hand.

Aber Leiblich war unerbittlich. Er fragte dennoch
zum dritten Male, wann die Hochzeit sein solle, und
nachdem der Alte einen vergeblichen Versuch gemacht
hatte, ernst zu bleiben, dehnte und krümmte sich
wieder seine ganze physische Natur unter den An-
strengungen eines schallenden Gelächters und jetzt
schien die Draisine mindestens vier Meilen in der Stunde
zurückzulegen. Dann bekam er einen Hustenanfall, er
hielt sein Taschentuch vor den Mund, und als sich der
Husten etwas gelegt hatte, stand er auf und ging
im Gewölbe auf und ab.

Sobald Leidlich Miene machte, den Mund auf=
zuthun, gebot ihm der Rentier mit seinem Taschen=
tuche Schweigen, indem er es flatternd in der Luft
schwenkte.

Um die Gefahr einer neuen Explosion von sich
abzuwehren, rief er Leidlich endlich mühsam und mit
erstickender Stimme zu: „Ich kann ja doch nicht wissen,
wann Ihre Hochzeit ist, ich weiß ja erst seit heute,
daß Sie — heirathen wollen, — ich bin ja über=
haupt — wie — aus den — Wolken gefallen.“

„Wa — as?“ rief Leidlich, der gerade beide Hände
in den Hosentaschen hatte, und dehnte die letzteren
so weit aus einander, daß sein Beinkleid um die
Hüften den Pluderhosen des Türken am Schaufenster
glich. „Sie wollen erst seit heute wissen, daß ich
mich verheirathen will? Sie wissen es so lange und
so gut, als ich es selbst weiß, nämlich seit vorgestern.“

„Seit vorgestern?“

„Seit vorgestern Abend. Bei einem Glase
Wein haben wir's besprochen.“

Der Rentier schien sich zu besinnen; über seine
Stirn flogen dunkle Wolkenschatten, seine Nasenflügel
bewegten sich.

„Guter Freund," sagte er mit mühsam zurück=
gedrängtem Zorn, „vorgestern Abend saßen wir Beide
bei einem Glase Wein fidel beisammen, so weit ich
mich besinne, nicht wahr?"

„Allerdings, Herr —"

„Ich hatte des Guten zu viel gethan, was mir
seit Jahren nicht passirt ist. Wer's gewesen ist, der
sich den Spaß erlaubt hat, mich absichtlich besoffen
zu machen, weiß ich nicht; genug ich war's. Ob
das nun für so einen alten Kerl, wie ich bin, eine
Schande ist oder nicht, das geht Niemanden was
an. Ich bezahle meinen Wein und habe Geld ge=
nug, für drei Dutzend solcher Kerlchen, wie Sie sind,
an einem Abend auffahren zu lassen, daß zuletzt
sechsunddreißig unter'm Tische liegen. Ein Ehren=
mann kann dem andern wohl Vorwürfe machen,
wenn er einmal über den Strang gehauen hat,
aber schlechte Witze und alberne Anspielungen er=
lauben sich nur dumme Jungen. Wenn so ein
dummer Junge mir an einem solchen Abend, wo
ich meinen gesunden Verstand in die Weinlese ge=
schickt habe, einen Floh in's Ohr setzt, und mir
weiß macht, daß er sich verlobt habe und nächstens
Hochzeit halten werde, oder daß er das große Loos

gewonnen hätte, oder Kaiser von Frankreich geworden wäre, oder von einer Reise in den Mond zurück= gekehrt sei, — so mag er sich gratuliren, wenn ich seinen schlechten Spaß nicht merke und den andern Tag, Dank meinem schwachen Gedächtnisse für solche Weinhausschnurren, keine Sylbe mehr davon weiß. Wenn man aber die Unverschämtheit besitzt, hinter= drein am lichten Tage noch auf Mondreisen, Kaiser= throne, großes Loos oder Hochzeiten anzuspielen, so bin ich der Mann, der Jemandem den Rücken braun und blau und die Knochen im Leibe zu Mehl schlagen könnte, wenn mir dieser Jemand nicht zu klein wäre."

Der Rentier war kirschroth im Gesicht geworden. Er ballte seine Fäuste, gewann aber so viel über sich, daß er die letzteren nur dazu gebrauchte, seinen Hut von der Ladentafel zu nehmen und aufzusetzen.

Die letzten Sätze hatte er mit so donnernder Stimme gesprochen, daß Druck erschrocken aus dem Comptoir getreten war. Der Rentier klopfte diesem auf die Achsel, daß er, obwohl es nur freundschaftlich gemeint war, fast zusammen gebrochen wäre, und sagte:

„Leben Sie wohl, Herr Leiblich, oder Herr Druck, oder, was weiß ich, Herr Druck und Leiblich, wir bleiben Freunde; aber den hier (er zeigte auf Leiblich), den schicken Sie womöglich noch heute in's Narrenhaus."

Damit ging er seiner Wege.

Leiblich zitterte wie Espenlaub. Es dauerte lange, ehe er sich einigermaßen erholte, um die Sprache wieder zu gewinnen. Auf einmal rief er:

„Druck! Schlange, Verführer! schaffe mir meine Gelder wieder! schaffe sie mir wieder! Verflucht sei der Baumeister der unsere engen Wände durchbrach; verflucht der Tischler, der diese Säulen aufführte! der Teufel hole diese Giftpflanze —" setzte er wüthend hinzu und wollte sich auf die Riesen=Nelke stürzen. Aber Druck hielt ihn auf, und Leiblich wandte sich um, riß den Türken aus dem Schaufenster heraus, gab ihm ein Dutzend Ohrfeigen, schüttelte ihn tüchtig beim Kragen und prügelte ihn wie einen Schulbuben, so lange, bis er seine eigne Hand nicht mehr fühlte. —

Druck stand ernst und ruhig bei Seite, bis Leiblich sich ausgerast hatte und sich zu schämen anfing.

„Für mich ist nun Alles verloren," sagte Leidlich ruhiger zu Druck, „liebe Du nun Mathilde nach Herzenslust, heirathe sie morgen, heirathe sie meinetwegen auf der Stelle, mir soll's recht sein; ich kann nur dabei gewinnen!"

———

Capitel 7.

Ein gordischer Knoten.

Druck's Befürchtung, daß der Rentier nach dem heftigen Auftritte mit Leidlich seine Besuche einstellen möchte, bestätigte sich nicht. Am nächsten Morgen schon war der Alte zur gewohnten Stunde wieder da.

Leidlich ließ sich nicht sehen und der Rentier fragte nicht nach ihm.

Mohrenhaupt war nicht der Mann, der sich eines solchen Zwischenfalles wegen von einer süßen Gewohnheit hätte abbringen lassen. Vor einer unfreundlichen Aufnahme fürchtete er sich nicht, weil er überhaupt nicht daran dachte, denn die glücklichen Verhältnisse, in denen er sich schon seit vielen Jahren bewegte, hatten ihm das beneidenswerthe Bewußtsein der Sicherheit im höchsten Grade verliehen. Dazu kam sein überhaupt schwer zugängliches Wesen, das ihn wie eine Hornhaut gegen viele unangenehme Berührungen von außen schützte. —

10*

Druck faßte sich ein Herz und schickte seinen
Brief, den er nicht zerrissen, sondern als einen Se-
cundawechsel aufbewahrt hatte, an Mathilde Mohrenhaupt ab.

Jeder Mensch kommt einmal in eine Lage, in
welcher er sich noch nie befunden hat und worin
er sich trotzdem nicht um ein Haar anders benimmt,
als Tausende vor ihm sich in gleicher Lage benommen
haben, ohne daß es ihm Jemand gesagt oder ge-
lehrt hätte.

So Mathilde, als sie Druck's Brief empfing.
Sie erröthete über und über, als sie ihn las; sie
las ihn immer wieder von Neuem und verbarg ihn
in ihrem Busen. Sie vermied an diesem Tage ängstlich
das Fenster und verbrachte hierauf eine schlaflose
Nacht.

Das einfachste, durchsichtigste Frauengemüth
wird zu einem gordischen Knoten, sobald es sich
der Liebe erschließt, und wer da glaubt, daß Mathilde am nächsten Tage nichts Eiligeres zu thun
hatte, als zur Feder zu greifen und den verliebten
Nachbar durch Erhörung zu beglücken, — der kennt
die Mädchen schlecht! Schon gestern, als sie den
Brief zum ersten Male las, schwirrte ihr ein kurzes

Aber durch die Sinne. Es war ein unklarer
Widerspruch, über den sie sich nicht Rechenschaft
zu geben vermochte. An die Möglichkeit, daß ein
Mann sie nur ihres irdischen Reichthums wegen zur
Frau begehren könne, dachte sie nicht, denn sie
war sich dieses Vorzugs, den sie schon in der Wiege
besessen hatte, so wenig bewußt, als man das Gewicht des eignen Körpers fühlen kann.

Der unklare Widerspruch trat zuerst in Gestalt
eines leisen Vorwurfs auf, den sie sich selbst machte—
darüber, daß ihr Benehmen überhaupt Jemandem
Veranlassung gegeben hätte, sich über die Straße
hinweg in sie zu verlieben und sogar an ihre Gegenliebe glauben zu dürfen.

Nach und nach wälzte sie diese Selbstanklage
von sich ab, indem sie sich einredete, daß Druck all-
zu stürmisch zu Werke gegangen sei. Beide hatten
ja erst wenig Worte zusammen gewechselt, sie hatte
ihm nur ganz zarte Andeutungen gegeben, und jetzt
sollte sie ihm so ohne Weiteres schwarz auf weiß
erklären: „Ja! ja! ich bin Dein, nimm mich hin,
sprich mit meinem Vater?!"

„Unmöglich!" rief sie laut und unter Lachen.
Mitten in seinen nüchternen Berufsgeschäften hatte

Druck das Verhältniß begonnen und weiter gesponnen. Vielleicht aus Langeweile, um müßige Augenblicke auszufüllen?! Eben so gut hätte er einen Roman zur Hand nehmen und darin lesen können! Ob er weiß, wie schwer ein Mädchenherz zu erobern ist und welche Kämpfe darum bestanden werden müssen? „Unmöglich!" wiederholte Mathilde am Schlusse dieser Reflexionen, aber diesmal sprach sie es leise und träumerisch vor sich hin, ein unerklärliches weiches Gefühl beschlich ihr Herz und aus ihrem Auge brachen ein paar Thränen. Zuletzt stand sie auf einem wahren Scheiterhaufen voll brennender Widersprüche.

Noch ehe sie selbst recht wußte, was sie that, hatte sie der Haushälterin Auftrag gegeben, den Rosenstock vom Fenster zu entfernen. Dann packte sie ihre Handarbeiten, mit denen sie sich zu beschäftigen pflegte, sowie ihre Bücher zusammen und räumte sie in ein Hinterzimmer, dessen Fenster in den Garten herabgingen; kurz, sie entfernte jede Spur ihres Daseins aus dem Zimmer, zu welchem er hinaufblickte, dessen Brief sie noch immer in ihrem Busen sorgfältig verwahrt hielt.

So oft sie ausging, hüllte sie ihr Antlitz in einen dichten Schleier, und wußte es, wenn sie aus

der Hausthür trat, so geschickt zu wenden, daß sie
selbst die Umrisse des Nachbargewölbes nicht mit den
Augen streifen konnte; und erst nachdem sie die
Straße hinab war, schlug sie den Schleier zurück.

Mathilde hatte einen abonnirten Platz im Theater.
Wer beschreibt den süßen Schreck, der sie durchzitterte,
als sie eines Abends den Mann im Parterre erblickt,
den sie dort noch nie gesehen hat? Sie sah ihm an,
daß er sie grüßen wollte, aber ihr Auge wandte
sich blitzschnell ab. Sie sah nur noch, wie Druck
seine Hand vom Hute unverrichteter Sache wieder
zurückzog, und im nächsten Augenblicke fühlte sie
so bittre Reue darüber, daß sie über eine kleine
Rührscene, welche auf der Bühne vor sich ging, die
heißesten Thränen vergoß. Ihm nachträglich Gelegenheit zu geben, seinen Gruß anzubringen, ließ
ihr Stolz nicht zu. Auch hielt die weiche Gemüths-
stimmung nicht lange an, sondern machte schnell
einem bitteren Grolle Platz: sie hatte nämlich schon
zu wiederholten Malen ganz verstohlen in's Parterre
hinabgeschaut, ohne daß Druck zu ihr heraufgesehen
hätte.

Das Schlimmste aber sollte noch kommen: eine
junge Dame verlor aus der Parterreloge ihr Taschen-

tuch, und der Erste, der sich bückte und es aufhob, war Druck.

Aber die Strafe folgte auf dem Fuße: Mathilde ließ sich sofort mit ihrem Nachbar, einem reichen Banquierssohne, in ein Gespräch ein, und als sie bemerkte, daß Druck sie mit blitzenden Augen beobachtete, wurde sie nur noch liebenswürdiger und redseliger gegen den entzückten Banquierssohn. Sie entschädigte Druck aber für die Qualen der Eifersucht, indem sie ihm endlich einen anmuthigen Gruß zuwinkte, worauf sie sogleich gegen den Banquierssohn kälter wurde, so daß dieser nun nicht wußte, wie ihm geschah.

Es war vorauszusehen, daß Druck nach dem Schlusse der Vorstellung im Corridor Mathilden erwarten und ihr seinen Arm anbieten würde. Das erwog auch Mathilde, und schon war sie im Begriffe, der schmeichelnden Stimme ihres Herzens nachzugeben, als ihr einfiel, daß Druck's Anwesenheit im Theater vielleicht nur eine zufällige sein könnte und daß er am Ende gar nicht ihretwegen gekommen sei. Das konnte sich erst morgen oder übermorgen sicher herausstellen, und so lange es nicht entschieden war, hielt sie es für besser, mit ihren dankbaren Gesinnungen noch zu geizen.

Daher war sie, noch ehe der Vorhang fiel, verschwunden und in einer Droschke nach Hause gefahren.

In der Nacht fiel ihr ein, daß dieses plötzliche Verschwinden dem Geliebten neue Qualen verursachen müsse. Es war nicht ihre Absicht, ihm solche zu bereiten; sie wollte nur wissen, ob er deren auch wirklich empfände und forderte hierzu jede Gelegenheit heraus.

Mit großer Befriedigung hörte sie am andern Morgen von der Haushälterin, daß Druck sich nach Fräulein Mathilden's Befinden erkundigt habe, weil sie gestern Abend so plötzlich ihre Loge verlassen hätte.

Mathilde besuchte heute eine Freundin; als sie sich zufällig unterwegs umblickte, bemerkte sie, daß Druck ihr in geringer Entfernung folgte.

Sie machte einige Umwege und immer blieb er hinter ihr; aber er kam ihr näher und näher, und je kürzer sie die Entfernung werden sah, desto stürmischer klopfte ihr Herz. Sie konnte ihn jetzt nicht sprechen und schlüpfte in ein Haus. Dasselbe hatte glücklicherweise einen Durchgang nach einer andern Straße, und so gelangte sie zu ihrer Freundin.

Am Abend war Druck wieder im Theater, aber schon besaß Mathilde nicht mehr die Herrschaft über ihren Willen. Gestern hatte sie sich seiner persönlichen Annäherung freiwillig entzogen, heute mußte sie sich vor Schluß der Vorstellung fortstehlen. Die Verwirrung, die sie angerichtet hatte, war schon zu weit gediehen, sie wäre nicht im Stande gewesen, ihm in das Auge zu sehen und hätte keine Worte gefunden, die sie ihm sagen konnte.

Infolge dessen wagte Mathilde nicht mehr, das Haus zu verlassen. Der Name Druck und sein Bild, das nicht aus Mathilden's Seele wich, nahmen zu an Glanz wie der Mond, bis sie als flammender Vollmond über Mathilden's Horizonte daherschwebten.

Sie hatte ihn nun schon mehrere Tage nicht gesehen, und in die heißen, schwirrenden Töne der Leidenschaft klang jetzt wie ein ewig dauernder Orgelaccord die Sehnsucht hinein. Die alte Haushälterin fand Mathilden oft mit Thränen im Auge.

Mathilde war liebeskrank! —

Im Garten, der bereits die Riesen=Nelke beherbergt, knirrschen zu verschiedenen Zeiten des Tages gewisse Schritte. Mathilde weiß, wer da unten herumgeht, und wessen Blicken sie zu jeder Minute, wo sie auch an's Fenster treten möchte, bestimmt begegnen würde.

Ein einziges Mal wagte sie es, hinter dem Vorhange verborgen, durch die durchsichtige Gaze hinabzusehen. Welch' ein Anblick! welch' ein Gemisch von Schmerz und Wonne in Mathilden's Brust: sein Antlitz war bleich, die Erschütterungen der jüngsten Tage standen ihm auf der Stirne geschrieben! Da gab sie ihm ein Zeichen, damit er wieder hoffen durfte.

Sie setzte heimlich den Rosenstock an's Fenster.

Der zaghafteste, schüchternste Mensch hat Augenblicke muthiger Entschlossenheit.

Ein solcher Moment war es, in welchem Mathilde sich eines Abends in den Garten hinab wagte.

Eben kokettirte sie noch mit der Wahrscheinlichkeit, daß Druck heute Abend nicht herüberkommen würde, als sie ihn plötzlich unter der Thür, welche in den Garten führte, erscheinen sah. Mathilde huschte hinter einen Stachelbeerstrauch, nicht um sich zu verbergen, denn dazu war das Versteck nicht hinreichend, sondern aus Verwirrung.

Druck erblickte sie und kam haſtig näher. Sie
ſprang auf und entfloh. Aber der Rückzug in das
Haus war ihr abgeſchnitten; Druck warf Hut und
Stock von ſich, und mit einigen kühnen Sätzen war
er ihr ſo nahe, daß er die Enden ihres fliegenden
Shawls mit den Händen hätte erfaſſen können.

Mathilde flüchtete ſich in die Laube und ließ
ſich auf die Bank nieder, indem ſie ihr Angeſicht
mit beiden Händen bedeckte und auf den Tiſch lehnte.

Druck kniete neben ihr nieder und flüſterte ihren
Namen. Er ergriff ſie ſanft bei der Hand, und ſie
überließ ihm dieſe Hand und hielt die andere vor
beide Augen.

„Mathilde! darf ich noch hoffen?“

Ein Druck von ihrer Hand ſagte ihm Alles.
Noch immer bedeckte Mathilde beide Augen, noch
immer ruhete ihre Stirn auf dem harten Tiſche.

Aber unterhalb der Tiſchplatte näherte ſich den
unbewachten, nach dem Gartenkies gerichteten Lippen
Druck's Mund, Mathilde fühlte ſeinen heißen Kuß;
ſie wollte ihm ausweichen, aber Druck umſchlang ſie
mit den Armen und willenlos ſank ſie zurück an ſeine
Lippen und an ſeine Bruſt.

„Mathilde!" frug Druck, als er ihr zum ersten
Male wieder in die blauen Augen blicken durfte,
„warum haben Sie mir das gethan? Mußte ich
nicht fürchten, Sie erzürnt zu haben, da Sie mir nicht
antworteten?"

Der gute Genius der Unschuld, die Naivetät,
half Mathilden aus ihrer Verwirrung; noch ehe sie
selbst wußte, was sie sagte, stammelten ihre Lippen:

„Ich wollte Ihnen die Antwort mündlich
geben."

Capitel 8.

Von Erz!

Unser Associé Leidlich trug sich inzwischen mit den heterogensten Empfindungen. Er hatte sich insgeheim gefreut, als ein Tag nach dem andern vergangen war, ohne daß Mathilden's Antwort kam, die Druck in verzehrender Spannung vergebens erwartete.

Mathilden's Zögern, ihre Sprödigkeit, Druck's Qualen — das Alles war für Leidlich, der sich von Mathilden geliebt wähnte, ein großer Triumph, und er sog ihn mit solcher Gier ein, daß er sogar seinen Associé von weitem gefolgt war, als dieser, wie wir im vorigen Capitel berichteten, der Nachbarin auf ihrem Wege zu einer Freundin nachschlich. Ja, er hatte einen Platz im Theater genommen, und, von Druck unbemerkt, sich an den schmachtenden Blicken geweidet, welche dieser zu Mathilden emporsandte.

Wie war es auch denkbar, daß der liebenswür=
digste aller Blondins aus einem Mädchenherzen so
schnell verdrängt werden konnte! Leidlich hatte dieses
Herz erobert, und wenn er, seitdem ihn der Rentier
so arg zurechtgewiesen hatte, seinen Compagnon das
Feld ganz überließ und sich um Mathilde nicht mehr
bekümmerte, so war dieß Seelengröße.

Es giebt eine bequeme Methode, die schwierig=
sten Zeichnungen auszuführen: man hält das Ori=
ginal an's Fenster, gegen die Sonne, und zeichnet
es auf einem darüber gebreiteten durchsichtigen Blatte
nach. Dem Verdienste um eine solche Zeichnung
glich Leidlich's Seelengröße.

Es wurde ihm leicht, Mathilden zu entsagen,
da er sich nur eingebildet hatte, daß er sie liebe.
Und wenn es dem Andern gelang, ihr Herz zu er=
obern, so kam er wieder zu seinem Gelde, das er an
die kostspieligen Verschönerungen des Ladens ge=
wendet hatte.

Dieser unverhältnißmäßige Ausfall wurde übri=
gens immer drückender, und war für Leidlich in=
mitten seiner Triumphe der Stachelgurt, welchen
herzlose Mütter ihren Kindern um den Leib legen,
um ihnen in geeigneten Augenblicken Thränen zu

entlocken und dadurch das Mitleid Anderer zu er=
wecken.

Es war der hohle Zahn, der ihn schmerzte, so
oft er durch Druck's anscheinende Niederlagen eine
süße Genugthuung genoß.

Nach und nach gewann in Leiblich das materielle
Interesse aber doch entschieden die Oberhand; es
wurde ihm bange um sein Geld, und um die Ent=
scheidung schnell herbeizuführen, bot er sich zu einem
Opfer an, welches glänzend bewies, wie tief die Ein=
bildung, daß Mathilde ihn wirklich geliebt habe, in
ihm wurzelte.

Leiblich wollte nämlich das Gerücht verbreiten,
daß er sich mit einer auswärtigen jungen Dame
verlobt habe. Dies würde Mathilden nicht allein
die letzte Hoffnung rauben, sondern sie vielleicht zu
dem verzweifelten Schritte treiben, Druck's Bewer=
bung nun ohne Weiteres anzunehmen.

Druck war hierüber so überrascht, daß er sich
nicht enthalten konnte, endlich mit der Wahrheit
hervorzutreten, und seinem Associé auseinander zu
setzen, wie sehr dieser sich von jeher über Mathilde
getäuscht habe.

Das Manöver mit dem Briefträger und die Mißverständnisse, zu welchen der Rosenstock Anlaß gegeben hatte, kamen bei dieser Gelegenheit sehr ausführlich zur Sprache.

Aber Leidlich glaubte von Allem, was Druck ihm versicherte, keine Sylbe. Sein Ehrgeiz empörte sich; er schwor, daß er Druck vom Gegentheile überzeugen wollte, und faßte den jähen Entschluß, seine Bewerbungen um die Hand der reichen Erbin dem übermüthigen Associé zum Troß von Neuem wieder aufzunehmen.

Er vergaß die Beleidigung, die ihm der Rentier zugefügt hatte, und fing damit an, daß er den Alten, der auch nicht nachträglich war, wieder mit freundlichen Worten anredete.

Nun erst erschien es ihm unbegreiflich, wie er damals so schnell die Flinte in's Korn hatte werfen können. Druck's Vorhaben erschien ihm jetzt plötzlich ganz hoffnungslos, und Leidlich schrak vor der eignen Zuversicht zurück, mit welcher er das Wohl und Wehe der Firma in Druck's Hände gelegt hatte.—

Heute war für Druck ein wichtiger Tag, und Leidlich erstaunte nicht wenig, als er seinen Associé, nachdem dieser sich seines Sommerpaletots entledigt

hatte, plötzlich in Frack und weißer Weste vor sich
stehen sah.

Druck wollte diesen Vormittag bei Mohrenhaupt
um Mathilden's Hand anhalten, und wie er, noch
ehe der Alte zum Frühstück ging, in würdevoller
Haltung nach dem Nachbarhause hinüberschritt, sah
ihm Leidlich mit einem eigenthümlichen Lächeln nach.
Er erinnerte sich dabei eines Spieles, das er
als Knabe oft mitgemacht hatte: Ein umgestürzter
irdener Topf barg den Gewinn; mit verbundenen
Augen und einem Stock in der Hand, schritt man
dem in gewisser Entfernung aufgestellten Topfe zu,
nachdem man erst ein paar Mal im Kreise herum-
gedreht und dadurch hinsichtlich der einzuschlagenden
Richtung beirrt worden war. Wer den Topf mit
dem Stocke in Scherben schlug, war Sieger. Aber
da sah man gar Manchen, den Stock zum Schlagen
hoch emporgehoben, in süßem Wahne nach einer
ganz entgegengesetzten Gegend zuschreiten, und die
Andern, die mit offnen Augen den zuversichtlichen Käm-
pfer auf seinem Irrwege verfolgten, kicherten still in sich
hinein.

Und einem solchen Irrenden verglich Leidlich
jetzt seinen Associé, als er ihn über die Straße gehen

fah. Aber welch' erschreckendes Geficht nimmt die unfchuldige Schadenfreude der Knabenjahre in dem ernften Ringfpiele des Lebens an! —

Druck war inzwifchen in der Hausflur ver= fchwunden und in den Garten getreten.

Er hatte gehofft, den Rentier dort zu finden und fein fchweres Anliegen unter Gottes freiem Himmel vorzubringen, denn auf neutralem Boden verhandelt fich's am leichteften, und der ift überall, wo uns Lüfte umfpielen und über unferem Haupte der blaue Himmel fich wölbt.

Aber der Rentier war nicht im Garten. Nur Mathilde kam Druck aus der Laube entgegen, aber mit langfamen, faft zögernden Schritten, denn fie wußte, weshalb Druck jetzt hier war, und fah der Entfcheidung mit klopfendem Herzen entgegen.

Sie drückten einander verftohlen die Hände, und waren heute doppelt vorfichtig, daß Niemand ihre Zärtlichkeiten fehe, der's dem Alten hinterbringen konnte, denn das wäre außer der Reihenfolge ge= wefen, in welcher Druck dem Rentier die Sache vor= tragen mußte, und hieße ein Blatt zu viel umwenden.

Mit größerer Vorficht ift nie ein Kuß gegeben worden, als der Abfchiedskuß, zu welchem fich die

Lippen der beiden Liebenden vereinigten, ehe Druck
die Treppe hinaufstieg und Mathilde sich Hut und
Mantille umwarf, um ihr gepreßtes Herz durch einen
langen, weiten Spaziergang zu beruhigen.

Druck klopfte an.

Der Alte saß auf dem Sopha. Er stand nicht
auf, als er den Nachbar eintreten sah, und erwiederte
mürrisch seinen Gruß. Er wußte sofort, daß Druck's
Besuch eine außerordentliche Angelegenheit betraf,
sonst hätte jener ja warten können, bis er heute hin=
über gekommen wäre, wie er es alle Morgen that.

Daher war der Alte gleich von vornherein kurz
angebunden; er machte eine Bewegung mit der
Hand, daß Druck sich auf einen Stuhl niederlassen
sollte, und rückte dann sein Käppchen weit über die
Stirn hinauf, was seinem Gesichte den Charakter
einer gewissen Aufregung verlieh.

Vielleicht dachte er, Druck sei gekommen, um
ein Darlehn zu erheben. Der Alte war wie um=
gewandelt.

Wenn unser intimster Freund eines plötzlichen
Todes stürbe und uns gleich darauf in seiner ge=
wöhnlichen Gestalt wieder erschiene, um mit uns, wie
ehedem, über allerlei geringfügige Dinge zu plaudern,

es würde uns doch eine tiefe unausfüllbare Kluft
von ihm trennen.

Ein ähnliches Gefühl empfand Druck, als er
jetzt vor dem Nachbar stand, mit dem er gestern noch
gescherzt und gelacht hatte. Er befand sich in dem=
selben Zimmer, in welchem damals das Diner ein=
genommen worden war.

Der Tisch, an welchem die kleine Gesellschaft in
der Mitte des Zimmers vergnügt beisammen gesessen
hatte, stand jetzt am Sopha, die beiden Seitenklappen,
die ihm damals das Ansehen einer Festtafel gegeben
hatten, hingen wie matte Flügel herab, und statt
der weißen Linnendecke breitete sich ein dunkler Teppich
darüber, auf welchem Mohrenhaupt's Arm ruhte.
Im längeren Umgange mit einem Menschen vergißt
man über dem „Wie er ist“ schnell das „Was er
ist.“ Es geht wie bei der Lectüre eines Romans:
man schlüpft flüchtig über die Exposition hin, und
nachdem sich uns der ganze Zusammenhang der Ge=
schichte und das Wesen der handelnden Personen
erschlossen hat, entdeckt man erst manche charakte=
ristische Einzelheit der Exposition. Ganz so, wie ihn
Druck früher oft am Fenster oder auf der Straße

gesehen hatte, erschien ihm jetzt plötzlich der Rentier
wieder. — Es war der reiche Mann, den Druck oft
beneidet hatte, und Mathilde erschien ihm wie ein
duftiges Fantasiegebilde, das mit dem Rentier auch
nicht im entferntesten Zusammenhange stand.

Alle diese Eindrücke bestürmten ihn in Zeit von
ein paar Sekunden, obwohl wir fast eine Viertelstunde gebrauchten, um sie niederzuschreiben, so daß
der Leser vielleicht ungeduldig geworden ist und sich
vorstellt, daß der Rentier nahe daran sei, sich über
Druck's langes Schweigen höchlichst zu verwundern
Aber nur Geduld! im Laufe der Jahrhunderte findet
die Dichtkunst vielleicht ein dem electrischen Tele-
graphen verwandtes Medium, z. B. etwa eine
Zeichensprache, mittelst deren sie die Analyse von
vorübergehenden Stimmungen in Lebensgröße wiederzugeben vermag; vor der Hand aber trösten wir uns
mit den Illustratoren naturgeschichtlicher Bücher, die
ebenfalls genöthigt sind, die kleinen Insekten, wie
Flöhe u. s. w., der Gründlichkeit wegen in vergrößertem
Maaßstabe darzustellen.

„Ich war bereits im Garten," begann Druck,
„und hoffte Sie da zu finden."

Der Rentier bog das eine Ohr um, zum Zei=
chen, daß er Druck's Aeußerung nicht verstanden
habe.

„Das sieht schlimm aus!" dachte Druck bei sich,
und wiederholte seine Einleitung mit lauter Stimme.

Der Rentier nickte langsam mit dem Kopfe und
erwiderte: „Ein schöner Morgen heute."

Druck ließ es dahin gestellt sein, ob diese Ant=
wort seine Vermuthung, den Rentier im Garten zu
finden, motiviren solle, oder ob der Alte ihn über=
haupt auch jetzt noch nicht verstanden habe.

So viel war gewiß: Druck that wohl daran,
sich kurz zu fassen. Er rückte seinen Stuhl dicht
neben das Sopha, auf welchem der Rentier saß,
hielt die Hand flach vor den Mund, wie man an
Gaslampen einen Reflector anzubringen pflegt, und
raunte dem Alten sein Anliegen in's Ohr.

Druck hob zunächst, so weit es seine Bescheiden=
heit erlaubte, seine guten Eigenschaften hervor, und
sagte, wenn er auch nicht mit glänzenden Gaben
ausgestattet sei, so wäre er doch ein thätiger, arbeit=
samer Mensch, und dies sei der goldne Kern alles
Glückes.

Der Rentier hielt fortwährend sein Ohr mit der Hand umgebogen; er schien sehr aufmerksam zuzuhören, ja fast nach Druck's Worten zu haschen, und nickte oft beifällig mit dem Haupte.

Druck fühlte seinen Muth wachsen und durch eine geschickte Wendung kam er nun darauf zu sprechen, daß er eine Verbindung für das ganze Leben zu schließen beabsichtige; allmählig bezeichnete er immer näher und näher die Person, und als er den Rentier auch da noch wohlwollend mit dem Kopfe nicken sah, wo es unzweifelhaft erschien, daß seine Anspielungen Mathilden gälten, wagte er dem Alten vertrauensvoll die Bitte vorzutragen, daß er als Schwiegersohn in den Schooß seiner Familie aufgenommen werden möchte. Er hätte Alles reiflich erwogen, es gäbe eine schöne Harmonie, sein und Mathilden's Character paßten vortrefflich zusammen und sie hätten Beide die Worte des großen Dichters wohl beherzigt: „Es prüfe, wer sich ewig bindet, ob sich das Herz zum Herzen findet."

Als Druck schwieg, räusperte sich der Rentier, rückte an seinem Käppchen hin und her, zog langsam sein Schnupftuch aus dem Schlafrocke und hustete hinein. Dann schaute er auf und sah Druck an. Auf einen Augenblick zog er seine buschigen Augenbrauen in die Höhe, deren beide einander zugekehrte Enden sich bei dieser Gelegenheit berührten, so daß dadurch das Gesicht des Rentiers einen eigenthümlich mephistophelisch = humoristischen Ausdruck erhielt.

Endlich erwiederte er:

„Was Sie mir da von einem goldnen Kern sagten, lieber Nachbar, war sehr richtig bemerkt. Aber ein solcher Kern ist selten; wie man sich in der Geschäftswelt heut' zu Tage auch umsehen mag, überall trifft man auf Schwindel. Da sieht man glänzende Schaufenster, goldschimmernde Firmen, weite Bazars und zuletzt versteckt sich dahinter nur ein glänzendes Elend, und der goldene Kern — das Capital — fehlt! Ihre vertrauliche Mittheilung von wegen der Verbindung für's ganze Leben hat mich ungemein gefreut. Ihr Associé hat damals im Weinkeller viel geschwatzt, was ich nicht behalten habe; nur dessen erinnere ich mich, daß er sich von Ihnen trennen und mit einem reichen jungen Manne associren wollte. Ich rieth ihm gleich damals davon ab, denn daraus entsteht Nichts, als Concurrenz, und das ist nicht gut, denn

es zersplittert die Kräfte, und vereinte Kraft macht
stark! Jetzt sagen Sie mir, daß er sich anders be-
sonnen hat, und daß Ihr beide Euch wieder vereinigt habt, und das freut mich, denn ich nehme
den herzlichsten Antheil daran. Charactere, die einmal zu einander passen, müssen zusammenhalten;
wo Geld ist, da muß auch wieder Geld hinkommen,
und wo keins ist, da muß man sich mit der Zeit
welches zu erwerben suchen, und wem es nach langen
Jahren und unsäglichen Mühen geglückt ist, der
wäre, wie Sie ganz richtig bemerkten, ein großer
Thor, wenn er das sauer erworbene Vermögen dem
ersten Besten in den Schooß werfen und ihn, mir
nichts dir nichts, zum Schwiegersohn machen wollte,
und der Dichter, den Sie anführen, hat ganz Recht,
wenn er sagt: „Es prüfe, wer sich ewig bindet, ob
sich das Erz zum Erze findet!"

Und wie Erz stand der Sprechende vor Druck,
und diesem kam es vor, als hätte das ganze Zimmer mit den schweren Gardinen und dem reichen
Ameublement etwas Erzenes an sich; sogar die Teppiche, auf denen er geräuschlos der Thüre zuschritt,
schienen von Erz zu sein, und am Fenster blüheten
Erzblumen.

Unter diesem Eindrucke machte Druck dem Rentier eine tiefe Verbeugung und verließ schweigend das Haus.

Er schauderte vor der starren kalten Gewalt des Reichthums; ein Ingrimm erfaßte ihn, er hätte nichts sehnlicher gewünscht, als daß jetzt das Volk in wildem Aufruhr durch die Straßen tobte und in die Häuser der Reichen einbräche, um zu rauben und zu plündern; er hätte sich dem wüthenden Haufen auf der Stelle angeschlossen, nicht um sich zu bereichern, sondern, um den Besitz Anderer zu vernichten.

Dieser leidenschaftliche Sturm in seinem Innern verstummte plötzlich vor dem Gedanken an Mathilde, aber der Gedanke war mit Bitterkeit vermischt, sie blieb ja doch eine reiche Erbin, für welche er zu gering, zu schlecht war. Wie hatte er wagen dürfen, seine Hand nach ihr auszustrecken. — Er schlug ein lautes, höhnisches Gelächter auf und mit diesem Lachen trat er in den Laden.

Sein erster Blick fiel auf Leidlich, der an der Tafel lehnte und in der Zeitung gelesen hatte. Er sah Druck mit einem Gemisch von Neugier und Spott an und stocherte in den Zähnen.

„Nun?" fragte Leidlich.

„Nun?" wiederholte Druck gereizt, „genire Dich nicht, nimm den Zahnstocher heraus, ich weiß, es sitzt Dir nichts im Zahne, hinter solchen Spielereien verbergen sich demüthig die altklugsten Gedanken, und die brauchst Du vor mir nicht mehr zu verstecken, denn ich kenne Dich so durch und durch, daß mir Deine erzwungene Mäßigung zum Ekel ist. Hätt'st Du mich jetzt gleich mit einem Hohngelächter empfangen, Du hättest besser gethan. Uebrigens will ich Dir nicht länger hinderlich sein, Dir einen reichen Associé zu suchen; wir können noch in dieser Stunde unsern Gesellschaftsvertrag in freundschaftlicher Uebereinkunft auflösen."

Leidlich nahm dieses Anerbieten sofort an. Er gehörte zu den Naturen, die, aus falschem Ehrgefühl, nicht erst fragen, warum, und es leicht über sich gewinnen, in einem Augenblicke die Vortheile vieler Jahre dahin zu geben.

„Der Rentier muß geplaudert haben," dachte Leidlich bei sich, indem er über den Vorgang nachsann; war es aber nicht auch möglich, daß Druck des Alten Einwilligung erlangt und infolge dessen gleichzeitig eine Gelegenheit gesucht hätte, Leidlich's

los zu werden, um alleiniger Herr des Geschäfts zu
sein? Denn als Schwiegersohn des Rentiers be=
durfte er ja des geringen Capitals nicht mehr, mit
welchem Leidlich bei dem Geschäft betheiligt war.
Indessen war Druck in einer zu gereizten Stimmung
von dem Nachbar gekommen, als daß das Resultat
des Besuches in einer für Druck so erfreulichen That=
sache hätte bestehen können. Und der Verstellung
hielt Leidlich seinen Associé nicht fähig, dazu war
des letzteren Character zu einfach.

Druck hatte sich in seiner Aufregung nicht da=
rum bekümmert, ob Mathilde inzwischen von ihrem
Spaziergang wieder heimgekehrt sei. Es fiel ihm
jetzt mit Centnerlast auf's Herz, daß sie unvorbereitet
unter die Augen ihres harten Vaters treten könne.
Er wollte sie erwarten und ihr schonungsvoll den
unglücklichen Verlauf seiner Unterredung mittheilen.

Aber Mathilde blieb ihm zu lange aus, und
daher ging er hinüber in das Haus des Rentiers,
schlich vorsichtig in den Garten und blickte sich
überall um.

Die Haushälterin sah zu Mathilden's Garten=
wohnung heraus. Er fragte leise hinauf, ob das
Fräulein zu Hause sei.

Die Alte wußte um das Geheimniß der Lieben=
den und gab Druck halb ängstlich, halb vertraulich
zur Antwort, daß Mathilde vor einiger Zeit zurück=
gekehrt, aber nirgends im Hause zu finden sei. Das
Zimmer des alten Herrn sei von innen verriegelt,
wahrscheinlich habe er mit seiner Tochter eine ge=
heime Unterredung.

Eine geheime Unterredung hinter verschlossenen
Thüren! Das stand heute allerdings in grellem
Widerspruche mit dem Ohrenleiden des Alten.

Viele schlaue Leute begehen den Fehler, daß sie
nach einer geglückten List hinter dem Rücken des
Ueberlisteten die angewandten Mittel und Werkzeuge
achtlos von sich werfen, ohne zu erwägen, daß der
Besiegte noch einmal rückwärts schauen könnte.

——— —

Capitel 9.

Ein Disconto-Capitel.

Der Rentier ging heute nicht zum Frühstück, und ein großer Theil des Nachmittags verstrich, ohne daß man ihn oder seine Tochter gesehen hätte.

Leidlich leistete heute ausnahmsweise seinem Associé im Laden Gesellschaft. Er hatte sich eine feine Cigarre angesteckt, nahm die Lagervorräthe auf und pfiff lustige Melodien dabei. Er sprach mit Druck, als wäre zwischen Beiden Nichts vorgefallen, und erwähnte der bevorstehenden Separation frei und unumwunden von einem ganz objectiven Standpunkte aus. Nur das vergnügte Pfeifen übertrieb er, und mit solch äußerlicher Heiterkeit hat es oft eine ähnliche Bewandtniß, wie mit jenem Galopp, der sich, in langsamem Tempo gespielt, eigentlich als ein Choral erwies.

Es war heute Sonnabend, und Druck sah fin=
ster in das Treiben der Straße. In solchen Stim=
mungen, in solchen Stunden, wo der Mensch unter
der drückenden Last banger Entscheidungen fast er=
liegt, hängt sich sein Blick oft an die unbedeutend=
sten Kleinigkeiten und faßt sie mit daguerreotypischer
Genauigkeit auf. Draußen auf der Straße wurde
gekehrt und gesprengt, und mitten in seinen trübsten
Gedanken hatte Druck ein aufmerksames Auge für
die symmetrisch aufgeworfenen Schmutz= und Kehricht=
haufen, ja, für die tiefen Einschnitte, mit denen
sie unter dem Rade eines darüber hinfahrenden
Wagens hervorgingen; er verfolgte mit seinem Auge
die schlangenartigen Figuren, die der Hausknecht
aus einer Gießkanne über das sonnige Pflaster goß,
und bewunderte die Sicherheit, mit welcher jener die
Tragweite seiner Gießkanne zu bemessen wußte, in=
dem er Vorübergehende ein gutes Stück herankom=
men ließ, ehe er die weitspritzenden Wasserstrahlen
mäßigte.

Druck sieht nur auf den Knecht und auf das
Wassergefäß, er sieht nur die Strahlen dünner wer=
den und plötzlich stocken, er sieht nur, daß der Knecht
die Kanne niedersetzt und nach der Mütze greift, und

diese zum Grüße lüftet, dann sieht er, daß Jemand,
den Gruß erwiedernd, den Hut zieht, und daß Je=
mand in blauem Rock und funkelnder Uhrkette über
die Straße daher kommt und — wahrhaftig! das
ist der Rentier Mohrenhaupt, und noch ehe Druck sich
recht besinnen kann, tönt schon die Glocke und der
alte bekannte Nachbar steht im Laden.

Er kommt heute nur um wenige Stunden später
als gewöhnlich, und doch steht seine Erscheinung zu
der Umgebung in einem außergewöhnlichen, man
möchte sagen sonntäglichen Verhältniß.

Der Rentier grüßte in seiner alten gemüthlichen
Weise, ließ sich auf den Stuhl nieder und strich sich
mit beiden Händen die Schenkel, während er seine
Augen im Gewölbe überall umherschweifen ließ, als
sei der Laden mit seinen hochaufgestapelten Vorräthen
eine Ausstellung, in welcher er sich für ein erlegtes
Eintrittsgeld zu orientiren das Recht hätte.

Leidlich hatte zu pfeifen aufgehört, er fuhr in
seiner Beschäftigung zum Scheine fort, aber man
konnte seinem halb abgewendeten Gesicht ansehen,
daß er Allem, was vorging, mit großer Spannung
lauschte.

„Meine Herren," sagte der Rentier lachend, und in kurz abgestoßenen Worten, „ich komme in einer außerordentlichen Angelegenheit zu Ihnen. Ich bin zwar, wie man es nennt, ein vermögender Mann, dessen ungeachtet kann aber doch auch der Fall vorkommen, daß ich einmal Geld brauche, und keins habe. Und so geht mir's eben heute, ich brauche tausend baare Thaler."

Leidlich ahnte Unheil. Kaum hatte der Rentier die letzten Worte gesprochen, da war er flugs durch die Comptoirthüre verschwunden; und wenige Augenblicke darauf trat er, zum Ausgehen gerüstet, wieder in den Laden.

Solchergestalt also mit der gehörigen Füllung versehen, wie ein Luftballon, der reiselustig und unruhig an den Stricken hin und her schwankt und nur des Arthiebes harrt, um sofort aufzusteigen, stellte Leidlich sich keck neben Druck und den Rentier und hörte mit großer Seelenruhe zu, wie der Letztere fortfuhr:

„Wenn ich nun jetzt zum Banquier Warkenstein gehe, gleich hier an der Straßenecke, so giebt er mir die tausend Thaler mit Kußhand. Ihr seid junge Anfänger, verdient auch gern etwas, und

warum soll ich die Provision, die Warkenstein ein=
streichen würde, nicht lieber Euch zuwenden?"

Der Ballon wurde immer unruhiger, er wurde
jetzt nur noch von einem einzigen Seile festgehalten
und drohte es zu zerreißen. Man hörte ein Klim=
pern, wie mit Schlüsseln, und das kam aus einer
Tasche von Leidlichs Beinkleid.

Zu Druck gewendet, fuhr der Rentier fort:

„Daß es einem solchen schmucken Geschäft, wie dem
Eurigen, nicht an dem bewußten goldnen Kern fehlt,
versteht sich von selbst. Da kommt es nicht darauf
an, ob tausend Thaler mehr oder weniger im Cassen=
schranke sind. Also streckt mir 'mal das Tausend
vor. Ueber Zinsen und Provision werden wir uns
schon einigen."

„Sogleich, Herr Nachbar," entgegnete Druck
wie im Traume.

„Sie entschuldigen mich," sagte Leidlich zum
Rentier und zog ein großes Bund Schlüssel aus der
Tasche, „ich habe einen wichtigen Gang vor, der
keinen Aufschub duldet, mein Associé wird das Ge=
schäft mit Ihnen in Ordnung bringen."

Damit reichte er Druck die Schlüssel zu dem
feuerfesten Geldschrank, zerschnitt mit mächtigem Axt=

hiebe den letzten Strick, der den emporstrebenden Ballon noch hielt, und schwebte unter lustigem Hut= schwenken in's Freie.

Druck hielt den Schlüssel in der Hand. Mecha= nisch hatte er vorhin das verhängnißvolle Wort: „Sogleich!" ausgestoßen; er war über die Absicht des Rentiers keinen Augenblick im Zweifel, es galt eine Prüfung zu bestehen. Der Rentier hatte ihn herausgefordert, und in der ersten Aufwallung von Ehrgeiz und Entrüstung hatte er die Herausforderung angenommen, ohne zu erwägen, daß er nicht fechten konnte. Im Cassenschranke befanden sich keine hun= dert Thaler; wenn heute das Wohl und Wehe der Firma von der Beschaffung einer Summe von zwei= hundert Thalern abgehangen hätte, — sie wäre zu Grunde gegangen! — Sogleich! — Tausend Thaler! Er wußte es, wenn er die tausend Thaler schaffte, war Mathilde sein eigen, und — obwohl er hieran nicht dachte — mit ihr hunderttausend Thaler!

Ein ganzes reiches Leben lag in hellem Sonnen= schein vor ihm. Es giebt Streifen Papier, von denen ein einziger tausend Thaler gilt, Druck hatte oft das Zehnfache in der Hand gehalten, als er noch in reichen Handlungshäusern servirte; es hatte in

seinem Belieben gestanden, die Papierlumpen in die
glühende Asche des Ofens zu werfen, und zuzusehen,
wie eine einzige Flamme die eingebildeten Werthe
verschlang! — Sogleich! — Es schwebte ihm jetzt
ganz deutlich ein Cassenschrank vor, dessen Hüter er
in früheren Jahren gewesen war; er sah sie vor sich
stehen die gefüllten Geldkörbchen, er sah die Gold=
und Silberrollen liegen, er hielt das Leder=Etui in
der Hand, in welchem die Banknoten zu Tausenden
ruhten, er glaubte, wie früher, die Gummischnur,
welche das Etui umschloß, spielend auszudehnen und
zusammenschrumpfen zu lassen; — diese alten Bilder
tauchten plötzlich mit einer Lebhaftigkeit in ihm auf,
daß es ihm vorkam, als brauche er nur den Cassen=
schrank aufzuschließen, und er werde Alles so finden.

— Sogleich! —

Er griff nach einem Stück Papier; es hatte zu=
fällig ein Wasserzeichen. Wenn es noch bunter ge=
färbt gewesen, gewisse Vignetten und Nummern und
Buchstaben gehabt hätte, so hätte es eben so gut
eine Tausend=Thaler=Note sein können, — und dann
war Mathilde seine Gemahlin und er ein reicher,
glücklicher Mann. — Oh! du sonderbare, närrische
Welt! Von solchen Lappalien hängt Menschenglück

und Menschengeschick ab! Dann muß es auch durch
Lappalien zu erlangen sein! — Dieser letzte Gedanke
leuchtete wie ein Blitz in Druck's Gehirn auf, er
tappte und tappte, und noch ehe er sich selbst recht
klar war, indem er Sprosse für Sprosse auf der
Leiter einer dunkeln Idee emporstieg, ohne sich des
Ziels, dem er entgegenklomm, genau bewußt zu sein,
sah er den Rentier bedenklich an.

Unter Stirnrunzeln fuhr Druck zum Rentier ge=
wendet fort:

„Tausend Thaler, Herr Nachbar, das ist keine
Kleinigkeit. Daß Sie ein Mann sind, dem man
getrost das Zehnfache anvertrauen dürfte, bezweifle
ich keinen Augenblick. Aber ich bin Kaufmann und
habe streng kaufmännische Grundsätze. Und wenn
heute Rothschild zu mir käme, und ich hätte von
seinem Reichthume keine andere Ueberzeugung, als
die des bloßen Hörensagens, ich würde ihm nicht
zehn Thaler darauf leihen."

„Also halten Sie mich für einen Lump?" schrie
der Rentier, dessen Gesicht vor Wuth anschwoll.

„Verstehen Sie mich nicht falsch," sagte Druck
beschwichtigend, und jetzt schwebte ihm jener Gedanke
in tageshefter Klarheit vor, „Sie erhalten noch in

dieser Stunde die tausend Thaler von mir, aber nur gegen eine Sicherheit. Wenn Sie ruhig über die Sache nachdenken, so werden Sie mich nur achten können."

„Und worin besteht diese Sicherheit?" frug der Rentier mißtrauisch.

„Sie unterschreiben einen Sola = Wechsel," gab Druck zur Antwort.

„Daß Dich das Donner — Ha! ha! ha! Ihr Kaufleute seid mir gelungene Burschen. Ihr Umstands= räthe, Ihr Federfuchser, Ihr Dintenkleyer, Ihr Sicher= heitscommissäre! — Ist das Ihr Ernst, Nachbar?"

„Mein völliger Ernst, obwohl nichts, als eine Ceremonie."

„Da bin ich in ein schönes Nest gerathen! Wenn man bei mir zu Hause in eine Küche kam, wo man nichts zu suchen hatte, da wurde man von den Mägden mit einer Schürze angebunden und mußte sich durch ein Geldgeschenk wieder loskaufen. Hol' mich der Satan, — ich hab' mein Lebtag' mit Kaufleuten nichts zu thun gehabt, und jetzt steck' ich nur die Nase herein, und da soll ich gleich einen Sola=Wechsel unterschreiben. —Das kommt mir gerade

so vor wie das Anbinden. — Her mit dem Wechsel,
ich unterschreibe ihn; ha! ha!"

Druck sprang wie eine Gemse davon, kam mit
einem Wechselformular zurück und frug den Rentier,
auf wie lange er das Darlehen zu haben wünsche.

Der Rentier überlegte und warf dabei prüfende
Blicke auf Druck.

„Auf ein Vierteljahr," sagte er endlich.

„Das lohnt sich ja kaum der Mühe," wandte
Druck lächelnd ein.

„So?" sagte der Rentier gedehnt und etwas
verblüfft, „nun, dann meinetwegen auf ein halbes
Jahr."

Druck hatte den Wechsel ausgefüllt und frug,
während der Rentier mit schwerer Hand seinen Namen
unterschrieb, — ob er die Summe in Gold, Silber
oder Papier zu haben wünsche.

Der Rentier machte ein Gesicht, in welchem sich
fast Hochachtung vor Druck aussprach und entgegnete:
„In Banknoten."

Druck ging nach dem Comptoir, übergab dem
Lehrling den Wechsel und schickte ihn schleunigst nach
dem Banquier Warkenstein.

Dort galt des Rentiers Wechselunterschrift soviel wie baares Geld.

Warkenstein wußte, daß Mohrenhaupt mit den Tabakshändlern in freundschaftlichem Verkehr stand und erklärte sich diese Wechseloperation sehr einfach dadurch, daß der Rentier den jungen Anfängern durch seine Unterschrift wahrscheinlich aus einer Verlegenheit helfen wollte. Ohne weitere Umstände discontirte er den Wechsel.

Druck stand in großer Aufregung vor dem offnen Cassaschranke, bis nach Verlauf von einigen Minuten der Lehrling durch die Hinterthür des Comptoirs mit den Banknoten eintrat.

Der Rentier strich das Geld ein. — Er hatte nicht die mindeste Ahnung von dem Wunder, das seine einfache Namensunterschrift bewirkt hatte. Er war einst Holzhändler gewesen, und wie er im guten Vertrauen auf Wellen und Wind seine Flöße dem Rücken des Stromes preisgab, so hatte er ohne alle kaufmännische Intelligenz mit seinen Schuldnern und Gläubigern verkehrt, auf Treu und Glauben, daß Alles so richtig sei, wie man es ihm vorrechnete. Und er war dabei reich geworden, ohne zu ahnen, wie oft man ihn betrogen hatte.

Man vergleicht das Glück häufig mit einer
Amme, und dann war Mohrenhaupt einer jener
Säuglinge, die längst sprechen konnten, ehe sie ent=
wöhnt wurden.

Uebrigens nahm er, seitdem er sich zur Ruhe
gesetzt hatte, jederzeit großes Interesse an dem Kauf=
mannsstande, und oft wünschte er sich, statt der
Tochter einen Sohn zu haben, um die Freude zu
genießen, denselben zu einem tüchtigen Kaufmanne
ausgebildet zu sehen.

Daher konnte er auch nicht umhin, in Druck's
Vorsicht ein feines kaufmännisches Prinzip zu erblicken
und das lobend anzuerkennen,

Als er den Laden verlassen hatte und schon
draußen auf der Straße war, kehrte er noch einmal
um, und, als habe er's vorhin vergessen, lud er
Druck auf den nächsten Tag zum Frühstück ein. —

Als Druck sich einfand, verrieth ihm Mathildens
freudestrahlendes Auge Alles, was ihm bevorstand.
Druck hatte eine schlaflose Nacht gehabt; der Ge=
danke, daß Mathilde um die Prüfung, die er gestern
so glorreich bestanden, gewußt haben könne, und ihn
nun ebenfalls für das hielt, was er in der That
nicht war — ein vermögender Mann — dieser Ge=

danke ließ ihm keine Ruhe. Er erzählte ihr offen den ganzen Sachverhalt und erhielt unter Scherz und Lachen ihre Absolution.

Von diesem Tage an waren Mathilde Mohren= haupt und Florentin Druck Braut und Bräutigam, und einige Monate darauf war die Hochzeit. —

Der glückliche Druck bot seinem Associé die Hand zur Versöhnung. Trotzdem trat Leidlich aber aus dem Geschäft: aus Verdruß, daß Mathilde ihn so schnell vergessen konnte; aus Wehmuth, daß ihm im Geschäft jetzt nicht mehr die erste Rolle zu= kam; und aus Bangigkeit, daß die Firma eines Tages in „Druck & Leidlich" umgeändert werden könne, was gegen die Regeln der Prosodie ver= stoßen hätte.

Die Riesen=Nelke gab der Rentier nicht wieder heraus. Dafür ist jetzt das Grundstück des ehrlichen Gärtners nicht nur schuldenfrei, sondern auch be= deutend erweitert, und seine Gärtnerei steht in Flor, daß man fast in ganz Deutschland seinen Namen an der Spitze mächtiger Preiscourante lesen kann, die er halbjährlich in vielen tausend Exemplaren drucken läßt.

Ueber das bewußte Disconto-Geschäft, das Druck
mit dem Banquier Warkenstein gemacht hat, ist der
alte Rentier lange im Unklaren geblieben. Erst
später hat ihm Druck die Wahrheit erzählt. Da
umgaben aber den Alten bereits blühende Enkel,
und der alleinige Chef und Inhaber der angesehenen
Firma: „Florentin Druck" konnte den Nachweis führen,
daß die im Geschäfte angelegte Mitgift seiner Frau
inzwischen Frucht getragen hatte, wie ein ausgestreuter,
gesegneter Samen!

Dresden, Druck von E. Blochmann und Sohn.

www.ingramcontent.com/pod-product-compliance
Lightning Source LLC
Chambersburg PA
CBHW031821270326
41932CB00008B/496